新媒体电商技术系列教材

直播电商
运营实务

主　编　李国年　黄旭强　曾发超

同济大学出版社·上海
TONGJI UNIVERSITY PRESS · SHANGHAI

图书在版编目(CIP)数据

直播电商运营实务 / 李国年, 黄旭强, 曾发超主编
. --上海: 同济大学出版社, 2024.5
ISBN 978-7-5765-1185-7

Ⅰ. ①直… Ⅱ. ①李… ②黄… ③曾… Ⅲ. ①网络营销 Ⅳ. ①F713.365.2

中国国家版本馆CIP数据核字(2024)第110988号

直播电商运营实务

主编 李国年 黄旭强 曾发超

责任编辑 戴如月 助理编辑 府晓辉
责任校对 徐逢乔 封面设计 潘向蓁

出版发行 同济大学出版社 www.tongjipress.com.cn
(地址:上海市四平路1239号 邮编:200092 电话:021-65985622)
经 销 全国各地新华书店、网络书店
排版制作 南京展望文化发展有限公司
印 刷 常熟市大宏印刷有限公司
开 本 889mm × 1194mm 1/16
印 张 17.5
字 数 504 000
版 次 2024年5月第1版
印 次 2024年5月第1次印刷
书 号 ISBN 978-7-5765-1185-7

定 价 58.00元

编委会

主　编　李国年　黄旭强　曾发超

副主编　巢瑞云　梅　琪　马文娟

汪德露　袁其玲

参　编　马文艺　胡　伟　洪安平

谢晓燕

前言

Preface

党的二十大报告指出："加快发展数字经济，促进数字经济和实体经济深度融合，打造具有国际竞争力的数字产业集群。"电子商务是数字经济和实体经济的重要组成部分，是催生数字产业化、拉动产业数字化、推进治理数字化的重要引擎。直播电商作为重要的新质生产力，正在以其独特的优势重塑电商行业，为经济发展注入新动能。

2020年，中华人民共和国人力资源和社会保障部在"互联网营销师"职业下增设"直播销售员"工种，"带货主播"成为正式工种。2021年，《职业教育专业目录（2021年）》在"电子商务"类中新增了"直播电商服务"专业。伴随着直播电商行业生态圈的逐步完善，企业对"直播+电商"人才的需求越来越大，职业院校师生和相关从业人员迫切需要一套系统、科学、实用的直播电商教材。

为适应"十四五"期间国家经济社会发展和2035年远景目标对职业教育的要求，推进"岗课赛证融通"的高技能人才培养模式，本教材编写团队基于教育适应性原则和技能人才成长规律，深入探索直播电商的内在运行规律，梳理出直播电商运营的核心内容：平台选择及团队搭建、前期策划及直播间技巧、数据复盘，以及流量运营。其中，平台和团队是直播运营的基础，匹配的平台和配合默契的团队更容易获得成功。前期策划和直播间技巧是保证直播能够吸引消费者并将其转化为粉丝的关键。数据复盘可以为直播效果的改进指明方向，不断提升直播价值。流量运营是大部分商家都会面临的选择和商业博弈，自然流与投流的技术策略会对商家产生重要影响。

本教材主要面向高等院校相关专业的学生和直播从业者，遵循"从新手到专家"的技能人才成长规律，制定以问题为导向的教学目标，设置阶梯式校企项目任务，解析岗位画像，深挖岗位执行标准，实施"基（基本操作）熟（熟悉操作）融（融入新技术）创（创新创业孵化）"教学策略，打造沉浸式学习场景，践行"做""学""教"统一的职业教育理念，帮助学生理解并掌握专业知识技能，最终构建完善的专业知识体系，提升学生的职业综合素养与能力。

本教材为高等院校配套开展基于真实项目的岗课赛证（或课程思政）相关的教育教学改革提供了

专业支持和丰富资源。(1)教材紧密结合国家及行业最新的要求和标准，教材编写团队经常受邀参与企业、行业及政府部门组织的直播领域标准、教材、教学资源的建设与培训。(2)本着“毕业即能上岗、上岗即能操作”的原则，教材编写紧密围绕国家乡村振兴战略及“千村示范、万村整治”工程，特别是广东省“百千万工程”，将课程思政融入教材中，注重学生职业核心素养的培育，构建以学习者为中心的教育生态。(3)教材除配套常规的教学视频和课件资源外，还可以共享实时的案例及资讯，供选用教材的学校开展日常教学工作，确保教材内容的与时俱进。(4)教材编写团队可支持学校实施可落地的实践项目，辅助教师开展教学活动，并提供相应的师资培训。

本教材的编写参阅了最新的行业报告及国内外学者的文献资料，吸纳了十二画(深圳)文化传媒有限公司、广州拾壹阁文化传媒有限公司及广州市从化华隆果菜保鲜有限公司等新媒体企业的经验。在此对参与教材编写的专家、学者和企业表示深深的感谢。

随着互联网和电子商务的不断发展，直播电商运营的理论和实践方法也在不断迭代，由于编者的水平有限，书中难免有不足之处，恳请广大读者批评指正。我们也将尽团队所能，不断更新、优化配套学习资源，更好地服务于广大读者及院校。

编　者

2024年5月

目录

Contents

第1章 初识直播电商行业

任务1 调研直播电商行业

学习目标

知识目标	1. 了解直播电商的发展历程、现状及趋势 2. 理解直播电商的分类、直播电商生态利益链的组成 3. 熟悉不同直播电商平台的特点
技能目标	1. 能从多个维度出发解析当前的直播电商环境 2. 能对直播电商产业链的相关角色及其作用进行分析 3. 能区分主流直播平台的不同特点
素质目标	1. 能既快又好地了解某个领域的学习方法，并建立专门的学习文件夹 2. 能养成梳理并随时调用直播电商相关学习资源，如权威网站、平台及工具的良好习惯 3. 能运用工具及时将知识与技能以图文、表格或视频等形式呈现出来 4. 能形成直播电商的系统和全局思维，保持国家、平台政策敏感度，对直播电商的相关动态及政策，能够做到实事求是、有理有据，避免道听途说、人云亦云

思政园地

通过直播就能“一夜暴富”是一个常见的误区

截至2023年10月，某音平台上的直播间数量已超过9 500万个，但真正能够脱颖而出并获得良好流量和盈利的只有极少数头部直播间。这些头部直播间对企业和创业团队而言，是一种高效且低成本的重要销售渠道，有助于更有效地推广和销售他们的产品。然而，直播能够迅速致富是一种具有误导性的观念，是网络夸大宣传或普通民众主观判断的结果。以某知名男主播为例，他在从事直播之前是一名专业的化妆品销售员，拥有丰富的专业知识和高超的营销技巧。他并非在一开始就取得了爆发性成功，而是在尝试多个平台并经过较长时间的直播运营后才崭露头角。通过不断试错，他成长为专业直播销售人才，以宠粉和为粉丝谋福利作为其核心竞争力，最终取得了卓越的业绩。某甄选直播间在2022年6月看似突然走红，其实质是背后大量人力、物力、财力的集中投入，并经过近一年的准备和积累才取得了爆发性的成功。该直播间之所以能够脱颖而出，是因为采用了一种新型的直播形式。要做区别于已有直播的新形态直播，核心是为用户提供更好的产品以及不一样的情绪价值，而非昙花一现般的哗众取宠。

学以助农

政府正在出台一系列政策和措施，鼓励涉农人员运用新兴的直播电商技能进行农产品宣传和销售。然而，由于涉农人员日常工作繁忙，缺乏系统的直播电商知识和技能，因此难以适应并全面开展农产品的线上销售工作。

请同学们根据学习任务，结合科技扶贫“百千万工程”等活动助力乡村振兴，开展以下课后或第二课堂活动：

1. 制作简明的表格或图片

帮助涉农人员了解直播电商行业的发展趋势，以便他们更好地把握市场动态。

2. 提供相关资源帮助

指导学校属地的涉农企业或涉农人员及时了解并学习直播电商的政策和技能，包括政府发布的文件、培训视频、专业指导等。

同学们可以设计并制作“学以助农”情况统计表格（表1.1），及时记录相关活动的进展情况，以便更好地追踪和评估助农效果。

表1.1 “学以助农”情况统计表

序号	助农事项	使用技能	参与学生	指导教师	服务对象	助农概况	实施时间	实施地点	组织形式	备注
1										
2										

任务实施

任务描述：

作为直播电商行业的新从业者，需要通过主动学习，及时收集并整理相关资源，建立系统的直播电商行业认知图谱。这包括了解直播电商的发展历程、现状和趋势，熟悉各主流直播平台的特点等相关内容。通过积极主动地学习，新从业者能够更全面地了解行业动态，提高对直播电商行业的认知水平。这种系统性的学习有助于在行业中更好地适应和成长，为未来的发展奠定坚实的基础。

操作条件：

1. 设备：电脑以及网络
2. 工具：思维导图软件、Photoshop软件或简单的第三方修图工具
3. 分组：学生分组按步骤完成相应的实践任务

实操步骤：

步骤1：通过百度、知网、知乎等平台，搜索、整理并学习直播电商行业的相关报告、文章、知识图谱或思维导图，全面了解该行业的发展历程、现状和趋势。

如通过使用关键字“直播电商研究报告”在网络中搜索，注意避开“广告”内容，下拉选择无广告提示的链接结果，点击相关来源进入查看。通过观察信息来源的权威度（阅读量、内容及背书等信息）来判断其可信程度，最终选择是否下载或收藏。至少在3个不同的主流搜索平台中使用核心关键字进行搜索，筛选出8~10篇优质内容进行整理并收藏。

步骤2：查找直播电商行业权威、公认的组织平台，及时关注、收藏并养成定时查看有关内容的习惯。制作直播电商相关知识的在线共享文档，分组学习并在课堂上进行分享。

直播电商作为新兴的行业，在知识付费盛行的时代，容易产生公司或团队通过关键字优化或付费推广霸屏的现象，引导用户关注他们的付费产品。这样往往难以获取免费且权威的优质学习资源。因此，同学们可以分组注册2~3个主流电商直播平台，通过以下方法寻找优质学习资源。

请从主流网站搜索并学习直播行业相关的具体知识，包括实操知识、主要规范、热点政策等，并创建在线文档（表1.2所示）。学生按小组分工，搜索并注册2~3个主流电商直播平台账号，共同充实在线资源。

表 1.2　主流直播平台学习资源汇总表

平　台	知 识 点	链　接
抖音创作者学习中心	封面违规知识	×××××
微信公众号	直播重要规范	×××××
百度	农业直播国家扶持政策	×××××
……	……	……

主流直播平台有丰富的学习资源。下载相应平台的应用软件，注册平台账号，找到直播电商技能相关的学习中心。

如"抖音平台"的学习中心，打开抖音→点击"我"→点击"查看更多"→点击"抖音创作者中心"→找到"学习中心"并打开，里面有相当丰富的内容，搜索直播电商相关内容即可，如图1.1所示。

再如"淘宝直播课堂"，查找其官网，点击"淘宝直播课堂"，进入相应学习资源界面，如图1.2所示，把相关的重要知识点链接填入在线共享文档进行保存。

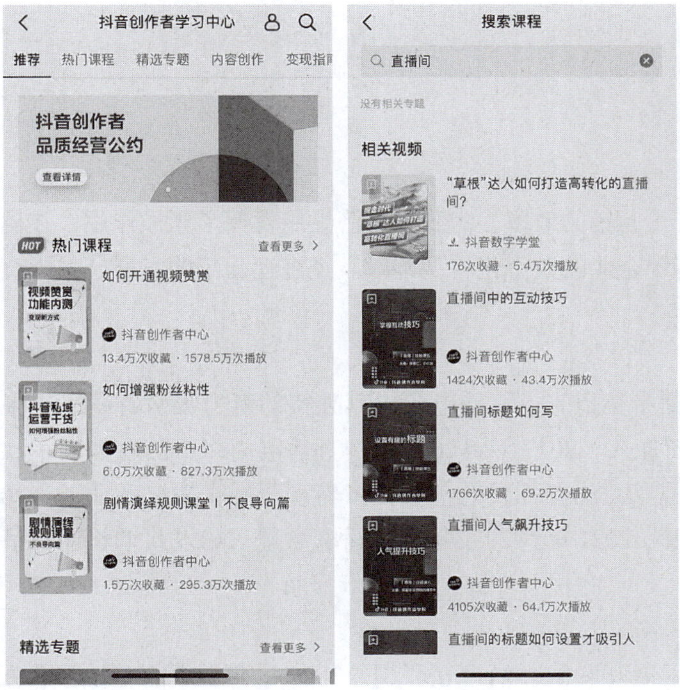

图 1.1　抖音创作者学习中心

图 1.2　淘宝直播课堂页面

其他平台，如哔哩哔哩（简称B站）、微信视频号、知乎、学浪等，可以通过搜索关键词、查找直播电商技能相关视频和文章等方式，汇总行业知识，丰富在线共享文档。

步骤3： 建立直播电商运营学习文件夹，将有关资料分门别类进行梳理并归档，制作直播电商运营学习的问题汇总表及解决情况在线统计表格（表1.3），及时收集并解决学习过程中出现的问题。

表1.3 直播电商运营学习过程中的问题及解决情况统计表

序号	时间	提出人（组）	问题描述	解决建议	提供帮助者	解决情况	解决时间	备注
1								
2								

以下步骤视情况在课中或课后实施。

步骤4： 以小组为单位，梳理汇总搜索的资料，以PPT的形式展示汇报直播行业的相关情况。具体内容模块包括：直播电商发展历程、直播电商市场规模现状、直播的类型、直播电商产业生态链解析、主流直播平台的差异比较、直播电商未来趋势。

步骤5： 以步骤1相关知识点为基础，分组开展自主学习，参考各自发现的观察信息（或由教师给出具体的观察信息），梳理不同平台的特点，制作比照表格，通过视频或图文讲解来分享不同平台的特点与区别。

步骤6： 分组开展学习，通过思维导图、PPT等工具，制作出简单的直播电商“产业图谱”和“产业生态图”，并通过视频展示直播电商利益相关者的基本定义及其与不同利益方的相互关系。

步骤7： 学习地方及平台关于直播电商的新政策规范，注意选择的新政策规范要比较具体，如某1~2个热度较高或比较重要的政策规范，不建议采用过于繁杂或框架过于宏大的内容展现形式。可以分别制作图文或视频进行分享。

相关知识

一、直播电商概述

直播电商作为一种新兴的业态，有效提升了营销的效率，为我国经济发展发挥了积极作用，在提供大量就业机会的同时，扩大了内需，促进了传统企业的数字化转型升级。经过近几年的发展，我国直播电商行业目前仍然呈现良好的发展态势。

1. 历程

从2016年“蘑菇街”作为先行者试水直播带货以来，直播电商以其独特的魅力吸引着越来越多的电商平台、内容平台以及垂直电商平台的不断加入。2017年到2018年，直播电商以产品直播展示、用户互动及交易促成为特点，得到资本市场的重点关注，各大平台争相布局和开展直播电商业务。2019年到2020年，直播电商平台运营向精细化发展。2021年到2022年，直播电商进入爆发式增长期，呈现出“直播+”的经济形态。

2. 现状

以习近平同志为核心的党中央高度重视发展互联网、治理互联网。2020年4月20日，习近平总书记在陕西省商洛市柞水县小岭镇金米村考察时提到：“电商，在农副产品的推销方面是非常重要的，是大有可为的。”手机成为了农民的“新农具”，直播成为了“新农活”。

近年来，为规范和促进直播电商发展，国家互联网信息办、国家广播电视总局、国家标准局等相关部门相继出台了一系列政策文件，各地政府提供资金、场地及人才与技术支持，推动直播电商行业的健康可持续发展。

（1）直播电商用户及体量持续增长。我国消费者直播购物习惯已逐步养成，直播网购率逐年上升，月均购物已超过人均3次。中国互联网络信息中心（CNNIC）发布的第52次《中国互联网络发展状况统计报告》显示，截至2023年6月，我国电商直播用户规模达5.26亿人。2023年前三季度，全国直播电商销售额达到1.98万亿元，增长了60.6%。

（2）直播电商产业生态链日趋完善。随着直播电商的快速发展，直播用户的品类消费向着多元化发展，平台政策及功能的完善鼓励品牌自主入驻开展直播。直播产业链涵盖服饰、美食、日用、美妆、家电、游戏、房产、珠宝甚至虚拟产品或服务等各行业领域。平台、商家在直播电商消费者不断升级及国家逐步规范的管控中投入资源以增强竞争优势，行业规范逐步建立。

（3）直播电商业态不断创新发展。2022年开始，品牌直播间从观望试水发展为精耕细作，直播这一形式让产品展示更直观，主播与用户互动更及时更全面。售后服务不断完善，用户满意度有效提高，“直播+”与“沉浸式”促使直播电商向更深层次融合。得益于信息技术的快速发展，“数字人”“元宇宙”直播兴起，“AI+场景”“AI+脚本”等应用日益增长。直播场景涵盖室内室外、生产及服务等全流程，线上线下融合精细化程度越来越高。直播内容多元化，从前以传统实物商品为主，现在知识、经验、需求等信息成为用户关注的新“货物”。

3. 趋势

直播行业在用户、主播、内容、品牌、平台和中介机构的相互作用下，呈现出权益意识增强、专业水平提升、内容升级、竞争加剧、市场秩序规范和生态优化的趋势。

（1）用户规模持续增长，自我保护意识明显增强。随着互联网技术的发展和进一步的普及，直播电商用户规模和市场规模呈现快速增长的趋势。在直播电商购物过程中，用户更加注重个人隐私和财产安全，采取一系列措施来保护自己的权益。

（2）主播专业化水平提升，多元群体涌现。为了能在激烈的市场竞争中脱颖而出，主播将不断向专业化的方向发展，主播的门槛将大幅提高。头部主播将成为强势渠道或品牌，中腰部达人将成为垂直领域专家主播。尾部主播将成为店铺导购或在线客服型主播。另外，“数字人”“元宇宙”“银发”主播将成为新兴且有竞争力的主播。

（3）品牌行业竞争加剧，产品链服务升级。在竞争加剧的背景下，直播电商行业的产品服务出现细分化的趋势，推动行业技术升级和服务质量提升。直播电商协同发展，提高产品供应效能是未来发展的必然趋势。通过与供应商的深度合作和智能化技术手段的应用，直播电商行业可以构建更加高效、灵活、可靠的供应链体系，为消费者提供更加优质的产品或服务。

（4）直播内容升级，服务质量大幅提升。根据消费者的需求和喜好，设置除了传统商品展示、带货之外的内容，诸如某一类型兴趣话题，可以为主播和消费者带来更好的体验和收获。未来直播电商将以高质量的内容实现供给与需求的更高效连接，用户体验和服务质量将成为未来竞争的核心。

（5）直播平台竞争态势持续，市场秩序规范。直播电商平台的竞争持续加剧，创新内容能力是平台发展的关键。在丰富直播内容的种类和形式的同时，注重直播内容的品质和个性化，以及建立完善的内容审核和管理机制。在平台不断提高自身竞争力的同时，政府对直播电商平台及其从业者的监管将会持续加强，保障消费者权益和维护社会稳定。最终为消费者带来更好的购物体验和服务。

（6）创新能力提升，直播生态优化。伴随着技术创新与数据驱动的双重影响，虚拟现实（VR）、增强现实（AR）和人工智能（AI）等新技术的应用，使得用户的购物体验和效率得到了极大提升。通过引入人工智能、大数据等先进技术，直播环境可以实现自动化和智能化管理，更好地满足用户个性化需求。

二、直播类型与选择

1. 直播类型

按内容属性可分为：电商直播、秀场娱乐直播、游戏直播、体育直播、活动直播、教育直播、日常生活直播等。

按平台类型可分为：电商类直播平台，如淘宝、京东、拼多多等；内容类直播平台，如抖音、快手、小红书等；教育类直播平台，如小鹅通、CCtalk、千聊、网易云课堂等；其他类型直播平台，如虎牙、斗鱼、哔哩哔哩、YY等。

2. 直播平台的选择

从商业模式角度来看，电商直播模式涉及主播、商品和消费者，而这些元素背后是平台。电商平台、内容平台、社交平台因其各自的属性差异，呈现出多样化的平台环境。

直播形式于电商平台。从现有电商用户中进行分流，在存量市场中创造增量市场。平台的关注点聚焦在增量市场对于流量的利用效率、UV价值以及对品类的激活效应。如A主播的UV价值（直播间总成交额/直播间UV）为30元，即平均一个用户在该主播直播间消费30元。相比之下，UV价值为3元的B主播，在流量的分配权重上就会低于A主播。如珠宝商家在拼多多实现单天150万元的成交额，自然也会引起平台的关注，成为行业商家的典范。淘宝直播目前第一大的单笔成交额由珠宝品类创造。由此，阿里巴巴根据珠宝类目大额交易的需要，推出了直播大额支付功能。

直播形式于内容平台。基于现有内容用户和娱乐直播的用户进行转换，因而是从单一市场扩展为多元市场。平台关注的是转化过程中的用户流失率和转化价值，更为关注的是扩展为多元市场后，平台是否能够形成电商闭环。比如抖音、快手、小红书接连推出平台店铺，意图实现直播和短视频电商交易的沉淀累积。

直播形式于社交平台。如以微信为代表的私域直播。私域直播作为平台方除了需要提供直播工具和支付工具之外，还需要对直播内容进行监管。对平台而言，虽然玩法更加自由，但若平台未能从自身层面提供流量，构建完整的直播生态，便难以催生更多成熟的私域直播公司，这将极大束缚平台的发展。

详细的直播平台比较见表1.4。

总体来看，淘宝直播作为电商平台带货直播的代表，胜在带货规模和电商生态。抖音、快手作为内容平台带货直播的代表，胜在用户停留时长和创作者体量。拼多多、京东、小红书、微信等则因为平台用户体量、平台电商生态、用户习惯等原因，仍有很大的进步空间和发展潜力。

以淘宝直播为例，从直播入口、流量特点、平台特点、主播结构、入局门槛、转化链条、流量机制和潜在机会进行分析。一直以来，淘宝作为电商的领头羊，在内容电商方面也是走在前列的探索者。即便蘑菇街先于淘宝推出电商带货直播，淘宝也后来居上并不断创新。一方面，以淘宝天猫成熟的电商生态环境为基础，淘宝直播在整个电商直播圈拥有成熟度最高的直播生态，商家数量、商品数量、商品品类、价格幅度、主播数量、直播玩法等都优于其他平台。另一方面，虚拟偶像直播、明星直播、村播、海外购直播、直播卖车、直播卖房、直播卖电影票、直播卖火箭等直播玩法和内容创新刺激着行业的推陈出新。淘宝直播在平台环境上的具体特点如图1.3所示。

可参照以上示例，设置观测点，分别对不同平台进行分析，形成文档作为直播运营工作的参考，并根据自己所在企业的产品或服务、用户基础、团队现状及资源等情况进行匹配度分析，选择平台进行测试与运营。

表1.4　主流直播电商平台一览表

	淘　宝	京　东	拼 多 多	抖　音	快　手	小 红 书	微　信
定位差异	电商直播	电商直播	电商直播 + 娱乐直播	短视频内容 + 娱乐+电商	国民社区 + 娱乐+电商	生活方式 分享社区	熟人社交 + 电商
人群差异	日活跃用户3.8亿 月活跃用户8.77亿	日活跃用户1.5亿	日活跃用户1.2亿	日活跃用户7.9亿	日活跃用户4亿	日活跃用户1亿	日活跃用户10亿
转化率	★★★★☆	★★☆☆☆	★★☆☆☆	★★☆☆☆	★★★☆☆	★★☆☆☆	★★★☆☆
客单价	中低端为主	中端为主	低端为主	中低端为主	中低端为主	中高端为主	中高端为主
推广方式	超级推荐 站外引流 商家直通车	站外引流 京东快车 京东展位 购物触点	红包引流 CPT推广	直播投放 视频引流	连麦打榜 视频引流 快币推广	“薯条”引流	公众号引流 朋友圈广告引流 社群引流 个人号引流 视频号引流
主要带货品类	服装、珠宝、美妆个护、食品生鲜、母婴童装、家居百货	小家电、数码产品、母婴童装	服装、食品、鞋包饰品、生活用品、珠宝	女装、食品饮料、家居/家纺/家装/厨具、鞋包饰品、生活用品	食品饮料、个人护理、精品女装、珠宝	美妆、美搭、母婴	服装、珠宝、美妆个护、食品生鲜、母婴童装、家居百货
价格区间	0~500元的商品占比最高	未披露	未披露	0~50元的商品占比最高，其次是50~100元、100~200元的商品。0~200元商品总共占比超80%	客单价30~50元的商品占比最高，其次是30元以下和50~80元的商品	未披露	未披露
平台特性	电商平台带货直播的代表，胜在带货规模和电商生态	在直播方向上，京东一直以来比较侧重商家	直播起步较晚。其流量机制侧重于提升用户黏性和流量转化效率，对于店铺直播友好程度会更高	抖音在很长一段时间内都属于用户体量大，直播带货规模巨大的典范	快手主播深谙“老铁文化”，其老铁关系是快手直播带货取得亮眼成绩的重要因素之一	聚焦于购物分享的内容电商，通过精心策划的种草范例，其直播商业价值随着平台用户体量的爆发增长极速提升	视频号的迅猛崛起、平台用户的高黏性、私域流量的高信任度成为推动直播电商业务形成高转化率和高复购率的重要动力

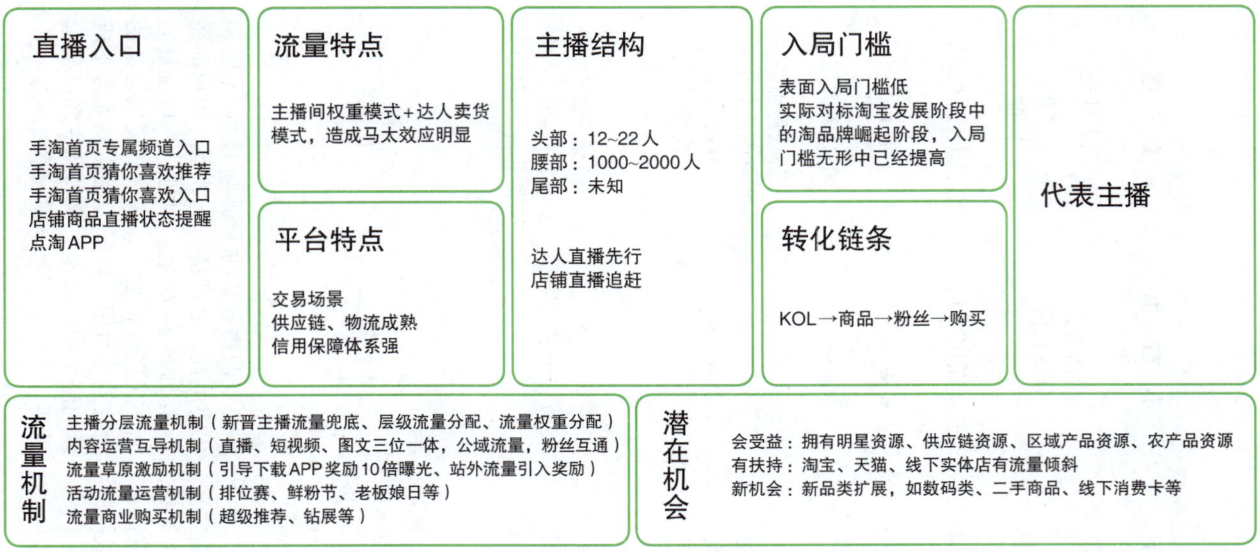

图1.3 淘宝直播平台特点分析图

三、直播电商产业生态链解析

一般而言，直播电商产业生态链如图1.4所示，主要包括品牌（供应链/商家）、直播平台、主播、MCN机构、用户（消费者）等关键的利益相关者。

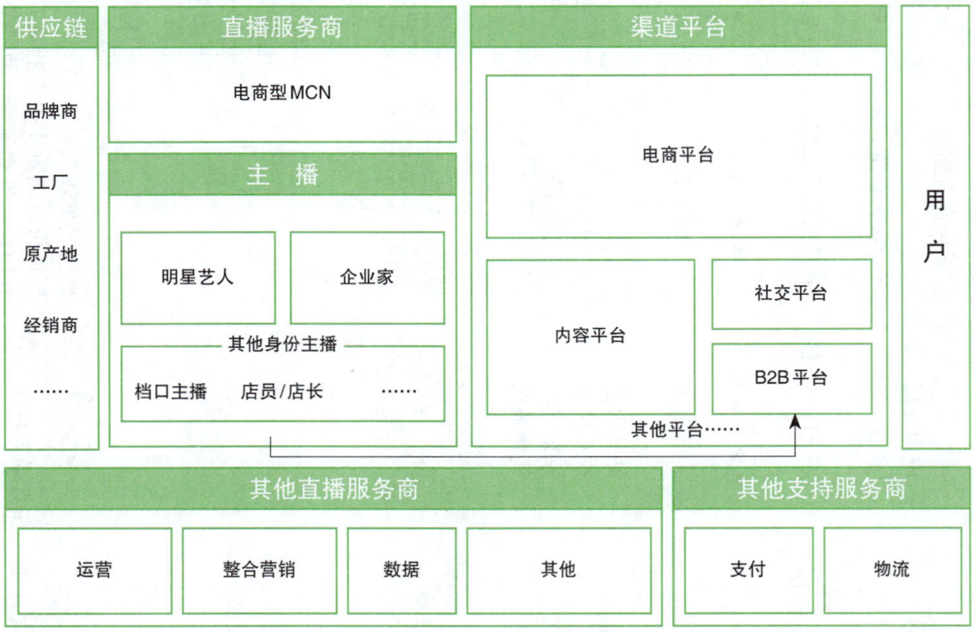

图1.4 直播电商产业图谱

直播电商平台提供了更加有趣和便捷的购物体验，主播通过互动、实时评论和购物引导等手段为品牌（供应链）进行销售，吸引了大量忠实用户。直播电商也致力于打造粉丝经济，特别是MCN机构，通过集结旗下的主播资源，加强与粉丝的互动并提供增值服务，从而增强用户与直播平台、品牌（供应链）及主播的黏性和忠诚度。粉丝的消费行为和口碑传播也为直播电商生态链中的品牌（供应链）、MCN机构和主播带来了更多的利润。

按照商流方向进行分类，上线为货源，即品牌（供应链/商家）。中游为售卖场景，主要为主播和直播平台等。下游为终端消费者（用户）。直播内容连接上游的商家和下游的消费者，为商家提供流量，主播收取坑位费、佣金、技术服务费、平台推广费等，为下游的消费者提供购物推荐。MCN机构的角色在于培养孵化主播，以合同签约形式和主播形成利益共同体。如图1.5所示。

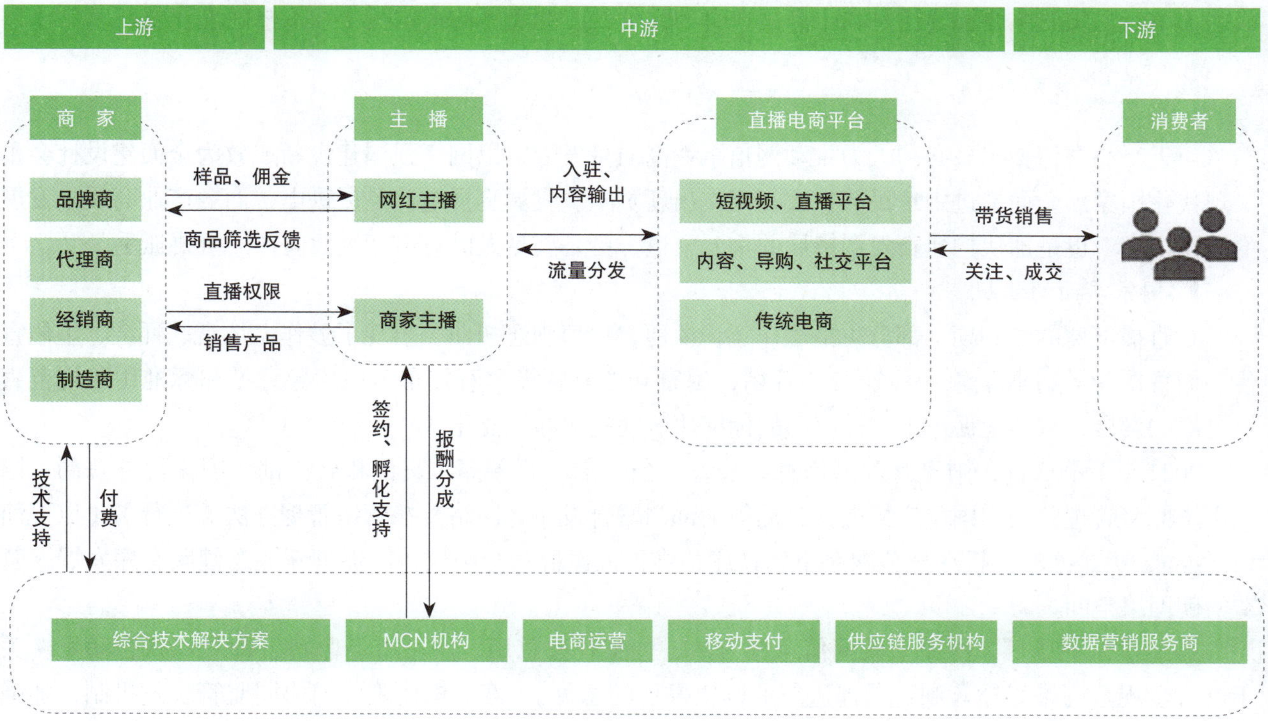

图 1.5 直播电商产业链生态图谱

1. 主播

主播是直播电商生态链中不可或缺的一环。他们通过直播间与观众互动，展示产品、进行销售和推广，从而赚取利润。主播的盈利模式多样，包括销售佣金、品牌广告合作、产品推荐费用以及直播间礼物收入等。他们创造了虚拟商品销售的新商业形态，使品牌和消费者之间建立起更紧密的联系。

2. 直播电商平台

平台充当着连接主播和消费者的桥梁，扮演着重要角色。平台提供了商品展示、交易支付、售后服务等功能。平台通过收取佣金、广告投放和品牌合作等方式盈利，为主播和商家创造了价值。如今的直播电商平台不仅具有商品销售功能，还积极打造社交媒体属性，进一步促进用户参与度的提升和粉丝经济的发展。

3. 品牌供应链

品牌供应链是直播电商生态链的关键环节，直接关系到商品采购、库存管理和物流配送。为了提高运营效率和降低成本，直播电商致力于供应链的优化和创新。一方面，建立与供应商的紧密合作关系，以获得更好的采购价格和稳定的商品供应。另一方面，通过物流优化和仓储管理等手段，实现商品的快速配送和库存流转，以满足消费者的需求。供应链的优化可以节约成本，提高效率，为直播电商生态链带来更多的利润空间。

4. MCN 机构

MCN机构依靠专业化服务体系和高效率分发渠道保证优质内容有效变现，本质是内容的聚合和分发，并基于流量变现，在产业链里扮演连接多边关系的角色。MCN机构在产业链中对各方的意义和价值在于，对平台方而言，从直接聚合单个内容生产者转变为聚合MCN机构，是高效获取优质内容的最优途径；对主播而言，协助进行内容持续输出和变现；对品牌商而言，多平台分发带来全网的影响力和曝光量。

5. 用户

用户或消费者选择观看直播最主要的原因是想要了解某一商品的详细信息和商品的优惠信息，能够吸引消费者购物的主要原因还是在于商品本身的性价比、对商品的喜欢程度和价格优惠程度。

四、直播重要规范

习近平总书记指出，必须大力推动网信事业高质量发展，以网络强国建设新成效为全面建设社会主义现代化国家、全面推进中华民族伟大复兴作出新贡献。发展直播电商是促进电子商务产业高质量发展的重要内容，也是加快构建新发展格局的重要渠道，更是满足人民对美好生活向往的重要抓手。

1. 国家层面的法规

在直播电商的红利期，部分主播法律意识淡薄，价值观念扭曲，出现了炒作、炫富、拜金、虚假宣传、偷税漏税等行业乱象。从2022年开始，国家和地方各级政府发布多项指导意见和标准用于规范直播电商的发展，有力地促进了直播电商的标准化、规范化和产业化。

2021年4月23日，国家互联网信息办公室、公安部、商务部、文化和旅游部、国家税务总局、国家市场监督管理总局、国家广播电视总局等七部门联合发布《网络直播营销管理办法（试行）》（以下简称《办法》），《办法》旨在规范网络市场秩序，维护人民群众合法权益，促进新业态健康有序发展，营造清朗网络空间。

2022年3月25日，国家互联网信息办公室、国家税务总局、国家市场监督管理总局联合印发《关于进一步规范网络直播营利行为促进行业健康发展的意见》，着力构建跨部门协同监管长效机制，加强网络直播营利行为规范性引导，鼓励支持网络直播依法合规经营，促进网络直播行业在发展中规范，在规范中发展。

2022年6月22日，国家广播电视总局、文化和旅游部联合印发《网络主播行为规范》，这一规范旨在进一步加强网络主播职业道德建设，规范从业行为，强化社会责任，树立良好形象，共同营造积极向上、健康有序、和谐清朗的网络空间。

2023年8月6日，国家标准局发布《电子商务直播售货质量管理规范》（GB/T 41247—2023）并于2023年10月1日起实施。该管理规范适用于各类通过电子商务直播方式进行有形商品推广和销售的个人和组织的质量管理，规定了电子商务直播售货质量管理的基本要求以及组织管理、从业人员管理、商品管理、直播信息管理和消费者权益保护的要求。

除了以上条文，与直播电商密切相关的法律还有《中华人民共和国广告法》（2021年修正）以及《中华人民共和国消费者权益保护法》，特别要注意的是，广告法中明确规定广告不得使用“国家级”“最高级”“最佳”等用语，而主播在介绍商品的时候不经意就会说出这些用语，这些都是不合法的。

2. 地方及行业法规

以上都是国家层面与直播电商密切相关的法律和政策文件，而各个地方政府，往往都会制定相应级别的管理办法或指引，比如上海市市场监督管理局于2022年印发《上海市网络直播营销活动合规指引》。还有一些行业协会会在国家及地方法律政策的基础上，制订相应的行业标准，以促进行业的规范健康发展。

3. 平台规则

直播从业者要紧密关注不同直播电商平台的规则。一方面，直播电商平台作为直播相关从业者，要服从国家及地方的政策法规。另一方面，直播电商平台为保障平台规范有序地运行，促进平台健康发展，会出台更加细致的运营规则。

4. 一些建议

对于直播电商从业者而言，既要时刻熟知这些政策文件，梳理相应的条款形成文档，组织必要的学习和定期的复查，将这些行为规范“武装”到骨子里；还要主动加入相关的学习组织，以确保及时获取到有关的信息资源，并将其贯彻到日常的直播电商运营工作中。

常见疑问

1. 学习直播电商运营是否需要注册各类平台？

并不需要过多注册平台，通常建议以小组为单位注册1~2个平台即可。尽管各平台规则有所不同，但直播的工作任务和流程基本相同，因此不同平台的规则差异不会影响学习和后续实践工作。建议通过实践学习典型平台的直播运营，多方面实践以更好地掌握直播电商运营的知识与技能。

2. 直播电商的资讯量庞大，如何处理？

直播电商呈现强劲发展态势，相关资源和平台数量更趋丰富。为更好地了解其发展情况，建议同学按兴趣组成小组，注册一个直播账号，结合身边资源，选择可操作且能够坚持的产品类目和平台。通过坚持开播和运营，积极参与学习，结合老师和前辈的指导，边干边学。相信在半学期的坚持中，小组将以账号运营为基点，构建出自己的直播电商知识和技能体系。

3. 直播电商课中使用到PPT、思维导图、Excel等工具，不熟练怎么办？

PPT等办公软件是重要的职业技能工具。建议同学多次尝试，相互帮助，组建公共技能学习清单和资源。使用AI平台工具制作图文、表格、图片和视频并早日掌握这些技能，对小组内的沟通、表达和工作推进都有积极影响，有助于在职场中脱颖而出。

任务笔记

学习评价

表 1.5　"初识直播电商行业"学习评价表

班级：____________　　　　学号：____________

姓名（小组成员）：____

序号	考核点	考核标准			分值系数	自评	第三方评	教师评分
		不太符合0~5	基本符合5~7	完全符合8~10				
1	能理解不同平台特点	基本能讲出2个不同平台的特点	能讲出4个不同平台的特点	熟悉并能顺畅讲出6个不同平台的特点	1.5			
2		图文或视频表达不清晰	能制作图文或视频进行分享	能制作精美图文或视频分享不同平台特点与区别	1.0			
3	能及时获取直播电商权威信息	分别收藏1个平台、达人技能账号及前沿账号	分别收藏2个平台、达人技能账号及前沿账号	分别收藏4个以上优质平台、优质达人技能账号及前沿研究账号	1.5			
4	熟悉直播电商产业生态链的组成情况	能制作简单的双图	能制作简单清晰的双图	能制作精美的直播电商产业图和产业生态图	1.0			
5		能制作视频讲清楚直播电商利益相关者的概念及关系	能制作视频并能较好讲清楚直播电商利益相关者的概念及关系	能制作精美视频并顺畅分享直播电商利益相关者的概念及关系	1.5			
6	制作并分享直播电商最新要求	能制作图文或视频分享政府或平台新政策（规范），但表达欠佳	能制作图文或视频并表达清楚政府或平台新政策（规范）	针对政府或平台新政策（规范）制作并分享精美的图文或视频	1.5			
7	理解并分享直播电商发展趋势	能制作行业发展动态、热点及趋势的文档	清楚并能制作行业发展动态、热点及趋势的文档	熟知并能清楚表达行业发展的动态、热点及趋势	1.0			
8		能制作视频或图文分享具体的趋势	能制作视频或图文并表达清楚具体的趋势	能制作精美的视频或图文分享2~3个具体的趋势	1.5			
综合得分（自评30%+第三方评30%+教师评分40%）								

学生学习评价剖析与应用（学生填写）	
自我比较：☐进步　☐退步　　教师比较：☐进步　☐退步　　企业比较：☐进步　☐退步	
改进措施与安排	

知识测试

一、选择题

1. 直播电商按平台类型一般可以分为（　　）。[多选]

A. 电商类直播平台　　B. 内容类直播平台

C. 教育类直播平台　　D. 其他类型直播平台

2. 直播电商产业生态链中包括哪些利益主体（　　）。[多选]

A. 消费者　　B. 主播

C. MCN机构　　D. 商家

3. 传统电商平台带货直播的代表是（　　）。[单选]

A. 抖音、快手　　B. 小红书、蘑菇街

C. 拼多多、B站　　D. 淘宝、京东

二、判断题

1. 淘宝是传统电商平台内容化的典型代表。（　　）
2. 抖音是内容电商平台电商化的典型代表。（　　）

三、简答题

简述抖音直播带货的优势。

任务 2　直播后台入口实操

学习目标

知识目标	1. 了解各平台的开播规则和权限资质 2. 了解主流平台的开播入口及基本流程
技能目标	1. 能独立完成软硬件调试、直播计划创建（直播预告发布）、商品上架等前期准备工作 2. 能配合团队完成直播中的商品讲解、直播间推广、评论管理等工作
素质目标	1. 通过了解主流平台的直播功能矩阵，初步建立产品矩阵思维 2. 在快速开播过程中，学会总结各平台流程的异同之处，以便快速掌握更多平台的开播流程，培养学习迁移能力

思政园地

农村电商的“金钥匙”与乡村振兴战略的共富之路

在数字经济的浪潮下，农村电商正成为推动乡村振兴战略的新引擎。2023 年 12 月 6 日，第七届中国农村电子商务大会暨2023农村直播电商案例成果发布会在浙江省丽水市召开。《开州：农村直播赶场——让乡村没有难卖的货》和《李小凤：直播电商成就助农梦想》分别荣获全国农村直播电商优秀县域案例和个人案例。

开州区，一个地貌特点为“六山三丘一坝”的地区，面临着农村产业发展的挑战。开州尽管有“开县春橙”和“开州脆李”等知名品牌，但大多数农副产品仍然呈现出“散、小、弱”的特点。这些产品背后蕴藏着深厚的乡土气息，承载着老一辈农村人技艺的传承和开州人的味蕾记忆。

为了将这些独特的农副产品推向市场，开州区发起了“直播赶场助农行动”。这一行动以乡情为纽带，围绕“人”“货”“场”三个方面展开。在“人”方面，开州区注重培育直播电商人才，新农人李小凤就是其中的佼佼者；在“货”方面，通过精细化的包装和推广，将原本“散、小、弱”的农副产品转化为有市场竞争力的“网货”；在“场”方面，开州区打造了一系列直播电商平台，为农副产品的销售提供了广阔的市场。

开州区的农村直播电商案例为我们提供了宝贵经验。第一，深入了解农村产业和资源是电商发展的基石。第二，注重专业人才的培养和引进是推动电商持续发展的关键。第三，创新销售模式，如利用直播电商等新兴渠道，能有效突破传统市场的限制。第四，强化品牌建设，打造具有地方特色的农产品品牌，是提升产品竞争力的有效途径。第五，利用乡情纽带拉近与消费者的距离，能增强消费者的购买意愿和忠诚度。

学 以 助 农

为进一步提升农村直播电商人才水平，某地区农业局拟举办首届“绿水青山杯”农村直播电商案例赛事活动，旨在挖掘出一批扎根于农村、服务于农民，能够在直播与短视频领域传播、推广农村直播电商经验的优秀人才。培育壮大农村直播电商人才队伍，创新发展直播电商助农模式，助力乡村振兴战略。请同学们搜集相关资料，为本次大赛设计一份方案，使比赛流程和奖项标准更加完整和清晰。

任务实施

任务描述：

作为直播新手，你需要快速了解淘宝平台的开播流程，包括开播前的预告创建、商品添加、设备调试、画面美化，以及直播期间的商品链接弹出、特效设置和如何结束直播等，并将此过程中的关键点记录下来，以便进一步学习。

操作条件：

1. 设备：电脑及网络
2. 工具：电商平台及数据平台
3. 分组：不分组，独立完成

实操步骤：

步骤1：检查开播权限。下载并登录“淘宝主播”APP，检查自己是否具有开播权限，若没有权限，申请开通达人直播权限。

步骤2：选择直播商品。在“商品”一栏中选择需要的商品，点击旁边的带货车按钮，完成直播商品的添加，如图1.6所示。

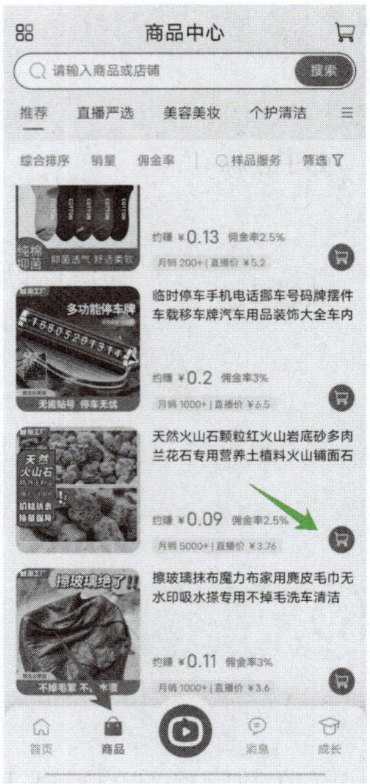

图1.6　直播选品

步骤3：发布直播预告。提前准备好直播封面、直播标题、直播时间、内容介绍等预告信息，填入表1.6，并根据这些信息发布直播预告，其中直播商品可提前在预告中添加，也可开播后再添加。

表1.6　发布直播预告

直播预告样例	直播预告信息
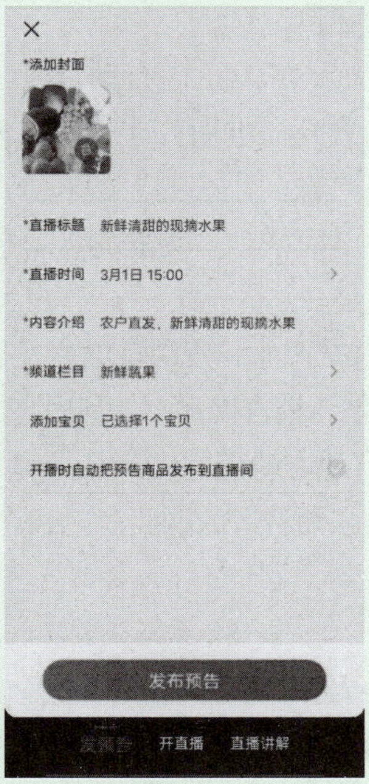	直播封面（截图）
	直播标题（10个字以内）：
	直播时间：
	内容介绍：
	频道栏目：
	商品名称（3~5个）：

步骤4：实施直播。调整镜头和画面后，选择“开直播”，对直播商品进行讲解，并在直播过程中依次测试直播界面上的菜单，将各按钮功能的作用填入表1.7。

表 1.7　直播实施

直　播　界　面	功 能 按 钮 说 明
	宝贝：
	上架：
	商品：
	互动：
	推广：
	更多：
	实时数据：
	右上角的⏻：

步骤5：电脑端开播。查看电脑端开播的相关知识，或搜索《淘宝直播白皮书》，进一步学习电脑端开播流程，并按照流程操作，进行电脑端开播。同时按照表1.8，对开播过程中的常见问题及解决方法进行整理。

表 1.8　电脑开播

常　见　问　题	解　决　方　法
直播商品在哪里选？怎么添加到直播间？	
如何让直播间宝贝按照顺序展示？	
开播后发现漏掉了一件商品，该如何再次添加？	
直播中，怎么弹出商品链接？	
直播中，点击“讲解”的作用是什么？	
中控如何回复用户的评论？	

相关知识

一、淘宝直播

1. 开通淘宝直播权限

直播发布权限是淘宝直播的基础权限，开通后才能进行直播，并可在点淘、淘宝店铺首页、天猫店铺首页展示。直播权限申请条件见表1.9。

表1.9 直播权限申请条件

身份	权限申请条件
达人	① 必须要有一个绑定了支付宝实名认证的淘宝账号 ② 淘宝账号已在阿里创作者平台注册成为达人 ③ 账号未开店（已开店的账号希望申请成为达人主播，必须先释放店铺。若不释放店铺，需要走商家直播权限开通流程）
商家	① 淘宝卖家、天猫商家，且店铺状态正常 ② 店铺/主播具有一定综合竞争力，在点淘粉丝量、客户运营能力和主播素质方面表现良好 ③ 淘宝商家须符合《淘宝网营销活动规范》，天猫商家须符合《天猫营销活动规则》

具备以上条件后，可下载“淘宝主播”APP，登录淘宝账号，开通直播权限，如图1.7所示。

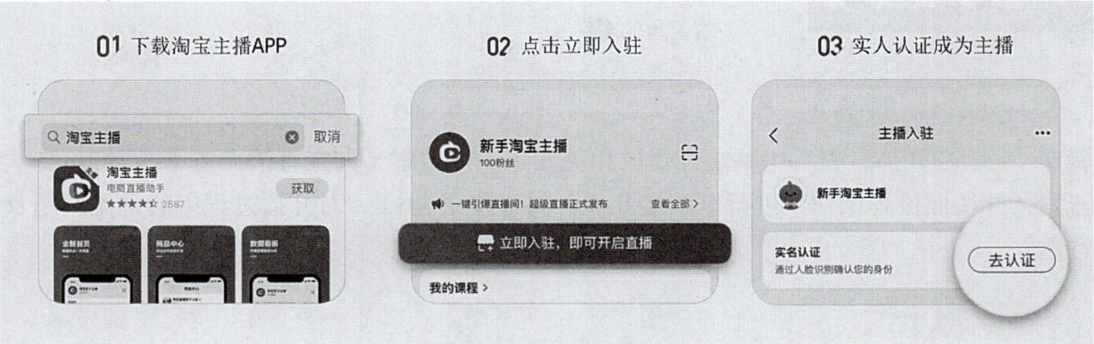

图1.7 直播权限开通

2. 发起直播

开通直播权限后即可通过手机端或电脑端发起直播。

（1）手机端开播流程

打开“淘宝主播”APP，点击最下方中间的红色按钮即可开播。

（2）电脑端开播流程

电脑端的开播需要中控台网页版和直播客户端配合使用。中控台网址是www.liveplatform.taobao.com，直播客户端下载网址是www.taolive.taobao.com。

首先打开中控台网页版，创建直播，如图1.8所示。

然后在弹出的窗口中上传直播封面，填写相关信息，即可创建直播，如图1.9所示。

接下来需要添加直播商品，如图1.10所示。

图 1.8　创建直播

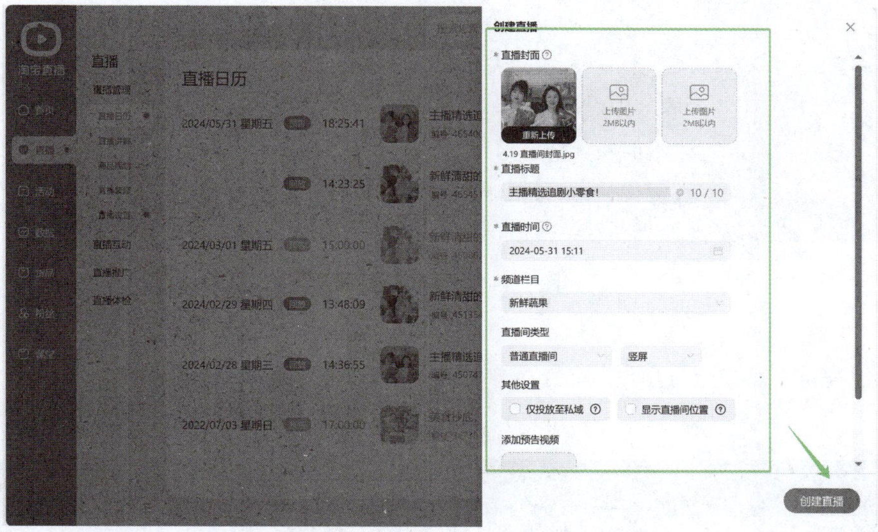

图 1.9　填写直播信息

图 1.10　商品添加入口

从店铺或者合作商品中，筛选出直播商品，进行添加，也可提前通过官方提供的平台“热浪引擎”（网址 www.hot.taobao.com）进行选品并加入带货车。若选择“添加至口袋”，商品会直接出现在直播间购物车，若选择“添加至待直播”，那么商品需要在开播后再次上架才会被观众看到，如图 1.11 所示。

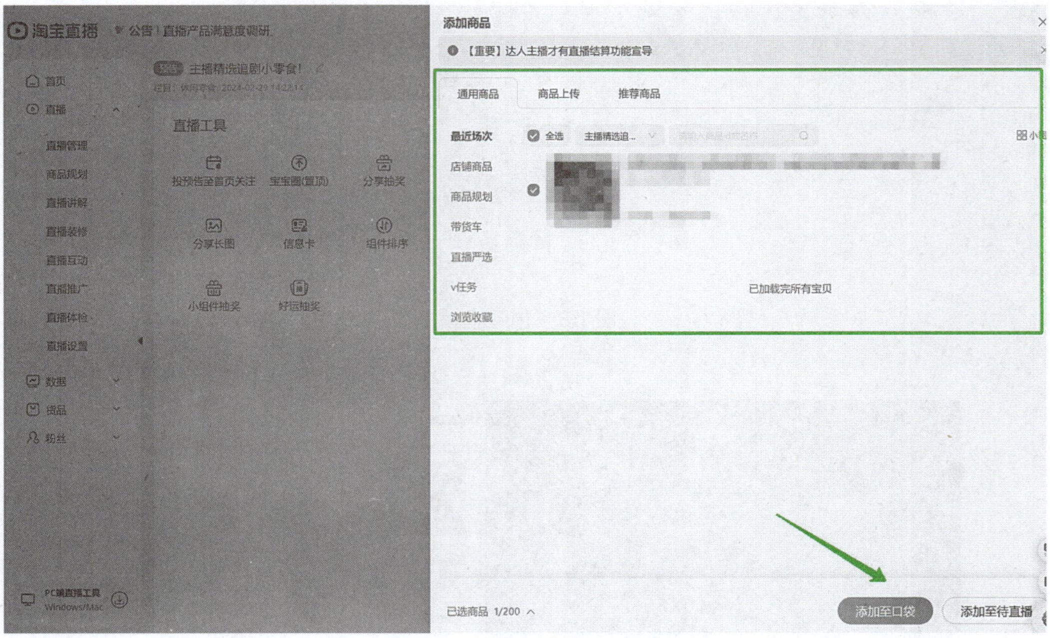

图 1.11　添加直播商品

直播计划创建完成后，需要打开中控台客户端进行设置，如图 1.12 所示。

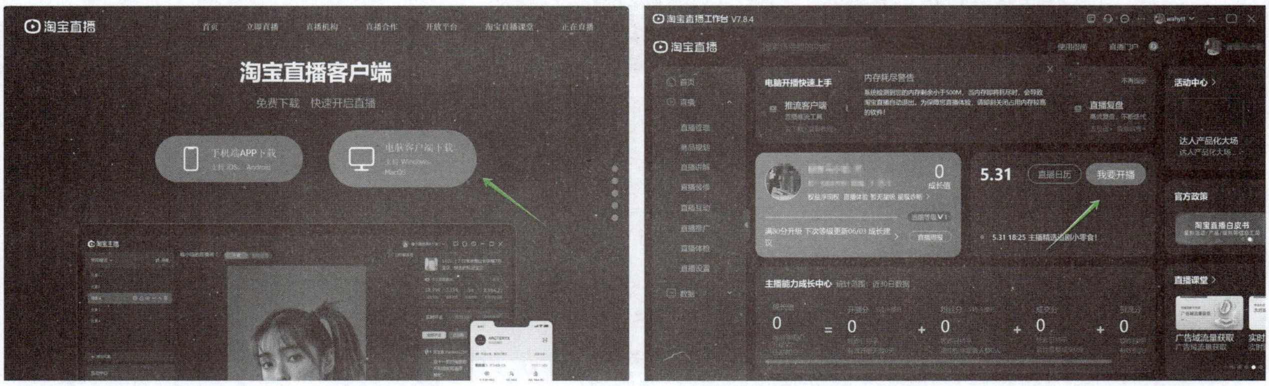

图 1.12　中控台客户端

在中控台客户端，选择刚才创建好的直播场次，对直播间的音视频等视觉元素进行设置。主要进行摄像头的设置，点击摄像头旁边的设置小按钮，进行摄像头配置和直播画面调整，如图 1.13 所示。

调整检查好所有画面和音频设置后，点击开始直播，倒数 3 秒界面提醒后，将正式开启直播，如需暂停或结束直播，点击对应按钮即可。

在直播过程中，运营人员可通过网页中控台使用工具进行实时监控，比如可使用互动中心、宝贝列表实时表现、实时评论等工具。

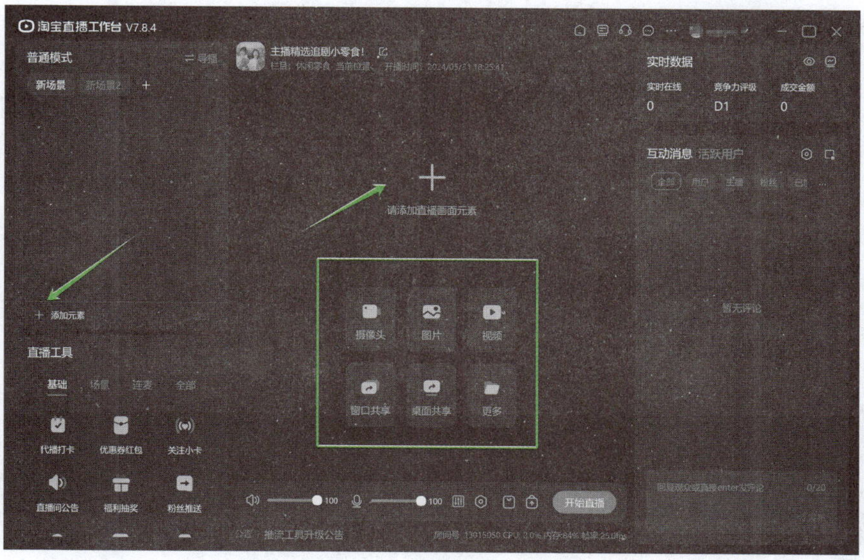

图 1.13　调试摄像头

二、抖音达人直播

1. 开通抖音带货权限

抖音带货权限是指达人在抖音平台获得的经营达人商品橱窗、发布短视频添加商品、发布图文添加商品、直播间添加商品的权限。获得权限的达人，可以在抖音平台推广销售绑定抖音店铺的商品或带货推广其他抖音店铺的商品。

开通带货权限首先需要达人完成抖音平台的实名认证；其次需要提交个人身份证/个体营业执照/企业营业执照，三者选一，以验证带货资质；最后需要准备个人银行账户/个体银行账户/企业银行账户，三者选一，作为佣金结算的收款账户，注意该账户需与之前提交的带货资质账户信息匹配。权限申请流程如图 1.14 所示。

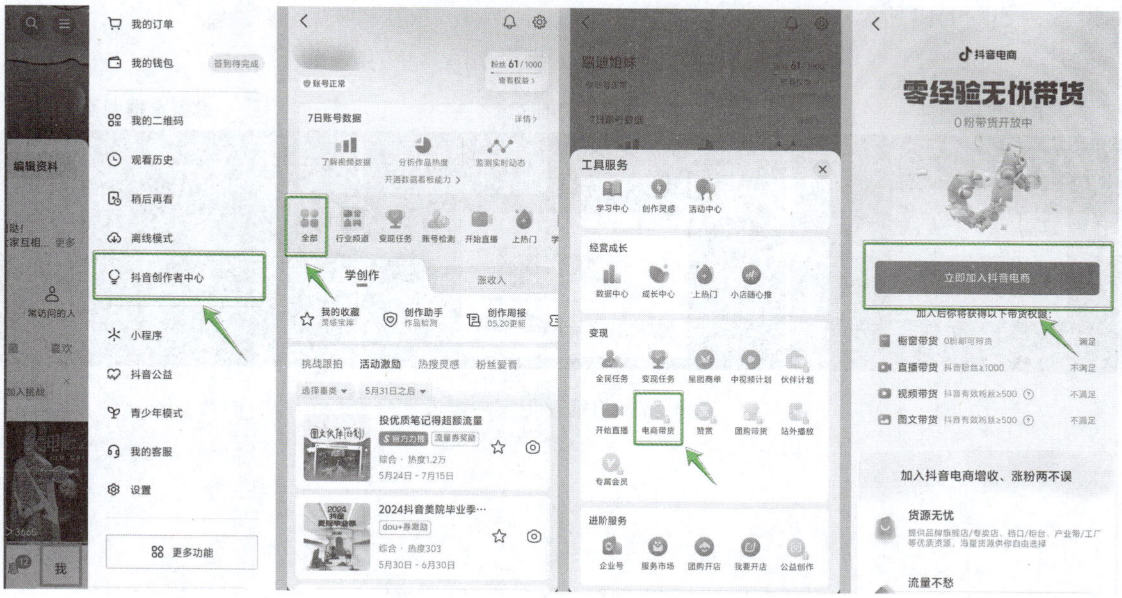

图 1.14　带货权限开通流程

2. 发起直播

（1）手机开播

打开抖音主页，选择底部的“+”号，设置好直播封面、标题、地区等信息，并且选择好商品，即可开始直播，如图1.15所示。

（2）电脑开播

当达人粉丝数大于等于1 000时才可以在电脑端进行直播，并且电脑开播需要巨量百应网站和直播伴侣的配合。巨量百应网站的网址是www.buyin.jinritemai.com，用于直播计划创建和直播商品管理，如图1.16所示。

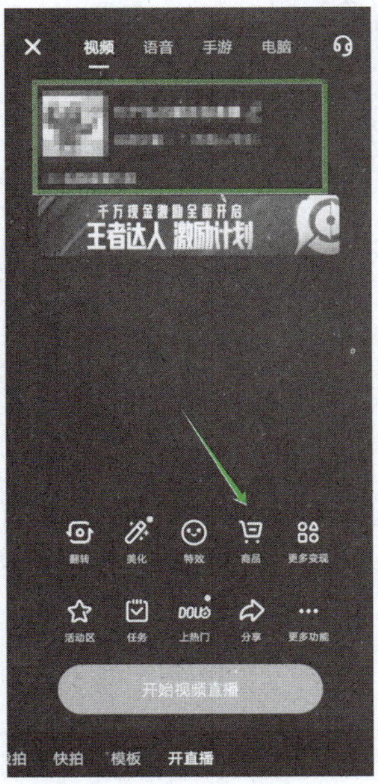

图1.15　手机开播设置

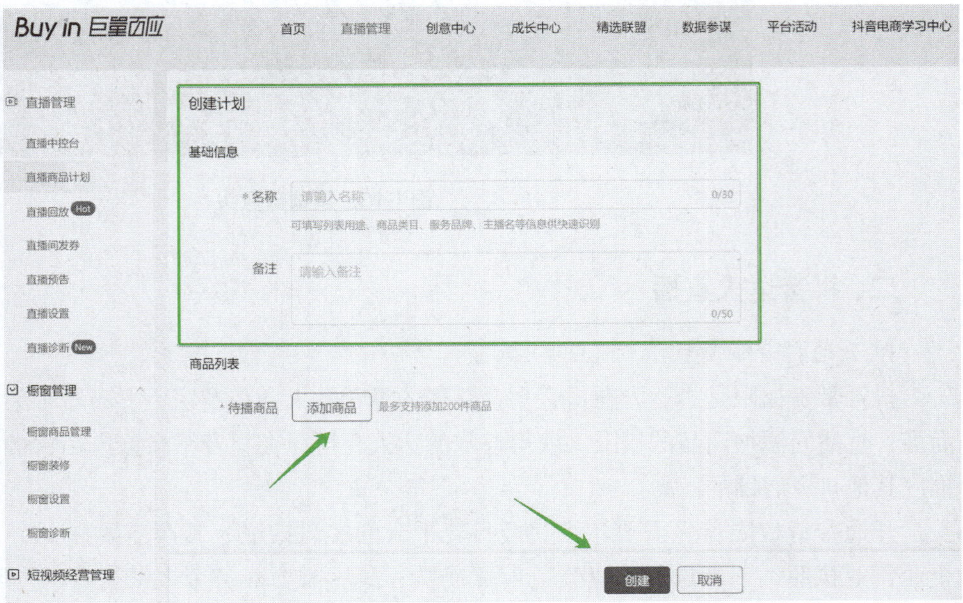

图1.16　直播计划创建

直播伴侣的下载网址是www.streamingtool.douyin.com，用于摄像头调试、素材添加，以及其他视觉元素的设置，如图1.17所示。

图1.17　直播伴侣客户端设置

常见疑问

1. 淘宝平台的直播封面有哪些要求？

（1）封面图不掺杂文字（除平台要求的角标之外）。

（2）不使用拼接图片、表情包、带有播放器的按钮。

（3）内衣等贴身衣物不以任何人物、模特等元素展示。

（4）如直播间无明星参与直播，不可使用明星作为封面图片。如直播间有明星参与直播，可使用明星封面图但必须提供相关的肖像使用授权文件等材料。

2. 淘宝平台的直播标题有哪些要求？

（1）标题不能超过10个字。

（2）标题不能出现“测试”等字样。

（3）标题、封面图与直播标签必须相符。

任务笔记

学习评价

表 1.10　“直播后台入口实操”学习评价表

班级：____________　　　　学号：____________

姓名（小组成员）：____

序号	考核点	考核标准			考核分数		
		不太符合 0~9	基本符合 10~14	完全符合 15~20	自评	第三方评	教师评分
1	软硬件检查与开播权限检查	能快速找到并安装各平台直播客户端（包括手机APP），顺利获得开播权限					
2	直播商品添加	能快速找到商品入口，按照任务要求选出直播商品					
3	直播计划创建及预告发布	能提前准备好直播预告需要的图文信息，快速完成直播预告发布和直播计划创建					
4	直播设备调试	能独立完成开播前的直播设备调试					
5	直播实施	能和小组成员默契配合，完成一场20分钟左右的直播，并在直播中熟练操作“直播间分享”“弹链接”“查看实时数据”“回复评论”等基本功能					
		综合得分（自评30%+第三方评30%+教师评分40%）					
学生学习评价剖析与应用（学生填写）							
自我比较：□进步　□退步			教师比较：□进步　□退步		企业比较：□进步　□退步		
改进措施与安排							

知识测试

一、选择题

1. 在淘宝直播中，开通直播权限的前提条件是什么？（ ）［单选题］
   A. 拥有一个淘宝账号　　B. 拥有一定数量的点淘粉丝
   C. 必须是天猫商家　　D. 必须是阿里巴巴的员工
2. 在抖音直播中，达人开通带货权限需要完成哪些步骤？（ ）［单选题］
   A. 实名认证、提交带货资质、准备收款账户　　B. 发布至少10个短视频
   C. 拥有1 000个以上的粉丝　　D. 必须是抖音认证的KOL
3. 抖音电脑端开播的条件是什么？（ ）［单选题］
   A. 达人粉丝数大于等于100　　B. 达人粉丝数大于等于1 000
   C. 必须是认证的商家账号　　D. 必须是抖音认证的MCN机构成员
4. 在淘宝直播中，以下哪些条件适用于商家开通直播权限？（ ）［多选题］
   A. 淘宝卖家或天猫商家，且店铺状态正常
   B. 具有一定的点淘粉丝量和客户运营能力
   C. 账号未开店
   D. 商家须符合《淘宝网营销活动规范》，天猫商家须符合《天猫营销活动规则》
5. 抖音电脑端直播所需的客户端和中控平台是什么？（ ）［多选题］
   A. 抖音APP　　B. 巨量百应
   C. 直播伴侣　　D. 巨量引擎
6. 在发布淘宝直播预告时，需要填写哪些信息？（ ）［多选题］
   A. 直播封面　　B. 直播标题
   C. 直播间音乐　　D. 直播时间

二、判断题

1. 淘宝直播的直播封面可以包含文字信息。（ ）
2. 在抖音直播中，达人开通带货权限后，可以推广销售任何商品。（ ）

三、简答题

1. 请简述在淘宝直播中开通直播权限的流程。
2. 请说明在抖音直播中，达人如何通过电脑端发起直播。

第2章 直播账号准备

任务1 定位直播账号

学习目标

知识目标	1. 理解对标直播账号的含义 2. 了解拆解对标直播账号的必要性
技能目标	1. 掌握对标直播账号的筛选维度 2. 掌握拆解对标直播账号的具体方法 3. 通过分析对标直播账号，快速厘清直播思路，制定有效直播方案
素质目标	1. 养成良好的建立模型的思维方式，快速进入一个行业 2. 能够运用知识分析对标直播账号，快速度过账号的冷启动阶段

思政园地

对标直播账号不是“东施效颦”

越国苎罗（今浙江诸暨南部）有位姓施的美女，因为家住若耶溪西岸，所以村里人叫她西施。若耶溪东岸也有位姓施的姑娘。她长得很丑，村里人管她叫东施。东施看到西施因病而皱眉，觉得姿态很美，便也学着皱眉，结果却适得其反，反而变得更丑了。这就是“东施效颦”的故事。然而，现今的直播电商领域，也有一些人犯下了与东施相同的错误。

当我们谈论“对标账号”时，不少初学者可能会误以为这意味着简单地模仿或复制别人的成功模式。就像东施模仿西施一样，他们可能觉得只要模仿成功账号的做法，就能获得成功。但实际上，这种做法忽略了每个账号背后的独特性和差异性。

在直播账号的准备中，我们不能简单照抄别人的做法。每个账号都有其独特的定位、受众群体和品牌形象。就像西施的美丽不仅仅在于皱眉，更在于她整体的气质和魅力。因此，我们在准备直播账号时，应该根据自己的特点、目标受众和市场需求来制定策略，而不是盲目地模仿他人。

作为大学生，我们应该明白，在学习和成长的过程中，模仿确实是一个有效的学习方法。但是模仿只是起点，不是终点。我们应该在模仿的基础上，结合自己的实际情况进行创新和改进，找到真正适合自己的发展道路。

在直播电商领域，我们应该避免"东施效颦"的错误，不要盲目模仿他人的成功模式。我们应该根据自己的实际情况和市场需求来制定策略，不断创新和改进，打造出真正属于自己的直播账号品牌。无论是在学习还是在工作中，我们都要有独立思考的能力和创新精神。我们不能仅仅满足于模仿他人，而应该努力发掘自己的潜力和优势，创造出真正属于自己的价值和成果。

学以助农

在直播电商中，直播账号的准备是非常关键的一步，对于大学生助农直播项目尤为重要。帮助农户进行直播账号的准备可以考虑从以下几点入手。

1. 账号注册与认证：协助农户在目标直播平台上注册账号，确保填写的信息真实、准确。根据平台要求，指导农户完成实名认证，以符合平台开播要求。

2. 账号信息与形象设置：为农户定制头像，建议使用农产品或农田照片，体现农户特色。设计昵称和个人简介，强调农户身份和农产品特色，提高消费者信任度。

3. 直播间搭建与优化：协助农户搭建直播间，背景建议使用农田或果园等自然元素，营造亲切氛围。在直播间内放置标识牌，展示农户名称、农产品种类等信息，增强品牌识别度。

4. 直播工具准备：根据农户需求，推荐合适的摄像头、麦克风、照明设备等，确保直播画面清晰、音质优良。协助农户进行设备调试，确保直播过程中设备稳定运行。

5. 网络测试与应急预案：在直播前进行网络测试，确保直播过程中网络连接稳定。制定应急预案，如遇到网络中断等突发情况，及时切换至备用网络或采取其他补救措施。

任务实施

任务描述：

在启动直播账号之前，分析对标直播账号很有必要。追溯对标直播账号的核心数据并观测对标直播账号的数据趋势，分析出它们之间的因果关系模式。从而在现有账号因果关系模式的基础上，形成有效的直播账号孵化方案。

操作条件：

1. 设备：电脑、手机
2. 工具：使用Excel表格或者思维导图软件进行关键信息的汇总登记和分析拆解
3. 账号：直播平台账号、第三方数据平台账号
4. 分组：学生分组完成按步骤给定的实践任务

实操步骤：

步骤1：方法① 按照关键词搜索。使用直播平台账号，选择直播频道，在直播频道的搜索框中，按照产品名字搜索直播间。逐一关注搜索结果所展现的直播间账号。使用Excel表格进行记录。方法② 同类推荐。该方法适用于整理特定类型的账号，如护肤彩妆类账号。关注一个账号以后，APP会出现同类账号的推荐，使用Excel表格进行记录，如表2.1所示。

举例 以口红为关键词，在抖音APP的搜索结果中关注到以下直播间，并整理成对标账号统计表，如表2.2所示。

表 2.1　对标直播账号统计表

账　号　昵　称	账　号　ID	账　号　类　型

表 2.2　口红对标账号统计表

账号昵称（示例）	账　号　ID	账　号　类　型
巴拉拉小铺	×××	达人 桌面彩妆
弗西西里妆园	×××	达人 桌面彩妆
姐姐要加油	×××	达人 桌面彩妆
卡卡清仓号	×××	达人 桌面彩妆
璐璐的美妆屋	×××	达人 露脸彩妆
美丽严选美妆	×××	达人 桌面彩妆
柠檬茶少冰	×××	达人 桌面彩妆
桃子美妆屋	×××	达人 桌面彩妆
婷喜欢	×××	达人 桌面彩妆
要加油	×××	达人 桌面彩妆

步骤2：使用第三方数据平台会员账号登录数据平台，逐一查询直播账号近30~90天的各项数据，并进行数据的汇总登记（部分平台可导出近期数据），如图2.1所示。

蝉妈妈_达人详情带货分析——巴拉拉小铺.xlsx
蝉妈妈_达人详情带货分析——弗西西里妆园.xlsx
蝉妈妈_达人详情带货分析——姐姐要加油.xlsx
蝉妈妈_达人详情带货分析——卡卡清仓号.xlsx
蝉妈妈_达人详情带货分析——璐璐的美妆屋.xlsx
蝉妈妈_达人详情带货分析——美丽严选美妆.xlsx
蝉妈妈_达人详情带货分析——柠檬茶少冰.xlsx
蝉妈妈_达人详情带货分析——桃子美妆屋.xlsx
蝉妈妈_达人详情带货分析——婷喜欢.xlsx
蝉妈妈_达人详情带货分析——要加油.xlsx

图 2.1　直播账号数据明细

举例　利用上述口红直播间信息，使用蝉妈妈第三方平台对关注的直播间账号进行查询后导出数据表格，最后整理成一个总表，如图2.2所示。

账号昵称	账号ID	达人简介	直播标题	开播时间	直播间流量结构	带货直播场次	带货直播观看人数	场均销售额	销售总额	直播GPM	场均直播时长	平均在线人数	在线人数峰值	人均观看时长	互动率	直播间营销手段
璐璐的美妆屋	83766096074	宝贝，这里是你的美妆屋都是亲测再	开学美妆9.9，珂拉琪冰淇淋大破价，酵色买一	早上10点左右		30	1.38万	7,500-1万	25万-50万	500-1,000	4小时16分钟10秒	98	242	56秒	260.41%	10分钟一个福袋：实物福袋【珂拉琪冰
柠檬茶少冰	lemontea.ice	今天少喝一杯柠檬茶～可以买三支口	9.9米三只唇泥～	早上10点半 下午2点		34	1.13万	2,500-5,000	10万-25万	100-500	5小时10分钟59秒	49	231	50秒	274.30%	10分钟一个，发放实物福袋【评论「福袋
桃子美妆屋	zoezhang	暂无	口红买一送一再送一，清仓	早上10点半左右 下午5点半左右		31	8262	2,500-5,000	10万-25万	100-500	1小时13分钟12秒	188	225	38秒	98.12%	7分钟发放一个抖币福袋，口令【想要】
巴拉拉小铺	79793529861	你想要的这里都有！不再直播时可	很高兴认识你	直播时间不固定		19	2,993	2,500-5,000	5万-7.5万	100-500	3小时10分钟25秒	38	43	21秒	10.16%	
美丽严选美妆	96553738034	超多优惠，超多福利，全场继续送不	美丽严选美妆正在直播	早上7点零1分		28	1.21万	7,500-1万	10万-25万	500-1,000	3小时22分钟59秒	42	56	27秒	3.74%	
婷喜欢	70856042057	♥ 宝藏挖掘机 🔥 测试小能手	珂拉琪 9.9三支	0点30分左右		44	8,296	5,000-7,500	25万-50万	500-1,000	1小时11分钟2秒	233	685	57秒	67.02%	10分钟发一个实物福袋，评论「珂拉琪好
弗西西里妆园	40857242012	野生美妆博主er。一般23:00不准时	草莓熊intoyou有活动	早上7点半左右直播 晚上23点左右直播		40	3,272	2,500-5,000	10万-25万		3小时48分钟2秒	18	25	51秒	20.54%	
姐姐要加油	64610242243	暂无	intoyou8.8包油	早上8点40左右		28	4,184	5,000-7,500	10万-25万	100-500	2小时14分钟1秒	145	145	1分钟23秒	691.22%	抖币红包，发送口令:抢到intoyou好划算；
要加油	Xiaoyanwwtl	我真的好想当个美妆博主。我想做	唇泥9.9 intoyou	晚上11点左右		24	9.79万				2小时43分钟50秒	1,293	2,718	45秒	46.49%	

图2.2 对标直播间汇总图

步骤3：将数据进行区分，筛选出具有代表性的账号。需要筛选出：① 粉丝数量大，带货成交额大且使用时间长、活动频繁的直播账号，归类为类目上榜直播间；② 粉丝数不超过1万，属于近3个月内开播的直播账号，归类为类目新星直播间；③ 粉丝数过万，近期流量和成交数据对比之前呈现翻倍增长的直播间，归类为类目黑马直播间。

举例 进行数据分析后，可以筛选出具有代表性的账号，归纳为表2.3。

表2.3 对标账号归类表

分　类	账号昵称	特　征
类目上榜直播间		粉丝数量大，带货成交额大且使用时间长、活动频繁的直播间
类目新星直播间		粉丝数不超过1万，属于近3个月内开播的直播间
类目黑马直播间		粉丝数过万，近期流量和成交数据对比之前呈现翻倍增长的直播间

步骤4：对选定的直播账号进行深度剖析，以拆解各个维度为基础，构建竞品直播间运营策略一览表。拆解维度包括：直播间布局（前景、中景、后景、贴片、产品展示方案、灯光方案推导等）、基础数据、商品陈列、流量渠道、直播语言技巧、营销策略以及团队协作。

相关知识

一、找准对标直播账号

1. 对标直播账号的定义

对标直播账号指的是与自身直播账号定位相似或完全一致的同类直播账号。关注并分析对标直播账号，研究其直播策略和特色，可以优化和提升自身直播间的综合实力。

2. 对标直播账号的分类

按照账号的成长阶段，对标直播账号根据所在层级可以分为新星直播间、黑马直播间、上榜直播间。

3. 对标直播账号的作用

新开设直播间时，需要特别关注新星直播间。这类直播间具备以下几个特点：第一，开播时间较短，通常在三个月以内；第二，尽管粉丝数量较少，但销售额却相当可观；第三，成长速度迅猛，一个月内即可实现层级和销量的突破，与类目腰部直播间相媲美。这种粉丝数量有限却能实现高销量的情况，具有很高的参考价值。

在直播间初始阶段能短时间内实现高销量，说明直播间的场景构建、主播话术、表现、商品布局、营销策略及流量来源等方面均能吸引用户停留并完成转化。特别是近30天内崛起的账号，更具代表性。它们代表了当前类目较为合适的直播策略，如纯自然流量、短视频流量、付费流量等。通过研究这些新星直播间账号的数据趋势和关键操作，可以还原其整体直播营销策略，为新账号的孵化提供有益的借鉴。

突破新手期之后，从新手阶段过渡至稳定阶段的直播间往往会面临瓶颈期，此时应该更为关注黑马直播间。这类直播间具备以下几个特点：第一，日常销售额与直播间流量同时暴涨；第二，近期销量突然飙升，且呈现上升趋势。在瓶颈期的直播间若要实现层级和销量的突破，可以从以下两个方面学习和借鉴：一是抓住平台近期热门话题，从而吸引大量流量；二是直播运营方面的细节调整，如对直播间场景、货品组合、话术、优惠及流量来源等方面的调整。鉴于与竞品客群相似，可通过观察竞品直播间的变化调整，为自身直播间的优化提供参考。

在各类目榜单中的直播间，通常具备以下显著特点：第一，直播销售额相对稳定，且在类目中名列前茅；第二，直播间流量保持相对稳定，且流量来源比例相对固定。这些具有类目代表性的直播账号，代表着当前类目直播的最高水平。通过相关数据，可以分析出该直播间的内容团队（包括直播和短视频制作）、电商团队（涉及售前售后服务）以及物流团队（涉及日常发货量）等的组成及其配置。此外，结合直播间的退货率以及流量构成，可以推断出该直播间的利润率是否达到预期目标。

4. 找到对标直播账号

具体参见上述“实操步骤”。

二、对标直播账号拆解方法

1. 对标直播账号拆解目的

分析并拆解对标直播账号旨在深入理解账号背后的整体运作模型，进而实现以下目标。

（1）提供有决策意义的数据参考

数据是拆解对标直播账号的关键要素之一。通过设定商品成交价格，可以计算出商品的毛利润。根据直播间流量来源渠道占比，可以估算出大致的流量投入成本。综合同等级别账号的成长态势，可以预测直播间实现盈亏平衡的大致时间节点。再通过进一步的数据分析，可以推断出直播间的各项数据，如曝光进入率、商品点击率、点击成交率等。

（2）提供有实操意义的策略参考

此处所述策略并非局限于营销策略。实际上我们应该认识到直播间是一个多方协同的综合体。在直播间的账号昵称与简介设定、每日开播的具体目标、流量的导入协调、商品陈列和款号顺序、弹窗安排、库存调整，以及主播与场控的协同等方面，均应构建一套以满足平台流量分配机制为核心的整体策略。其目的在于满足平台对直播间数据的考核，并激发下一轮流量分配。

因此在制定直播间策略时，须兼顾直播平台对营销行为的规范，对比同类型直播间的现行营销策略，并着重考虑如何根据消费者心理进行策略设计。初涉直播领域的团队在制定营销策略时，易陷入两种困境：一是将线下营销策略直接应用于线上，导致策略失效；二是盲目模仿其他直播间的营销策略，却未能如愿带来理想成绩。直播间营销策略，往往陷入相互借鉴、直播间同质化和观众麻木（失去效果）的怪圈。借鉴对标直播账号实施的各维度策略，尤其要注意近期稳定执行且数据真实有效的策略和话术，这些策略和话术往往能同时满足平台管理、同类型竞争和消费者心理三方的需求，具有较高的参考价值。通常建议新直播间可在该策略基础上进行微调（如降低价格、增加赠品数量、将爆款产品调整为引流款等），以助力直播间顺利启动。

（3）提供当前问题的解决思路

无论是达人直播间还是店铺直播间，都可能遇到以下几个普遍问题：第一，直播间场景构建的吸引力不足；第二，直播间曝光度及进入率相对较低；第三，直播间内曝光商品的点击率不高；第四，直播间商品点击成交率数据不理想；第五，直播间流量与在线人数不尽如人意；第六，直播间目标受众群体定位存在偏差。这些问题大概率能在对比其他优秀直播间时找到相应的解决策略或者得到启发。

在平台对流量进行进一步分配的过程中，主要进行的是横向对比。将同等级账号的各项数据进行汇总分析，以揭示彼此间的差异，进而明确自身存在的不足。平台针对直播间的考核因子权重并非一成不变，而是根据阶段性目标的需求进行相应的调整。直播间运营者或许未能及时收到此类通知，但通过对标直播账号的直播间变化，可以敏锐地捕捉到平台调整的迹象，从而及时制定相应的策略。

2. 对标直播账号拆解维度

拆解的层面包括：基础数据解析、商品布局分析、流量策略剖析、直播画面解析、直播语言解析以及直播间协同分析。若仅依赖第三方平台记录的数据研究对标直播账号，对其形成的认知未必完整。

在选定对标直播账号后，建议采取以下具体的解析方法：① 设定账号开播及短视频发布提醒；② 在账号开播第一时间进入直播间，通过录屏方式记录直播过程，包括直播间的协同动作，如开播动作（以何种活动和话术吸引首波流量的留存和转化）、讲解周期（多长时间为一个讲解的周期）、产品上架与销售（价格设定、优惠券设定、暗单上架、原价链接、售价链接、专属价格）等，以便后续随时进行分析。

具体拆解维度可以参照下表2.4。

最终可以形成以下四张表（如表2.5、2.6、2.7、2.8）。

表2.4　对标直播账号拆解维度表

大类	细分项目	重要拆解切入点	备注
基础信息	账号头像	账号头像的设置是否吸睛 个人形象/公司形象/品牌LOGO/产品形象	
	账号背景图	账号背景的设置是否加深信任 个人形象/公司形象/品牌大楼/生产基地	
	账号昵称	账号昵称的构成维度 个人昵称/个人+公司/个人+品类	
	账号简介	账号简介的组成维度 从业经历/从业时间/公司介绍/开播时间介绍/橱窗介绍/其他账号介绍/售后介绍/售后承诺	
	直播标题	标题写法 垂直型内容标题/痛点型标题/利益型标题/开播活动型标题	
直播数据	开播时间	统计账号的开播时间点	
	带货直播场次	统计账号近30天的开播场次	
	带货直播观看人数	统计账号近30天的直播观看人数	

（续　表）

大类	细分项目	重要拆解切入点	备注
直播数据	每场销售额	统计账号近30天每场直播的销售额	重点关注销量上升明显的场次
	场均销售额	计算出每场直播的平均销售额	
	销售总额	统计账号近30天的直播销售总额	
	直播GPM	GPM为千次销售额，有些平台会关注UV价值。GPM和UV价值越高，意味着直播间对于流量的转化效率越高	
	场均直播时长	统计账号的时长，计算出平均时长	重点关注直播时长明显高于平均时长的场次，在整场活动里找到吸引停留的营销动作
	平均在线人数	使用第三方软件统计账号的平均在线人数	
	在线人数峰值	在线人数峰值前的直播间成交数据、互动数据、直播间活动、主播话术	
	人均观看时长	人均观看时长高的直播间	
	互动率	使用第三方软件统计互动率	互动率高，需要拆解出其活动设计、话术设计
商品排布	上架商品明细与排序	拆解上架的商品明细与排序	需要注意是否一直上架购物车（不上架购物车被认为是娱乐直播，流量分配机制会有变化），以及中途是否出现以下情况： ① 暗中上架某款商品 ② 暗中下架某款商品 ③ 暗中修改商品的价格 ④ 暗中更换商品的排序
	商品分类	商品的分类包括：① 引流品　② 主推品（利润品）③ 高端品　④ 组合品	一般建议将其他直播间的爆品作为本直播间的引流品
	上架价格设定	① 店铺端是否配合设置优惠券，以及优惠券的具体类型，优惠券的领取条件（关注账号、发送评论或者停留观看），优惠券是否绑定具体商品（用于提高商品点击率） ② 是否设置专属价、专属库存、专属赠品	
流量策略	流量结构	使用店铺账号登录直播平台的精选联盟，可以从店铺端看到直播账号的基础数据，部分平台可以看到流量结构。如果直播账号没有授权披露自身流量结构，可以借助第三方数据平台查询预估流量结构，从而判断账号的整体流量结构和运营思路	
	引流短视频发布安排	是否为直播发布引流短视频，统计引流短视频的发布规律和发布数量	拆解引流短视频的拍摄和剪辑手法： ① 每条单独脚本拍摄 ② 套用同一个脚本进行批量拍摄 ③ 直接剪辑直播片段进行发布 ④ 混剪网络素材进行发布
直播画面	画面构成要素	整个直播间的画面构成要素：前景设计、中景设计、远景设计、直播贴片设计、产品摆放和主播位置	部分直播间会将视频或者片段作为贴片或者直播大背景使用，用视频更加方便地展示产品卖点
	直播贴片信息	直播贴片信息提炼产品的关键信息和描写角度，如吹风机11万转速、3分钟吹干、今天前100名下单送风嘴等	

（续 表）

大类	细分项目	重要拆解切入点	备注
直播画面	细节展示方式	主播在展示细节时的处理技巧： ① 将产品递到镜头面前 ② 使用镜头的缩放功能对产品进行放大 ③ 使用双机位的方式，用一个单独的机位展示细节并及时进行画面切换 ④ 使用对镜直播的方式将物品放到镜子前	
直播话术	活动话术	活动话术背后的活动设计思路： ① 关联到使用平台工具进行的抽奖、红包 ② 关联到产品购买的赠品 ③ 套路型的话术诱导	尤其要注意直播间的活动（福袋、红包等）评论内容、主播要求的评论内容与自动回复和整场直播节奏安排之间的关系
	痛点话术	对标直播间所描述的痛点场景和痛点话术	
	卖点话术	对标直播间对于产品卖点的提炼和总结	
	场景话术	客户使用产品以后的场景描述 带来的好处/解决的问题/提升的体验	
	信任话术	对标直播间如何从公司实力、服务口碑、售后评价、服务承诺等方面打造信任话术，进而打消消费者的疑虑	
	开款话术	对标直播间的开款理由、开款话术、主播状态、场控配合	
	促单话术	对标直播间基于库存、活动、发货时间、赠品机制、再次塑品等维度形成的促单话术	
	转款话术	转到下一款商品介绍的方式及话术	
	互动话术	关注互动话术的表达及其背后的利益机制设计（如赠品、红包、顺丰发货、延保政策等）	
	话术周期	以上话术，以多少分钟为一个周期进行重复，或者是整场以多少分钟为一个周期进行过款	
直播配合	红包发放	红包发放金额、发放数量、发放节奏、领取是否限定指定动作（如关注主播、发送指定评论、停留指定时长、加入粉丝团等），尤其需要注意整场红包的前后配合（金额、节奏、指定动作是否发生变化）。拆解对标直播间对于红包的运用（如人气低迷时使用评论红包支持主播，开款前使用评论红包支持商品）	
	福袋发放	福袋的金额/物品、发放数量、发放节奏、领取是否设置门槛（如关注主播、发送指定评论、停留指定时长、加入粉丝团等），尤其需要注意整场福袋的前后配合（金额、节奏、指定动作是否发生变化）	
	商品弹窗	商品弹窗的节奏，以及在主播话术的各阶段，弹窗的商品是否发生变化以及具体的变化形式	
	氛围维护	对标直播间是否在评论区根据直播间节奏发送关于直播活动、直播商品卖点等内容，是否存在人为引导评论以及控评的情况（部分平台可以设置屏蔽关键词）	
	镜头前演示	直播镜头前的演示由主播进行还是由场控进行，是否需要提前准备演示道具	

表 2.5　对标直播间基础信息表（示例）

昵称	ID	达人简介	直播标题	开播时间	直播间流量结构	带货直播场次	带货直播观看人数	场均销售额	销售总额	直播 GPM	场均直播时长	平均在线人数	在线人数峰值	人均观看时长	互动率	直播间营销手段

表 2.6　商品排布表（示例）

达人	商品名称	商品分类	商品来源（店铺）	商品价格（元）	佣金比例	销量	销售额	转化率	关联视频	关联直播	商品链接	店铺链接	直播上架说明	直播弹窗说明

表2.7　场景分析表（示例）

	景　别	分　类	实现方式	位　置	具体信息描述
对标直播间场景截图	前景分析（含直播贴片）	活动海报	贴图/实物	顶部	
		活动信息	贴图/实物	中部两侧	重点提炼活动信息的描述
		产品摆放	贴图/实物		描述摆放细节，比如角度，辅助摆放支架等
		服务承诺	贴图/实物	底部	品牌直发，7天无理由退货，24小时发货等
		产品视频	小视频		小视频的展现要素
		效果装饰	贴图/实物	透明图层	季节元素/成分元素等
	中景分析	主播站位			在整体画面中的占位，可以截取图片示意
		产品演示位置			在整体画面中的占位，可以截取图片示意
		其他辅助工具			如收音麦克风或实验道具的摆放与使用小细节
		灯光+软硬装			中景的软硬装与灯光
	远景分析	远景软硬装			远景软硬装布置明细
		远景灯光			远景灯光拆解：氛围光、背景光
		背景视频			是否将视频作为背景
	细节展示分析	细节/效果机位			是否涉及双机位或转场
		细节展示方式			用镜头放大或推进产品
		声音展示细节			使用特定的麦克风收音（包括是否降噪）

表 2.8 直播间配合分析表（示例）

过程	目的	地点	手段	目标	小目的	小目的关联动作	角色/手段								产品	话术
							主播	助播	中控	客服	场控	运营	推广	视频		

常见疑问

1. 拆解对标直播账号值得投入很大精力吗?

直播电商竞争激烈。因此，我们需要深入研究标杆直播间，洞察他们的运营策略，明了他们的优势与不足。这就像通过一个高倍显微镜观察他人的成功与挫折。

深入剖析对标杆直播间，不仅仅是为了了解他们，更是为了寻找自身的提升空间和潜在的创新点。我们需要像素级拆解他们的运营策略和背后的意图，这意味着要投入大量的精力和耐心。只有这样，我们才能真正还原他们的全貌，找到自己的成长之路。

对于新手直播间来说，站在巨人的肩膀上能看得更远。通过学习和借鉴他人的成功经验，我们可以更快地找到适合自己的直播方式，发挥出自己的长处，规避他人的不足。但是，这种借鉴绝不是简单的复制粘贴，而是需要我们结合自己的特点和观众的需求，进行个性化的创新。

知己知彼才能百战不殆。在这个没有硝烟的战场上，我们需要用智慧和勇气去洞察对手，用毅力和耐心去磨炼自己。只有这样，我们才能在激烈的竞争中脱颖而出，实现自己的直播梦想。

2. 需要全员学习拆解对标直播账号吗?

直播销售业绩的取得离不开全方位的协同努力。这是一个团队协作的时代，每个人都需要发挥自己的专长，共同推动直播业务的快速发展。新兴直播间要想在竞争激烈的市场中脱颖而出，新主播的成长路径尤为重要。

首先，新主播应当借鉴资深主播的经验。这些经验包括语言表达技巧、直播节奏把握、直播状态调整，以及应对突发状况的控场能力等。这些经验都是资深主播在长期实践中积累的宝贵财富，新主播可以通过学习这些经验，少走弯路，快速提升自己的直播技能。

其次，场控人员也是直播团队中不可或缺的角色。他们需要掌握与主播默契配合的技巧，通过对比标杆直播间来了解配合的时间节点和事项等。场控人员的作用在于确保直播过程的顺利进行，提升用户体验。

此外，投手在直播销售业绩中同样起着关键作用。他们需要在经过数月的试错后，才能确定理想的ROI人群包。通过借鉴标杆账号，他们可以迅速明确哪种投放策略和人群包更为有效，从而降低资金的无效使用率，提高产出效率。

综上所述，直播销售业绩的取得离不开全方位的协同努力。新主播、场控人员和投手各自发挥着重要作用，共同推动直播业务的发展。因此，我们建议全体成员学习标杆直播间的经验，以提升自身能力，实现协同共赢。

在学习标杆直播间经验的过程中，我们要明确目标，不断调整和优化自己的直播策略。只有这样，才能在激烈的市场竞争中立足，实现直播销售业绩的持续增长。

学习评价

表 2.9 “拆解对标直播账号”评价表

班级：__________　　　　学号：__________

姓名（小组成员）：______________________________

<table>
<tr><th rowspan="2">序号</th><th rowspan="2">考核点</th><th colspan="3">考核标准</th><th colspan="3">考核分数</th></tr>
<tr><th>不太符合 0~12</th><th>基本符合 13~19</th><th>完全符合 20~25</th><th>自评</th><th>第三方评</th><th>教师评分</th></tr>
<tr><td>1</td><td>清楚对标直播账号的定义</td><td colspan="3">熟悉并能讲出对标直播账号的定义</td><td></td><td></td><td></td></tr>
<tr><td>2</td><td>懂得寻找对标直播账号</td><td colspan="3">掌握寻找对标直播账号的两种方法</td><td></td><td></td><td></td></tr>
<tr><td>3</td><td>掌握对标直播账号拆解方法</td><td colspan="3">清晰对标直播账号的拆解维度</td><td></td><td></td><td></td></tr>
<tr><td>4</td><td>对标直播账号分析表</td><td colspan="3">能独立使用四张表分析对标直播账号</td><td></td><td></td><td></td></tr>
<tr><td colspan="5">综合得分（自评 30%+ 第三方评 30%+ 教师评分 40%）</td><td colspan="3"></td></tr>
<tr><th colspan="8">学生学习评价剖析与应用（学生填写）</th></tr>
<tr><td colspan="8">自我比较：□进步　□退步　　教师比较：□进步　□退步　　企业比较：□进步　□退步</td></tr>
<tr><td colspan="2">改进措施与安排</td><td colspan="6"></td></tr>
</table>

知识测试

一、选择题

1. 新直播间比较适合对标的直播账号属于（　　）。[单选]

A. 新星直播账号　　B. 黑马直播账号　　C. 上榜直播账号

2. 可以借助（　　）平台研究对标直播账号的数据。[单选]

A. 店铺端精选联盟　　B. 达人端精选联盟

C. 第三方数据平台　　D. 以上都可以

3. 拆解对标直播账号的意义在于（　　）。[多选]

A. 提供数据参考　　B. 提供策略参考

C. 提供解决方案　　D. 直接进行复制

二、思维导图

请用思维导图的方式概括对标直播账号的拆解维度和重点。

任务 2　设置直播账号

学习目标

知识目标	1. 了解直播账号申请的常见要求与硬性规定 2. 熟悉直播账号权限申请的流程及申请要点
技能目标	1. 能够完成各主要平台直播账号权限的申请 2. 能够解决账号申请直播权限时遇到的问题
素质目标	1. 能较好地适应平台新的注册规定和注册要求 2. 能有遵纪守法的自觉性，遵守平台的直播管理规定

思政园地

直播账号诚信危机

在某知名电商平台上，一家名为“诚信农品”的直播间吸引了大量观众。主播声称自家销售的农产品都是有机种植、无污染，并展示了一系列“权威认证”的证书和身份标识。然而，不久后有消费者反映，收到的农产品与直播描述严重不符，质量低下。经调查，这些证书和身份标识都是伪造的，目的是骗取消费者的信任。

这一事件不仅损害了消费者的利益，也破坏了直播电商行业的信任基础。作为大学生，我们应从中深刻反思。诚信是商业活动的基石，任何为了短期利益而损害诚信的行为都是不可取的。在未来的职业生涯中，无论身处何种岗位，我们都应坚守诚信原则，不做损害他人和社会的事情。这样我们才能真正赢得他人的尊重和信任，实现个人和社会的共同发展。

学 以 助 农

当农户在直播账号的设置上遇到一些具体的困难时，可以组织大学生志愿者为农户提供直播账号设置的知识普及和技能培训，确保他们掌握基本设置方法。或与农户一对一交流，根据其农产品特色和目标受众，制定个性化的直播策略，明确账号定位。持续跟进农户的直播情况，收集反馈直播信息，优化账号设置，提升直播效果和销售业绩。

任务实施

任务描述：

通过本任务，了解平台账号申请的常见要求与硬性规定，熟悉直播账号权限申请流程及掌握直播权限申请的要点。

操作条件：

硬件：手机、手机号码

软件：手机上预先下载各主要直播平台APP

网络：Wi-Fi条件

其他：本人年满18周岁，携带身份证

实操步骤：

步骤1：使用搜索引擎或者登录各大直播平台，了解并收集主要直播平台开通直播账号权限的要求和流程。请把搜集的资料梳理汇总成PPT，要求必须包括淘宝、抖音、快手、微信视频号、小红书等大型平台的直播权限要求和开通流程，其他平台可自行补充。

步骤2：准备手机、电脑及个人资料（包括但不限于身份证、手机号码等常见的网络账号注册资料），按照要求和流程，自选3~4个平台，完成直播账号的注册，通过实名认证并获取直播权限。建议选择淘宝、抖音、微信视频号、小红书等平台，便于实操。

注册前，可参考第5章“直播前开播准备”，任务4“培养主播表现力”进行主播人设定位，以便填写注册资料。

相关知识

为了做到规范运营，各大平台对于主播的进入都设置了一定门槛。在申请直播账号前，需要熟悉各大平台对于直播账号的申请要求。

一、申请账号权限常见要求

综合各项申请要求，申请直播账号权限的常见要求包括：

1. 账号实名要求

2016年4月13日，百度、新浪、搜狐、爱奇艺等20余家从事网络表演（直播）的主要企业负责人共同发布《北京网络直播行业自律公约》，明确规定网络主播需要进行实名认证。实名认证涉及多个环节。

第一个环节是信息提交环节。需要提交的资料至少包括：本人姓名、本人身份证号码、本人手机号码、银行卡账户信息（必须与申请者本人姓名完全一致）、主播本人手持身份证照片（身份证照片与号码清晰可辨认）。也有平台通过关联登录的方式免除已经在其他平台进行过实名认证的用户重复提交资料，如使用微信实名登录的用户，申请拼多多直播时不需要重复提交实名资料。

第二个环节是资料验证环节。在申请者完整填写了资料提交申请后，系统对申请者资料进行真实性认证。验证银行卡号、开户人姓名、认证者本人姓名、身份证号真实有效且完全匹配，如不符合要求或信息不匹配，则认证不通过。

第三个环节是比对验证环节。现阶段比对验证通常使用人脸扫描验证的方式。通过关联公安部门的数据系统，对所提交的资料和申请者进行人脸比对验证。在比对验证环节，18岁以下的未成年人会被禁止注册成为主播。

2. 账号背书要求

以淘宝为例，在2020年之前，申请主播账号除了提交上述账号实名要求所必须的资料之外，还需要申请人提交本人在其他平台所运营的账号，如微博、映客、花椒、抖音等，要求最低2万关注量。

在直播平台发展过程中，账号背书的要求也在不断变化，并且呈现逐步走低的趋势，尤其是在2020年后，电商直播的账号申请，已经基本取消账号背书的外部条件要求，进入到全民皆可直播的时代。

3. 对申请者本身的要求

电商直播作为实时演绎的内容，对于主播本身提出了更高的要求。对申请者本身的要求，通常集中在考察主播颜值、表达能力、专业能力、形象影响（如文身、奇装异服）等方面，既从平台的角度选出具备潜力的主播人选，也排除可能带来不良影响的主播人选。

二、申请账号权限基本流程

1. 淘宝直播申请流程

2018年是淘宝直播全面崛起的一年，PGC、网红、素人等各显神通，淘宝直播几乎成为网上零售运营的标配，开始转向产业赋能。当时预计未来三年间，淘宝直播将带动5 000亿规模的成交量，伴随着内容价值的不断放大，还将间接撬动更广阔的产业市场。

淘宝申请直播账号的具体步骤如下：

（1）按照先注册支付宝，再用注册的支付宝开通淘宝号的顺序，注册一个专门用于直播的个人淘宝号。

注意：重新注册淘宝号用于直播，是因为该账号会被团队成员登录，用于工作中的定向链接申请、中控台等操作，因此最好和个人购物账号进行区分，确保信息安全、资金安全和个人隐私保护。

（2）通过各大应用市场，下载淘宝主播APP。

（3）打开淘宝主播APP，使用淘宝账号快捷登录的方式进行登录。

（4）在淘宝主播APP的首页，可以看到清晰的入驻入口（图2.3）。

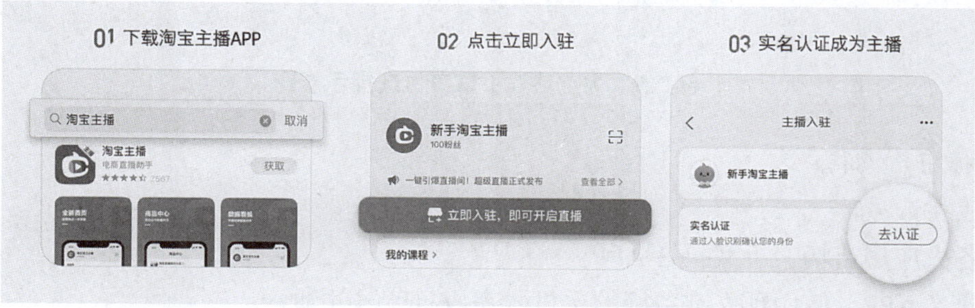

图2.3　淘宝主播APP入驻流程示意图

（5）点击立即入驻，根据提示完成实名认证，即可完成直播账号申请（图2.4）。

图2.4　淘宝主播APP主播入驻流程界面示意图

此时，淘宝直播账号已经开通。根据平台新账号激励规则，新账号前14天拥有流量激励和浮现权限。账号维持正常开通即可顺利度过新账号扶持期，拿到浮现权限。

注册完淘宝直播账号，达人端还要使用同一淘宝会员账号开通热浪引擎，才能申请商家佣金链接和实现佣金结算。

热浪引擎的注册流程如下：

（1）输入https://hot.taobao.com/，点击“请登录”。扫描二维码或者直接输入账号和密码登录。

（2）根据页面提示内容，选择对应身份“我是达人”。此处系统会自动展示已经开通的达人身份，即：“淘宝逛逛达人”“淘宝直播达人”“点淘达人”“阿里创平达人”的身份状态信息。确认信息后点击“符合要求，马上入驻”进入资料填写页面，如图2.5所示。

（3）完成达人入驻页面中的信息填写后点击提交，即可完成注册。

图2.5 淘宝热浪引擎身份选择示意图

2. 抖音直播申请流程

抖音申请直播账号的流程如下：

（1）通过各大应用市场，下载抖音APP。

（2）打开抖音APP，使用预先准备好的手机号完成抖音号注册。

（3）选择底部导航栏的“+”号，进入到发起直播的界面，选择“开始视频直播”，如图2.6所示。

（4）根据要求填写个人姓名和身份证号码，如图2.7所示。

（5）根据要求完成人脸认证，即可完成直播账号申请。

图2.6 抖音APP开通抖音直播流程示意图

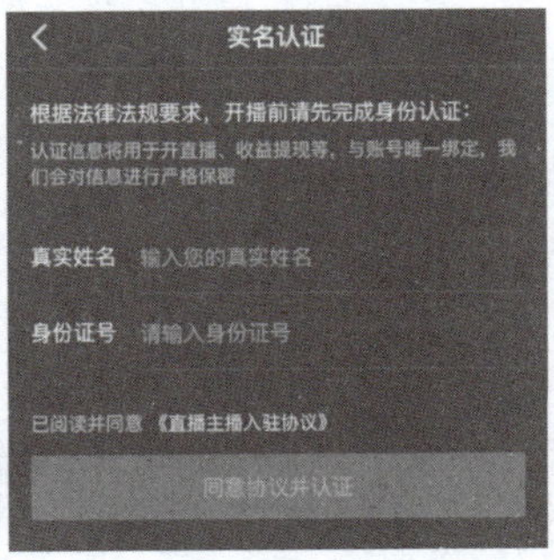

图2.7 抖音APP开通抖音直播实名认证示意图

3. 快手直播申请流程

快手申请直播账号流程如下：

（1）通过各大应用市场，下载快手 APP。

（2）打开快手 APP，使用预先准备好的手机号完成快手号注册。

（3）选择底部导航栏的“+”号，进入到发起直播的界面，选择“开始视频直播”，如图 2.8 所示。

（4）根据要求填写个人姓名和身份证号码，如图 2.9 所示。

（5）根据要求完成人脸认证，即可完成直播账号申请。

图 2.8　快手账号开通直播流程示意图

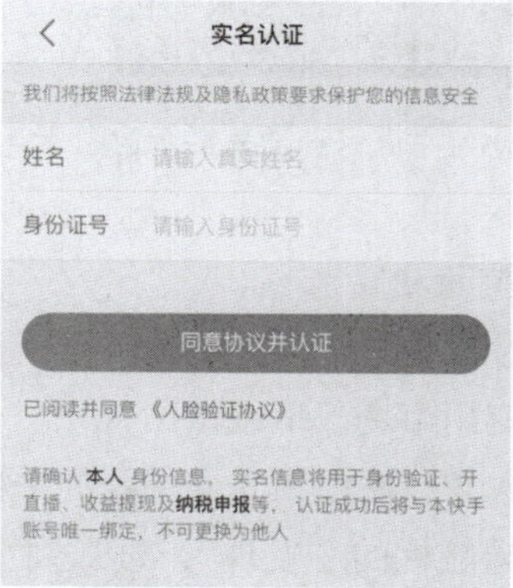

图 2.9　快手账号开通直播实名资料填写示意图

4. 小红书直播申请流程

小红书申请直播账号的流程如下：

（1）通过各大应用市场，下载小红书 APP。

（2）打开小红书 APP，使用预先准备好的手机号完成小红书号注册。

（3）选择底部导航栏的“+”号，选择左下角的“直播”，进入到开通直播的界面，如图 2.10 所示。

（4）根据要求填写个人姓名和身份证号码，如图 2.11 所示。

（5）根据要求完成人脸认证，即可完成直播账号申请。

5. 拼多多直播申请流程

拼多多申请直播账号的流程如下：

（1）通过各大应用市场，下载拼多多 APP。

（2）打开拼多多 APP，使用预先准备好的手机号完成账号注册，或者使用微信等社交账号进行关联注册。

（3）选择底部导航栏的“直播”，进入到开通直播的界面，在右上角选择“我要直播”。

（4）根据要求填写个人姓名和身份证号码。

（5）根据要求完成人脸认证，即可完成直播账号申请。

图2.10　小红书账号开通直播示意图

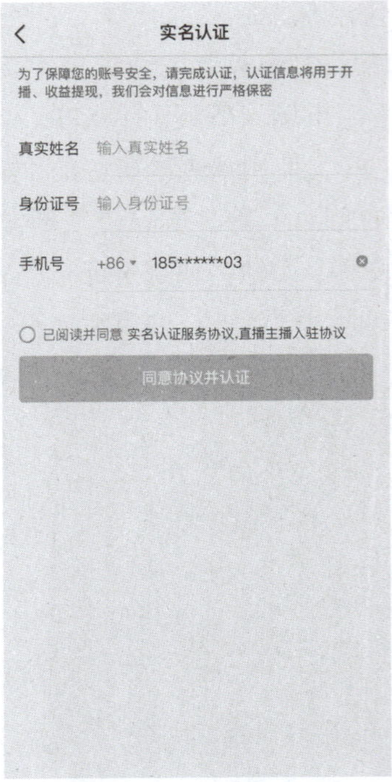

图2.11　小红书账号开通直播实名资料填写示意图

6. 微信视频号直播申请流程

微信申请视频号直播的流程如下：

（1）通过各大应用市场，下载微信APP。

（2）打开微信APP，使用预先准备好的手机号完成账号注册。

（3）选择底部导航栏的“发现”，进入到“发现”页面，点击“视频号”进入，右上角选择“ ”图标，进入个人主页，右下角选择“发起直播”。如图2.12所示。

（4）根据要求填写个人姓名和身份证号码，如图2.13所示。

（5）根据要求完成人脸认证（满足18岁的条件），即可完成直播账号申请。

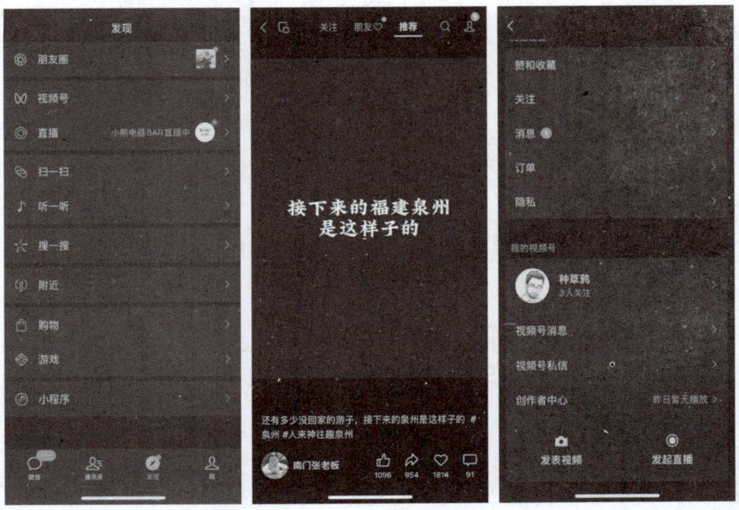

右上角【视频号】入口　　右上角选择【人】图标　　右下角选择【发起直播】

图2.12　微信视频号开通直播流程示意图

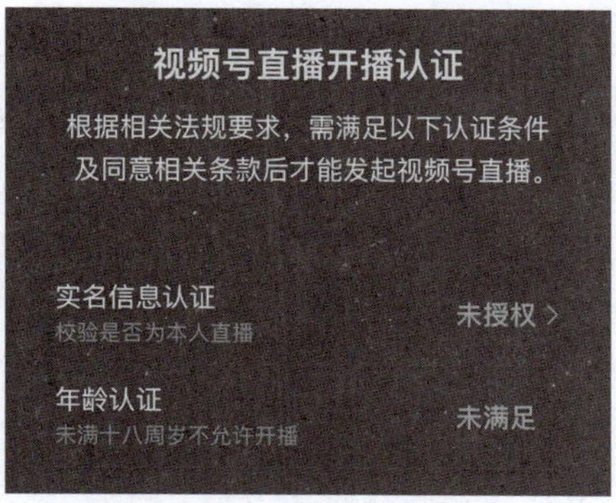

图2.13　视频号开通直播验证身份信息示意图

常见疑问

1. 一个身份证可以注册几个直播账号?

我国网络直播行业近年来发展迅速，吸引了众多参与者。为了规范直播市场秩序，保障用户合法权益，我国相关部门制定了一系列管理规定。其中一条重要的规定就是：一个身份证在同一平台只能注册一个直播账号。这一措施旨在防止恶意注册、刷号等不正当行为。

然而，在实际操作过程中，难免会出现一些违规账号。针对这些问题，我国管理规定明确了相应的处理措施。一旦发现账号存在违规行为，相关部门将对其进行严肃处理。处理方式包括：警告、限制功能、封号等。在严重情况下，还可以将违规账号注销，以维护直播市场的公平正义。

注销违规账号后，原账号持有者若想再次加入直播平台，需要重新申请账号。需要注意的是，重新申请账号的过程需严格遵守我国的相关法规。此外，为了防止再次出现违规行为，申请人还需认真学习直播行业的管理规定，了解直播行业的规范和发展趋势。

2. 直播账号是否存在养号的说法?

在当前的自媒体环境中，如何养号、何时养号以及养号的必要性，成为了广大用户关注的焦点。实际上，无论是新注册的账号，还是已经使用了一段时间的账号，均无需进行特殊的养号操作。

我们需要明确，养号的本质目的在于提高账号的活跃度，进而提升其在平台中的权重。这并不意味着我们需要对账号进行特殊的养护。在大多数情况下，只要我们保持正常使用，维持活跃度，平台便会自然地赋予账号相应的权重。

然而在某些特殊情况下，部分手机号、手机设备或Wi-Fi等可能在平台系统中受到限制，从而导致账号的流量受限。这类限制并非针对个别用户，而是基于整个网络环境的综合评估。若账号昵称中含有平台禁止使用的关键字眼，也可能引发流量受限，这与养号与否并无直接关系。

针对这些特殊情况，我们应做的并非刻意养号，而是了解平台规则并遵守规则，避免使用受限的手机号、设备或Wi-Fi，并确保账号昵称符合平台要求。如此，即使在特殊情况下，也能确保账号的正常使用。

总之，养号并非唯一途径，我们不应过分依赖养号来提高账号权重，而是应该关注账号的活跃度，遵守平台规则。对于那些特殊情况，我们只需了解原因，解决问题，无需过分担忧。让账号自然成长，才是最健康的养号方式。

任务笔记

学习评价

表 2.10 “设置直播账号”学习评价表

班级：__________ 学号：__________

姓名（小组成员）：______________________________

序号	考核点	考核标准			考核分数		
		不太符合 0~12	基本符合 13~19	完全符合 20~25	自评	第三方评	教师评分
1	直播账号设置调研	能快速收集最新的各大平台直播账号的设置要求等信息					
2	直播账号设置准备	能快速准备符合要求的手机号、身份证等信息					
3	设置直播账号	可以顺利完成直播账号的设置					
4	解决设置异常	遇到账号设置的异常情况，可以顺利解决					
		综合得分（自评 30%+ 第三方评 30%+ 教师评分 40%）					
学生学习评价剖析与应用（学生填写）							
自我比较：☐进步 ☐退步 教师比较：☐进步 ☐退步 企业比较：☐进步 ☐退步							
改进措施与安排							

知识测试

一、选择题

1. 下面哪些运营商的手机号码注册不了抖音号？（　　）。[单选]

A. 中国移动　　B. 中国联通

C. 中国电信　　D. 虚拟运营商

2. 直播账号的注册人必须满足的年龄是（　　）。[单选]

A. 18岁　　B. 18周岁

C. 16周岁　　D. 都可以

二、判断题

1. 直播账号要求必须本人实名。（　　）

2. 直播账号开通后，有扶持期。（　　）

三、操作题

请任选一平台，完成直播账号的申请注册。

第3章 直播间搭建

任务1 搭建简易直播间

学习目标

知识目标	1. 了解简易直播间的构成和布局 2. 掌握简易直播设备的选择和使用 3. 了解简易直播间的装修与布置
技能目标	1. 掌握设备选择和配置 2. 掌握直播平台操作 3. 掌握网络配置与优化
素质目标	1. 具备良好的沟通和互动能力 2. 具备对新技术、新平台的好奇心，提升学习与适应能力 3. 具备一定的审美与创新能力，能够打造出美观、吸引人的直播间

思政园地

小空间，大舞台——直播间里的创业梦

小张是一名大学生，他爸爸有个小型的手工艺品制作厂。受父亲的影响，小张从小就喜欢手工艺品制作。在校期间，他通过自学和实践，掌握了搭建简易直播间的技能。利用课余时间，他在宿舍里搭建起了一个简易的直播间，一边直播一边展示自己制作的手工艺品。通过直播，他不仅让更多人了解到手工艺的魅力，还带动了家里手工艺品的销量，促进了手工艺文化的传承和发展。初期他也面临着设备简陋、观看量少等困难，但他没有放弃，而是通过不断学习和改进，逐渐提升了直播质量。随着时间的推移，小张的直播间吸引了越来越多的观众，同时也获得了一定的经济收益。更重要的是，他通过新的方式结识了许多志同道合的朋友，相互学习手工艺品的技能，激发了他对未来的无限期待。

学 以 助 农

在实施乡村振兴战略的背景下，小梅作为一名电子商务专业的学生，将所学知识运用到助农实践中。她发现学校周边荔枝、火龙果、番薯等农产品质优价廉，但由于销售渠道有限，很多农民仅仅在农贸市场销售。于是小梅决定利用直播平台帮助农民们拓宽销售渠道。她搭建了一个简易的农产品直播间，通过直播展示农产品的种植、收获和加工过程，吸引了大量消费者的关注。在她的直播中，消费者了解到了优质农产品的来源和故事，农产品销量大幅提升，农民们的收入也得到了明显增加。她的专业教师发现后，通过学校联合当地高校和直播平台，组织大学生利用所学知识扩大农产品直播的影响力，借助团队的力量帮助当地农民打开了农产品销路，提升了农民收入水平，该活动也增强了大学生服务社会的意识和能力，实现了双赢。

任务实施

任务描述：

个人或小型企业为了抓住直播经济的商机，提升品牌知名度，增加产品销售量，通过搭建简易直播间，用更直接、更生动的方式展示产品或服务，吸引潜在客户的关注。准备直播设备是搭建简易直播间的关键环节。当直播场地确定后，根据直播内容和目标观众，直播间需要进行布置和装饰，设置不同的场景和氛围。

操作条件：

1. 直播设备：电脑、网络、摄像头、麦克风、补光灯、反光板、手机、电源等。
2. 手机直播：使用手机登录直播后台，保证信号通畅。
3. 房间布置：背景要简洁，可以使用白色墙壁或背景布。同时考虑使用一些好看、实用的家具和装饰品，提升直播间的整体氛围。
4. 直播软件：选择一个稳定的直播软件，并根据平台提供的指南进行安装和设置。在设置过程中，可以调整各项参数，如分辨率、码率等，以获得最佳的直播效果。
5. 网络连接：保证稳定的网络连接是直播得以顺利进行的关键因素之一。网络速度要足够快，以确保直播过程中的流畅传输。

实操步骤：

步骤1：确定直播需求和目的

在确定开展直播活动之前，明确直播的需求和目的至关重要，这不仅有助于我们精准定位目标观众，还能确保直播内容的针对性和有效性，见表3.1。

表3.1 确定直播需求和目的

分析点	考虑点	举例
直播需求	考虑直播内容	在线购物、教学、娱乐还是其他内容
	目标观众群体	年轻人、中年人还是某个特定群体
	直播的频率	每周计划直播几次
直播目的	基于需求分析设定明确目标	提高品牌知名度、销售产品、提供服务或建立社区等

步骤2：选择合适的直播平台

直播平台如雨后春笋般涌现，在众多平台中，要找到与自己匹配，能够最大化实现直播目标的“最佳拍档”，需要深入了解各平台的特点、用户群体及技术支持等方面，进行综合评估和选择，见表3.2。

表3.2　如何选择合适的直播平台

分析点	考虑点
平台对比	研究不同直播平台和类目直播成交销量。了解它们的特色、功能、用户群体和费用结构
平台测试	尝试在几个平台上进行直播，体验它们的操作界面、功能和观众互动工具
确定平台	基于测试结果，选择一个最适合的平台

步骤3：准备直播设备

搭建简易直播间，在预算有限的情况下，手机加美颜灯的初级配置即可满足直播条件。

（1）手机

根据经费预算，一个简易直播间直播手机要选用运行内存快、CPU性能稳定、摄像头像素高、内存高的机型，见表3.3。

表3.3　直播手机选择参考

品牌	机型	参数
苹果	iPhone 15/Pro Max	机身内存 512 GB/1 TB　运行内存：8 GB　后置主摄4 800万像素
OPPO	Find X7/X7 ultra	机身内存512 GB/1 TB　运行内存16 GB　5 000万像素超广角
小米	小米11 Pro 5G	骁龙888　2K AMOLED　67W无线闪充　12 GB+256 GB
华为	HUAWEI P50	HarmonyOS 2　万象双环设计　66 W超级快充　8 GB+256 GB
华为	HUAWEI Mate 60 Pro	机身内存最大1 TB　运行内存12 GB　后置主摄5 000万像素
……	……	……

注意：手机在直播过程中极易发热，根据需求可选择手机散热器来解决这个问题。

（2）美颜灯

选择简易直播间的美颜灯时，应着重考虑色温指数、明亮度、光线柔和度、可调节性、便携性和持久性等方面。在预算少的情况下，直接选择环形美颜灯，即可满足日常开播需求。选择色温在5 000 K以上的美颜灯（如5 500 K或6 000 K的灯光），这类灯光色彩还原度高，能够还原服装、皮肤和产品的真实颜色。选择明亮度适中的美颜灯，可以避免过度曝光或光线不足的问题。可调节亮度的环形灯或柔光灯是不错的选择。柔和的光线可以减少阴影和反光，使皮肤看起来更自然光滑。

购买环形美颜灯，要注意尺寸、支架稳定性、机位数量、电源接口等问题。尺寸按厘米宽度，依据直播需求购买，小型14寸的美颜灯比主播头部稍大，灯光照射范围小，适合约50 cm以内的直播距离。有更高直播需求和预算的，建议购买大尺寸美颜灯，18寸适中适用，22寸较大较好，如图3.1所示。

美颜灯的支架有铝合金三脚架、碳素三脚架、伸缩型支架、弯曲型支架、折角型落地支架等，不同美颜灯的款式对比如图3.2所示。其中三角形支架稳定性较好，镜头稳定。伸缩型支架较方便，但拉高拉长时支架不稳容易导致镜头晃动，适合桌面直播。折角型支架可以变化直播角度，适合桌面操作类直播，如烹饪、写字等。

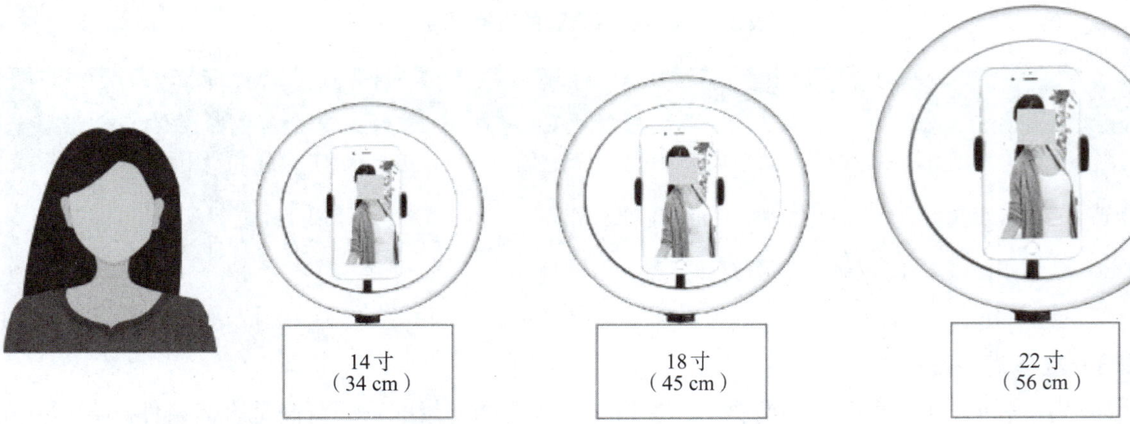

图3.1 美颜灯的大小尺寸对比

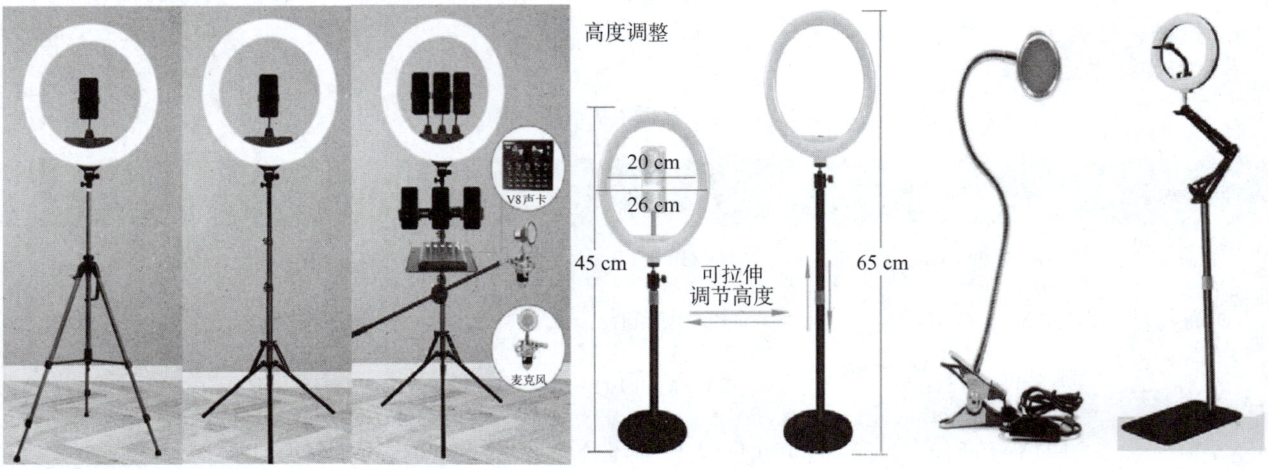

图3.2 不同美颜灯的款式对比

美颜灯有单机位、多机位之分。单机位通常是为单一主播或单一主播对象设计的，它提供的光线照射范围可能相对较小，但足以满足单一机位的照明需求，这种灯通常用于个人直播、小型拍摄场景或需要集中照明的场合。多机位美颜灯则是为多个主播或多个拍摄角度设计的，它提供的光线照射范围更广，可以覆盖更大的区域，以满足多个机位同时拍摄的需求，这种灯通常用于大型直播活动、多人访谈节目、团队拍摄或多角度拍摄的场合。要注意美颜灯的充电接口类型是USB接口还是插头接口，小尺寸美颜灯一般是USB接口，需备充电接头。大尺寸美颜灯一般是双孔插头接口。

步骤4：选择合适的场地

根据直播的内容和形式，确定简易直播间场地的大小，一般来说，个人直播场地大小建议控制在8~15平方米左右，团队直播场地可以选择20~40平方米的空间。美妆直播通常只需要5平方米左右的小场地，饰品珠宝类目需要10平方米大小的空间，食品类目需要30平方米左右的空间，穿搭类目选择50~100平方米的空间且层高不低于2.7米，过低的层高会让空间显得压抑。

步骤5：布置直播间灯光方案

光线作为直播间最重要的视觉元素之一，其布置方案的好坏直接影响直播效果。直播间光的种类见表3.4。

要注意根据主播身高、脸型、肤色等特点，调整灯光的位置、高度、角度、亮度等参数，避免过度曝光或过暗的情况。另外，要注意手机的感光性能。同样的布光，因为摄像头不同，效果会有所差异。因此，必须进行真实直播测试，才能做到具体情况具体分析。

表 3.4　光的种类

主光源	这是直播间的主要光线来源，通常放置在主播的正面。可以选择一个亮度适中、光线柔和的环形美颜灯或LED补光灯作为主光源。确保主光源的位置能够充分照亮主播的面部，同时避免产生过强的阴影
辅助光源	辅助光源用于补充主光源的照明，减少阴影并增加层次感。可以在主播的左右两侧各放置一盏辅助灯，例如小型的LED补光灯或柔光灯。调整辅助灯的角度和亮度，以获得均匀而自然的光照效果
背景光	背景光用于照亮直播间的背景，使其与主播分离并增加整体亮度。可以在主播背后的墙壁上放置一盏背景灯，或使用柔和的灯光照亮整个背景。确保背景光不会过于刺眼，以免影响观众的观看体验
轮廓光	轮廓光用于突出主播的轮廓，增强其立体感和层次感。可以在主播的侧后方放置一盏轮廓灯，例如小型聚光灯或LED灯带。调整轮廓灯的位置和亮度，使光线能够勾勒出主播的轮廓，但不要过于强烈

步骤6：安装和设置直播软件、测试直播效果并开始直播

在准备好设备和场地后，接下来需要安装和设置直播软件。选择好平台后，按照平台提供的指南进行软件的安装和注册。在软件设置过程中，可以调整各项参数，如分辨率、码率等，以获得最佳的直播效果。完成软件设置后，进行一次或多次测试直播，检查音质、画质和网络连接等方面是否正常。如果存在问题，及时进行调整和优化。一切准备就绪后，按照计划开始正式的直播。在直播过程中，保持与观众的良好互动，注意控制节奏和时间，确保直播效果和质量。

相关知识

一、搭建直播间预算选择

在制定单间预算时，充分考虑设备的性价比、实用性以及未来可能的升级空间，力求在确保直播质量的前提下，实现成本的最优化控制。以下是对不同直播间预算的大概估算，具体要根据个人或直播公司的实际情况确定。

1. 按照3 000元预算

（1）直播手机：1 500元，选择一款性能良好的智能手机，确保直播画面清晰、稳定。

（2）麦克风：500元，选择一款音质清晰、降噪效果好的麦克风，提高音质体验。

（3）补光灯：300元，选择一款亮度适中、色温合适的补光灯，提高画面质量。

（4）三脚架：200元，选择一款稳定的三脚架，固定手机并确保画面稳定。

（5）背景墙：100元，选择一款简洁、美观的背景墙，提升直播间整体形象。

（6）其他：500元，预留一些资金用于购买其他小件物品，如装饰品、绿色植物等。

2. 按照5 000元预算

（1）摄像头：1 500元，升级选择一款更高级网络摄像头或入门级专业摄像机。

（2）麦克风：1 000元，购买一款更好的USB麦克风或考虑采用声卡加电容麦配置。

（3）照明设备：1 000元，选择专业的摄影灯或LED补光灯。

（4）其他：500元，购买更高级的支架、反光板、绿幕等设备。

（5）软件：使用免费的直播软件，或考虑付费购买一些功能更强大的直播软件。

3. 按照10 000元预算

（1）电脑（包括显示器）：5 000元（占比50%），处理器Intel i5 或 AMD Ryzen 5、显卡NVIDIA GTX 1650 或 AMD Radeon RX 580、内存16 GB DDR4、存储512 GB SSD和显示器24英寸1080P。

（2）摄像头：1 000元，1080P分辨率、60 fps。

（3）麦克风：800元，选择一款高品质的麦克风，提高音质。

（4）补光灯：1 500元，选择一款专业级别的补光灯，提升画面质量。

（5）三脚架：500元，选择一款稳定、高度可调节的三脚架。

（6）背景布：500元，选择一款合适的背景布，提升直播间整体形象。

（7）其他：1 500元，预留一些资金用于购买其他小件物品，如装饰品、绿植等。

4. 按照20 000元预算

（1）电脑（包括显示器）：9 000元，处理器Intel i7或AMD Ryzen 7、显卡NVIDIA GTX 1660 Super或AMD Radeon RX 5600 XT、内存16 GB DDR4、存储1 TB SSD、显示器27英寸1080P或1440P

（2）摄像头：2 000元，4K分辨率，60 fps

（3）直播相机：3 000元，选择一款高端的直播相机，确保画面清晰、稳定。

（4）麦克风：1 500元，选择一款高品质、多功能的麦克风。

（5）补光灯：2 500元，选择一款专业级别的补光灯组，确保画面质量。

（6）三脚架：500元，选择一款高品质、高度可调节的三脚架。

（7）背景布：500元，选择一款合适的背景布，提升直播间整体形象。

（8）其他：1 000元，预留一些资金用于购买其他小件物品，如装饰品、绿植等。

无论选择哪种预算方案，都要根据实际需求进行合理配置。最优方案通常是指在不影响直播质量的前提下，选择性价比最高的设备和方案，例如选择3 000元预算方案，可以配置一款性价比较高的摄像头、麦克风和照明设备，搭配一些辅助设备和免费的直播软件。在购买设备时，可以多关注二手市场或促销活动，以获取更优惠的价格。为了保证直播效果和质量，需要注意以下几点：

- 在搭建直播间时，要确保场地大小和布局合理，符合安全规范和法律法规。
- 在购买直播设备时，要注意品牌和型号的选择，确保设备的性能和质量符合要求。
- 在布置直播间时，要注意背景、灯光、声音等方面的设置，确保直播效果和质量。
- 在使用直播设备时，要注意正确操作和保养维护，确保设备的正常运行和使用寿命。

二、简易直播间镜头切换

1. 使用多台摄像机

如果预算允许，可以使用多台摄像机来拍摄不同角度的画面。通过多路视频切换器或者专业的直播软件，可以实时地在不同摄像机的画面之间切换。这种方法需要较多的设备和专业知识，但能提供更加专业和多样的直播效果。

2. 使用带有转动功能的摄像机

一些高级的摄像机或网络摄像头具有转动和倾斜功能，可以通过远程控制在直播过程中改变拍摄角度。这种方法相对简单，但可能受限于摄像机的性能。

3. 预先录制并切换

如果不需要实时直播，也可以考虑预先录制不同角度的画面，然后在直播过程中播放预先录制的视频来切换镜头。这种方法需要良好的时间管理和编辑技巧，但能提供更加精致和可控的直播效果。

4. 使用直播平台的功能

很多直播平台都提供了内置的切换镜头功能。这些功能通常允许主播在直播过程中选择不同的画面来源进行展示。具体操作方法可能因平台而异，建议查阅相关平台的帮助文档或教程以获取详细信息。

需要注意的是，无论使用哪种方法切换镜头，都应确保切换过程流畅自然，避免给观众造成困扰或不适。同时在切换镜头前最好进行充分的测试和准备，以确保直播的顺利进行。

常见疑问

1. 搭建简易直播间需要哪些设备？

搭建简易直播间的主要设备包括摄像机、麦克风、灯光和音响。

（1）摄像机：高清摄像机是直播的基本设备，需要选择性能稳定、支持高清分辨率的摄像机。可以考虑使用专业的摄像机或智能手机来进行直播。

（2）麦克风：用于采集清晰的声音，可以选择手持麦克风或领夹麦克风，根据直播需求选择音质和灵敏度合适的麦克风。

（3）灯光：为了确保画面清晰，需要选择合适的灯光设备，例如LED灯、聚光灯等。根据直播环境和主题，布置合适的灯光，确保光线均匀柔和。

（4）音响：用于播放背景音乐和声音效果，可以选择品质稳定、音效良好的音响设备。同时，还需注意控制音量大小，确保声音清晰且不刺耳。

2. 如何确保稳定的网络连接？

为了确保稳定的网络连接，需要考虑以下几个方面：

（1）选择可靠的互联网服务提供商，确保网速足够支持高清直播的需求。可以根据实际情况选择有线网络连接或无线网络连接。

（2）使用网络加速器：网络加速器可以帮助优化网络环境，减少网络延迟和数据丢失现象，提高直播的流畅性和稳定性。

（3）测试网络连接速度：在搭建直播间之前，进行网络速度测试，确保网络连接的稳定性。

（4）备用网络线路：为了应对可能出现的网络故障，可以准备备用网络线路，以便在主线路出现故障时进行切换。

3. 如何布置直播环境？

布置直播环境时，需要考虑以下几个方面：

（1）背景布置：选择与直播主题相关的背景板或布景，保持背景整洁、清晰。可以使用绿幕作为背景，方便后期抠图和添加特效。

（2）灯光布置：根据直播的主题和效果需求，合理布置灯光设备的位置和角度。确保光线均匀柔和，避免过曝或过暗的情况。选择适当的灯光颜色和亮度，以突出直播主题并营造氛围。

（3）场地大小与布局：根据直播内容和形式，合理规划场地大小和布局。确保场地足够宽敞，便于架设摄像机和主播移动操作。同时注意保持场地整洁有序。

（4）设备放置与连接：将摄像机、麦克风、灯光等设备放置在合适的位置，并确保其便于操作和调节。合理规划设备的连接线路，避免出现线路混乱和安全隐患等问题。

4. 如何配置直播软件？

配置直播软件时，需要注意以下几个方面：

（1）选择合适的直播软件或平台：根据需求选择功能全面、稳定性良好的直播软件或平台。

（2）软件安装与激活：按照软件或平台的说明进行安装和激活操作。使用正版软件，避免版权问题。

（3）参数设置：根据直播需求和目标观众，设置合适的分辨率、码率、帧率等参数。分辨率和码率的大小会影响画面的质量和数据传输的负荷，需要根据网络带宽和直播需求进行平衡。帧率则影响视频的流畅度，一般选择24~30帧/秒较为合适。

（4）音频设置：调整麦克风的音量大小和音质设置，确保声音清晰、无杂音。还需要注意控制背景噪音和其他干扰因素。

（5）网络传输设置：根据网络环境和直播质量的需求，设置合适的网络传输参数，如上传速度限制等。确保网络连接稳定且数据传输流畅。

（6）测试与调试：完成参数设置后，进行实际的测试和调试。观察直播画面的清晰度和流畅度，检查声音的音质和音量大小。如果有问题，及时调整参数并进行修复。也可以邀请一些朋友或同事参与测试观看，收集反馈意见和建议，进一步优化软件配置和直播效果。

5. 如何进行测试与调试？

进行测试与调试是确保直播顺利进行的关键。具体操作如下：

（1）设备检查与测试：检查摄像机、麦克风、灯光等设备是否正常工作，确保设备性能稳定且符合预期要求。进行设备的基本功能测试，如开关机、调整设置等操作是否正常。

（2）软件测试与调试：安装并激活直播软件后，进行全面的测试与调试。检查软件的各项功能是否正常工作，如录制、推流等操作是否顺畅。调整软件参数，如分辨率、码率等，观察画面质量和流畅度是否符合要求。同时，测试声音录制和传输效果，确保音质清晰且无杂音干扰。

（3）网络测试与优化：进行网络速度测试和稳定性测试，确保网络连接能够支持高清直播。

学习评价

表 3.5 "搭建简易直播间"学习评价表

班级：__________　　学号：__________

姓名（小组成员）：______________________________

序号	考核点	考核标准			考核分数		
		不太符合 0~12	基本符合 13~19	完全符合 20~25	自评	第三方评	教师评分
1	直播间背景布置	直播间背景简洁、美观，符合直播主题					
2	直播设备调试	摄像头、麦克风等设备调试，画面清晰，无噪声					
3	网络连接稳定	网络连接稳定，无卡顿现象					
4	搭建简易直播间步骤	能叙述出本任务的 6 个步骤					
		综合得分（自评 30%+ 第三方评 30%+ 教师评分 40%）					
学生学习评价剖析与应用（学生填写）							
自我比较：☐进步　☐退步		教师比较：☐进步　☐退步		企业比较：☐进步　☐退步			
改进措施与安排							

知识测试

一、选择题

1. 搭建一个简易直播间需要哪些主要设备？（　　）[单选]

A. 摄像头、麦克风、灯光　　B. 摄像头、麦克风、音响

C. 摄像头、麦克风、绿幕　　D. 摄像头、麦克风、电脑

2. 在直播中，通常使用哪种分辨率？（　　）[单选]

A. 4K　　B. 1080P

C. VGA　　D. QVGA

3. 在配置直播软件时，通常需要调整哪些参数？（　　）[单选]

A. 码率、分辨率、帧率　　B. 音效、画质、稳定性

C. 网络连接、存储空间　　D. 推流码、延迟、压缩比

4. 以下哪些因素会影响直播的画质？（　　）[多选]

A. 分辨率设置　　B. 灯光条件

C. 摄像头质量　　D. 网络带宽

5. 在直播中，需要注意哪些音效相关的问题？（　　）[多选]

A. 麦克风的灵敏度　　B. 背景噪声

C. 音响的音质　　D. 环境音的采集

二、判断题

1. 高清直播需要比标清直播更高的网络带宽。(　　)
2. 配置直播软件时，不需要考虑分辨率设置。(　　)
3. 只要摄像头质量好，就可以保证直播画质。(　　)
4. 在直播中，音频质量比视频质量更重要。(　　)

三、简答题

1. 请简述如何布置一个适合直播的环境。
2. 如何选择合适的网络连接以支持高清直播？

任务 2　搭建高清直播间

学习目标

知识目标	1. 掌握高清直播间的硬件要求 2. 熟悉高清直播间的装修方案 3. 了解高清直播间的网络要求
技能目标	1. 能够独立搭建高清直播间，能自主选择和配置硬件设备 2. 熟练掌握直播软件的使用技巧、画面调整、音效设置等
素质目标	1. 具备解决问题的能力 2. 提升团队写作能力 3. 增强责任意识

思政园地

高清直播间助力在线教育公平化

在我国有一些偏远地区，优质的教育资源相对匮乏，学生往往难以接触到高质量的教学内容。为了改善这一状况，某在线教育平台利用高清直播技术，将一线城市的优质教育资源引入偏远地区学校。通过搭建高清直播间，一线城市的优秀教师可以在线为学生们授课，同时开展互动问答、作业批改等教学活动。这不仅让偏远地区的学生们能够享受到优质的教育资源，还促进了教育公平化的发展。

学以助农

在我国广大农村地区，农产品销售一直面临信息不对称、销售渠道单一等问题。为了全面推进乡村振兴，某直播平台发起了“我为家乡代言”计划，通过搭建高清直播间，将农民与消费者直接连接起来。农民可以在高清直播间中展示自家的农产品，介绍种植过程、产品特点等，消费者则可以直观地了解产品信息，并在线上购买。这一模式不仅拓宽了农产品的销售渠道，还提高了农产品的知名度和附加值，为农民带来了实实在在的经济收益。

任务实施

任务描述：

某红木家具集团准备搭建一个高清直播间，该集团注重线上展示、互动和营销推广，通过高清直播来提升品牌形象。搭建高清直播间的任务涵盖了场地选择与布置、设备选型与采购、网络规划与测试、软件安装与配置、音视频调试、直播测试等，请按照以下步骤进行准备。

操作条件：

1. 设备：电脑、网络

2. 工具：电商购物平台（可在平台上咨询高清直播设备价格和预算方案）

3. 分组：学生分组完成按步骤给定的实践任务

实操步骤：

步骤1：确定直播需求和目的

在确定开展直播活动之前，首先要明确直播的需求和目的，确定直播的主题、受众群体、直播时长、互动方式等关键要素，从而有针对性地选择合适的硬件设备和直播软件，见表3.6。

表3.6 确定直播需求和目的

分析点	考虑点	举例
直播需求	应用场景	高清直播场景如电商行业、金融行业、教育行业、医疗行业等
	目标观众	年轻人、中年人还是某个特定群体
	直播的频率	每周计划直播几次
直播目的	基于需求分析，设定明确目标	提高品牌知名度、销售产品、提供服务或建立社区等

步骤2：选择合适的直播平台

在搭建高清直播间时，选择合适的直播平台非常重要，需要考虑平台的观众群体、对标直播间的成交量、直播流量、互动功能、费用等因素。同时也要关注平台的政策规定和审核机制，确保直播内容符合平台要求，避免违规被封禁。

步骤3：规划直播间预算

通过合理的预算规划，才能确保高清直播间装修项目的顺利进行，并有效控制成本。预算构成主要有设计费用、装修材料费用、设备购置费用、施工费用、其他费用等。

步骤4：直播间选址

确保直播间的功能性和观众的观看体验。选址的考虑要点：交通便利性、周边环境（安静、整洁）、空间大小和布局、基础设施（稳定网络、电力供应、空调设备等）、租金和成本（根据预算来选）。

步骤5：根据实际情况制定装修方案

直播间装修方案应因地制宜，考虑现有条件，若直播间已具备基础格局，可在其基础格局上进行精细化装修。若从零开始，需要重新设计整体布局。结合直播间预算、选址绘制空间规划图等条件，为同学们提供部分范例。直播区域规划范例见表3.7。某校园直播间空间规划图及直播间装修风格图范例见图3.3。某美妆直播间规划草图范例见图3.4。

表3.7 直播区域规划范例

区域	大小	说明	总面积
直播间	20 m^2/间 × 10间	假设10间	200 m^2
办公区	100 m^2	至少容纳20人的工位	100 m^2
会议室	30 m^2	开会、接待、复盘等功能	30 m^2
接待区	50 m^2	5个分隔明显的休息区	50 m^2
样品厅	200 m^2	用于样品展示	200 m^2
茶室	20 m^2	休闲放松	20 m^2

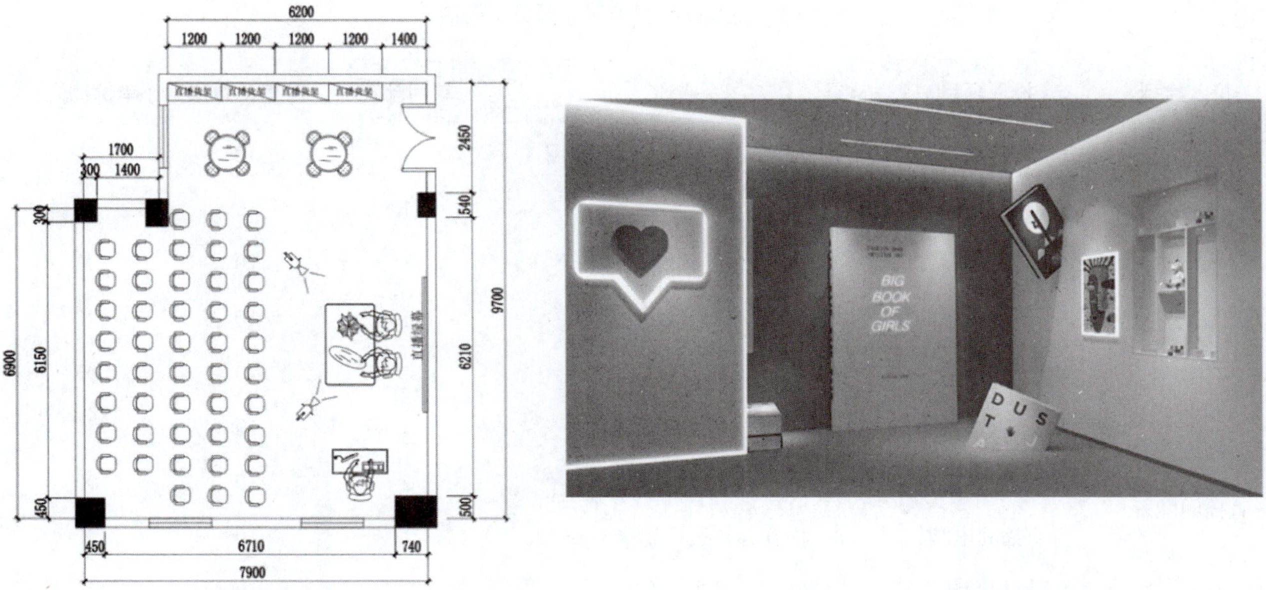

图 3.3　某校园直播间空间规划图及直播间装修风格图范例

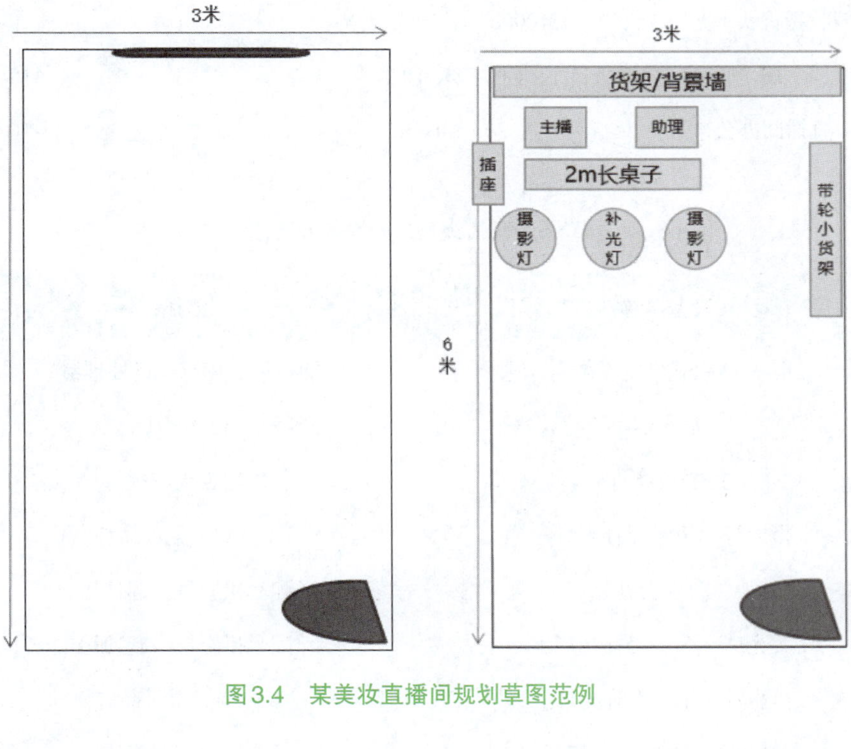

图 3.4　某美妆直播间规划草图范例

步骤6：根据实际情况制定设备采购方案

考虑直播需求、主播偏好与要求、直播平台的技术标准与规范、预算限制以及过往经验，编制出直播间设备方案供同学们参考，见表3.8—表3.10（书中所列品牌仅供参考）。

表 3.8　直播间设备方案（部分）范例

投入类型	投入项目	描述	单间配置	直播间数量	单价 / 总价
直播间配置	直播间背景墙装修	硬装，注意样式颜色选用	1	10	X
	直播间地板装修	瓷　砖	1	10	X
	空　调	变频冷暖	1	10	X
	顶　灯	LED长条顶灯	1	10	X
	摄影灯（柔光箱）	150 W，金贝品牌	1	10	X
	摄影灯（柔光球）	150 W，金贝品牌	1	10	X
	美颜灯	22寸大灯	2	10	X
	直播间电脑	8 G内存起，运行赫兹3 000以上	1	10	X
	键鼠套装	罗技，无线	1	10	X
	网　线	千兆级网线	1	10	X
	路由器	千兆级无线路由器	1	10	X
	罗技摄像头+支架	C1000e，带1.6 m支架	1	10	X
	插　座	公牛5米/10米	3	10	X
	直播间办公桌	2 m × 0.8 m	1	10	X

表 3.9　穿搭类直播间设备方案范例

序号	设备名称	描述	单间数量
1	台式电脑	8 G以上内存、i7处理器	1
2	显示器	独立显卡	1
3	LED长条灯	用途为天花板灯	4
4	摄影灯（第一套补光灯）	150 W，金贝品牌	2
	灯架（第一套补光灯）	配套摄影灯一起使用	2
	柔光球（第一套补光灯）	配套摄影灯一起使用	2
5	摄影灯（第二套补光灯）	150 W，金贝品牌	2
	灯架（第二套补光灯）	配套摄影灯一起使用	2
	柔光箱（第二套补光灯）	配套摄影灯一起使用	2
6	美颜灯	22寸大灯	1
7	摄像头	罗技C1000e	1
	摄像头支撑架	配套摄像头一起使用	1
8	插　座	公牛插座	3

（续　表）

序号	设备名称	描述	单间数量
9	路由器	千兆级无线路由器	1
10	网　线	千兆级网线	2
11	衣帽架	常规款	按需配置
12	衣　架	常规款	按需配置
13	网　络	100 M起	1

表3.10　美食类直播机构设备方案范例

投入类型	投入项目	描述	单间配置	直播间数量	时间维度（月/次）
直播间配置	直播间背景墙装修	硬装，注意样式颜色选用	1	10	1
	直播间地板装修	瓷　砖	1	10	1
	空　调	冷暖型	1	10	1
	摄影灯（柔光箱）	150 W，金贝品牌	1	10	1
	摄影灯（柔光球）	150 W，金贝品牌	1	10	1
	美颜灯	22寸大灯	2	10	1
	直播间电脑	8 G内存起，运行赫兹3 000以上	1	10	1
	键鼠套装	罗技，无线	1	10	1
	网　线	千兆级网线	1	10	1
	罗技摄像头+支架	C1000e，带1.6 m支架	1	10	1
	插　座	公牛插座	3	10	1
	直播间办公桌	2 m×0.8 m	1	10	1
	直播间办公椅	轻奢款	2	10	1
	直播间网络	百兆级网络，电信	1	10	12
	桌面版手机支架	通用型	1	10	1
	手机充电线	3口充电线	2	10	1
	USB多口充电器	5个USB口	1	10	1
	直播间置物架	5层置物架	1	10	1
	推车型零食斜口货架	推车型（置于主播旁按序上产品）	1	10	1
	电饭煲	通用型	1	10	1
	多功能电炒锅	通用型	1	10	1
	碗碟套装	通用型	1	10	1

（续　表）

投入类型	投入项目	描述	单间配置	直播间数量	时间维度（月/次）
直播间配置	汤勺筷套装	通用型	1	10	1
	垃圾桶	通用型	2	10	1
样品间配置	冰　柜	1018 L	1	10	1
	货架型置物架	4层，120×40×150	10	10	1
	空调	冷暖型	1	1	1
厨房间配置	开放式厨房装修	基本配置	1	1	1
办公区配置	办公桌椅	4人位办公桌椅	3	1	1
	办公电脑		12	1	1
	键鼠套装	罗技，无线	12	1	1
	无线打印机	无线	1	1	1
	空　调	冷暖型	1	1	1
	插　座	公牛插座	8	1	1
	无线路由器		1	1	1
	USB多口充电器	5个USB口	3	1	1
	充电线	3口充电线	10	1	1
	饮水机		1	1	1
	网　络	企业级网络	1	1	12
	网　线		12	1	1
	手　机	登录主播账号	1	10	1
招待室配置	整套茶桌椅		1	1	1
	茶盘及茶具		1	1	1
会议室配置	整套会议桌椅	12人位	1	1	1
	投影仪	极米	1	1	1

步骤7：根据方案实施装修及安装设备

装修方案确定后，确保遵循方案要求，精准施工，保证质量与施工安全，如期交付一个符合预期的直播间。组织团队成员负责采购、运输和安装设备。确保安装的准确性和稳定性。

步骤8：直播间测试及调试

在验收过程中，逐一测试电脑、摄像头、声效和灯光等核心设备，确保各设备性能稳定、协同工作。若发现任何问题或潜在隐患，立即与供应商取得联系，及时沟通解决相应问题。

相关知识

一、高清直播间的高级配置设备

直播间设备配置从手机配置升级到电脑配置，配置的层次不仅影响主播在粉丝面前所呈现的效果，而且影响到直播间的运营成本、响应速度、配合速度。直播间基础设备清单见表3.11。

表3.11　直播间基础设备清单

大类	配　置	实 现 功 能	现 实 要 求
网络设备	百兆网络	满足直播间数据上传及下载需求	上行4 m/s
	千兆路由器	高清直播间数据全速传输	电脑端数据传输通畅，手机端观看直播流畅
	千兆网线	高清直播间数据全速传输	电脑端数据传输通畅，手机端观看直播流畅
办公设备	打印机	提供文档打印功能	打印直播脚本、重要提示、活动信息等文档
	摄像头	通过摄像头进行有声音、有画面的网络沟通	至少720P的清晰度、自带收音功能
	收音设备	包括声卡、话筒、麦克风等	话筒收音清晰、声卡可制作声效
	办公桌椅	满足办公需求	满足主播、助理的办公需求
	直播电脑	稳定流畅运行直播及办公软件	CPU运行赫兹大于3 000，i5以上，内存8 G以上
	助理电脑	稳定流畅运行办公软件	台式机优先，顺畅运行钉钉、微信、旺旺及Excel等软件
	手　机	方便主播随时查看粉丝评论	千元机及以上级别
灯光设备	顶　灯	形成均匀的发光平面，保证整体环境亮度	效果要求：亮度均匀性好、光线柔和、舒适而不失明亮 观感要求：直播镜头成像无频闪
	摄影灯	作为环境光，提供泛范围光源照射	优秀的灯光色温还原度，满足呈现鲜艳度和画面感的需求
	美颜灯	局部补光，提高局部的亮度	满足重点凸显脸部及细节的需求

1. 网络设备

优质的网络环境是主播稳定传输直播内容的关键，也是粉丝流畅观看直播、享受优质直播体验的前提。为了构建一个稳定、高效的直播环境，高清直播间可以选用的网络设备包括：高速路由器、千兆交换机、稳定可靠的网线、无线接入点（WAP）、调制解调器（MODEM）等。

现阶段，若要直播间网络畅通无阻，需要满足特定的网络宽带要求，即上行带宽达到4 m/s（兆比特每秒）。上行带宽指的是从本地设备（如电脑、摄像头等）向外部网络（如互联网）发送数据的能力，而下行带宽则是从外部网络接收数据的能力。在直播场景中，上行带宽尤为重要。因为直播过程需要将本地设备捕捉到的音视频数据实时传输到流媒体服务器，然后再由服务器发送给观众。如果上行带宽不足，就会导致音视频数据传输不畅，出现卡顿、延迟等问题，严重影响直播质量。

4 m/s是一个基础标准，根据直播的质量、分辨率、帧率等因素，可能需要更高的上行带宽来确保直播效果。实际工作中网络设备配置的一般要求是：百兆级别宽带+千兆级别路由器+千兆级别网线。

2. 摄像头

（1）根据摄像头的分辨率、帧率和角度来划分

选择直播摄像头，需要考虑以下几个关键因素：分辨率、帧率、角度、品牌与型号。可以根据自己的预算来选择合适的摄像头。

表3.12 按照分辨率、帧率和角度来划分摄像头

考虑因素	参数描述	备注
分辨率	480P	较低分辨率，480P摄像头的分辨率为640×480像素，常用于较老的设备或单一应用场景，其垂直方向约有480个像素，垂直方向像素则根据纵横比而定
	720P	称为高清（HD）分辨率，720P摄像头的分辨率为1 280×720像素，垂直方向约有720个像素。这是许多笔记本电脑和广电电视盒子常见的显示幅面，虽然其显示效果基本可用，但并非最佳
	1080P	称为全高清（FHD）分辨率，1080P摄像头的分辨率达到了1 920×1 080像素，垂直方向约有1 080个像素。这种分辨率能够提供较为清晰、细腻的图像，是许多高清摄像头和显示器的标准配置
	4K	这是一种超高清（UHD）分辨率，4K超高清摄像头的分辨率达到了3 840×2 160像素，水平方向约有4 000个像素。4K分辨率能够提供非常清晰、逼真的图像，是近年来越来越受欢迎的高端摄像头和显示器的配置
	8K	8K的分辨率达到了7 680×4 320像素，是4K电视分辨率的4倍，比主流的高清电视分辨率高16倍。8K摄像头的设计和制造非常复杂，需要具备高精度的光学和机械技术。它们通常采用优质的镜片和光学涂层，以最大程度减少光线的散射和失真，从而提供清晰的图像
帧率（帧/秒）	30 fps	摄像头每秒钟能够捕捉和传输30帧图像。这种帧率对于大部分应用场景来说已经足够，能够提供流畅的图像
	60 fps	摄像头每秒钟能够捕捉和传输60帧图像。这种帧率能够提供更加流畅的图像，特别是在动态场景或者需要快速运动捕捉的情况下
角度	标准角度	通常在60°左右。这种角度能够提供一个相对平衡的视野，适用于大部分场景
	广角角度	广角摄像头的视场角通常超过80°，甚至可以达到180°。这种摄像头能够拍摄到更宽广的场景，非常适合需要展现全景的应用，如风景拍摄、大型活动等
	窄角角度	窄角摄像头的视场角通常小于60°，能够提供更集中的视野。这种摄像头适合需要拍摄特定区域或细节的场景，如微距摄影、特定物体拍摄等

（2）根据摄像头的功能来划分

自动功能：建议选用自带麦克风收音、自动调焦、自动电子增益的摄像头。

USB线：摄像头一般是USB接口，HD以下使用USB 2.0，4K使用USB 3.0。购买摄像头USB线时，须考虑长度，建议提前测量直播间环境需要的USB线长度。若购买的线长度不足，可另外购买摄像头USB延长线以解决问题。

支架：市面上有自带固定支架的摄像头，可以将其独立放置在桌面或夹在计算机屏幕上。也有软管

式摄像头，可自由调整支架以切换摄像角度。可拆卸式的摄像头需要另外配备支架将其固定。因此，购买摄像头时，需同步考虑配备摄像头支架。

平台支持OBS推流及高清直播的前提下，可以考虑天创恒达TC 980S、索尼A6400等更加高清的摄像头或相机。在平台不支持OBS推流及高清直播的情况下，罗技品牌的C920e、C922、C930e、C1000e几个型号可以满足直播的基础需求。表3.13列举了部分直播摄像头型号，仅供参考。

表3.13 直播摄像头选择参考

品牌	机　型	参　　数	图　　片
罗技	罗技（Logitech）C930e	小巧，1080P，自动对焦，广角，外接，免驱动，内置麦克风，降噪双声道。快速移动画面会模糊，自动对焦稍慢，1米以外画面不清晰，不适合较大又对画质要求高的场景	
罗技	罗技（Logitech）C1000e	4K，自动对焦，5倍数码变焦，广角65/78/90度，外接，自动光照适应，降噪麦克风，拾音距离1米	
海康威视	海康威视2K高清U64	2K分辨率，自动对焦，外接，免驱动，可夹式，内置麦克风，快速移动画面会模糊，自动对焦稍慢，1米以外画面不清晰，不适合较大又对画质要求高的场景	
海康威视	海康威视4K DS-U68	4K分辨率，自动对焦，外接，免驱动，可夹式，内置麦克风，自动对焦较快	
海康威视	海康威视DS-0403	1080P，自动对焦，调节角度：水平170°至170°，垂直30°至90°。12倍光学变焦，外接，免驱动，可夹式，内置麦克风，多个镜头预置位，价格贵，对电脑配置要求较高	
天创恒达	恒达直播摄像机980S	最高支持1080P，快速自动对焦，适合比较大的直播场景，带12倍光学变焦、带云台、可遥控多个预置位，价格贵，对电脑配置要求较高	

3. 声卡

高清直播间的声卡选择需要考虑多个因素，包括声卡的类型、接口、音质、稳定性以及兼容性。声卡主要分为内置声卡和外置声卡两种。内置声卡通常集中在主板或电脑内部，适用于一般的录音和播放需求，外置声卡则通过独立的硬件设备提供更高质量的音频，适合专业或高品质的直播需求。对于高清直播间，推荐使用外置声卡，以确保更清晰稳定的音质。声卡需要具备足够的接口来连接各种音频设备，如麦克风、音箱、耳机等，在选择声卡时需要考虑到接口的类型和数量能够满足各种需求，如图3.5所示。

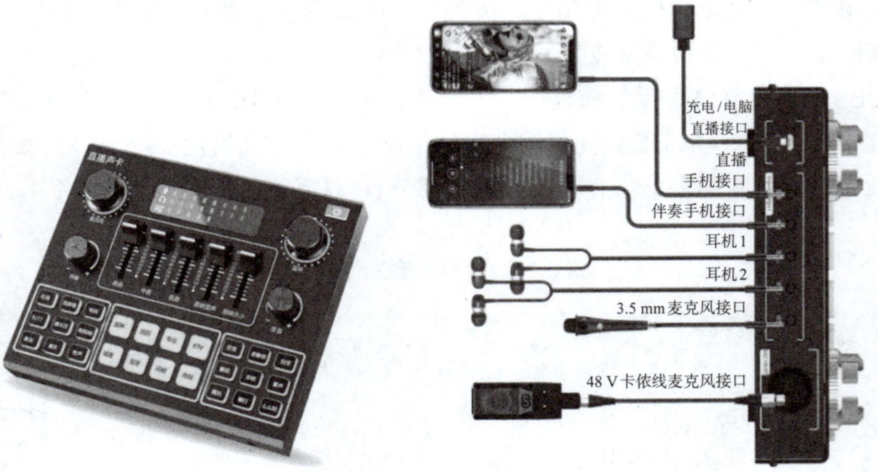

图3.5　声卡的样式与接口用途

声卡可以外接连通话筒、直播用手机/电脑、耳机等设备。市面上声卡的价格从百元级到千元级不等，可根据自身预算进行选购。购买声卡一般会配套赠送相应的话筒、话筒架、耳机及外接线。另外，调音是很多直播间的声效痛点，购买声卡后若出现声效不佳现象，建议与客服沟通调整调音参数。

4. 收音话筒/麦克风

声卡套装既可收音，也可美音。无声卡套装的情况下，可以购买单独的收音设备，如动圈话筒、领夹式麦克风、电容话筒、USB麦克风、大振膜电容麦克风和无线麦克风，见表3.14。

表3.14　收音设备种类

种　类	描　述	图片范例
动圈麦克风	利用电磁感应原理制成的麦克风，利用线圈在磁场中，切割磁感线，将声音信号转化为电信号。它体积较大，常用于舞台演出、KTV、婚庆主持、会议教学等室外或嘈杂环境，因为它具有较好的抗噪能力	
领夹式麦克风	这种麦克风通常用于采访、广播电视等领域，也可以用于高清直播间的收音。领夹式麦克风体积小巧，可以方便地夹在衣领或衣服上，不易受到手部动作的干扰，适合需要频繁移动的直播场景	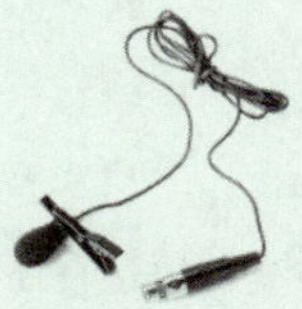
USB麦克风	USB麦克风是一种通过USB接口与电脑连接的麦克风，适合电脑直播或录制。它通常内置声卡和音频降噪芯片，可以有效抑制噪声和杂音，提高音质。USB麦克风还具有即插即用、兼容性好的特点，是高清直播间中常见的收音设备之一	
大振膜电容麦克风	大振膜电容麦克风是一种专业级的麦克风，具有较高的音质和灵敏度。它的振膜面积较大，能够捕捉更多的声音细节，适合需要高保真音质的高清直播间。大振膜电容麦克风通常需要搭配专业的声卡和话放设备使用，以获得最佳的音质效果	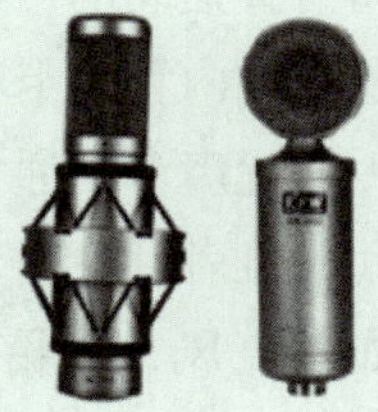

（续　表）

种　类	描　述	图片范例
无线麦克风	无线麦克风适用于需要较大活动范围的高清直播间。它通过无线传输技术，将声音信号传输到接收器上，避免了传统有线麦克风可能出现的绊线等问题。无线麦克风通常具有较高的音质和稳定性，适合大型活动、演出等场景	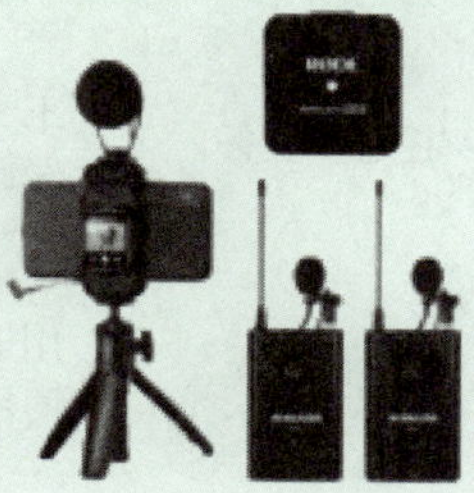

5. 电脑

直播电脑的配置取决于多个因素，主要包括直播的内容、观众数、直播平台的要求等，适合直播的电脑基础配置见表3.15。

表3.15　直播电脑配置选择范例

配　置	建　议	举　例
处理器	为了确保流畅的直播体验，建议选择性能强劲的处理器。至少应使用Intel Core i5或AMD Ryzen 5以上的处理器。对于大型游戏或高清视频直播，可能需要更高级别的处理器，如Intel Core i7或AMD Ryzen 7	某直播间的电脑配置参考： CPU：Intel Core i5-10400F 内存：16 G超大运行内存 显卡：RX550 存储：500 G 19.5寸全高清大屏 分辨率1 920 × 1 080 平板电脑在直播间主要起辅助讲解的作用。它可以替代提词器，放于主播身旁，作提词板使用。
显卡（GPU）	显卡对于视频编码和渲染非常重要。对于游戏直播或高清视频，建议选择具有较好性能的独立显卡，如NVIDIA GeForce GTX 1660 Super或以上级别的显卡	
内存（RAM）	足够的内存可以确保系统流畅运行，并处理大型直播流。建议至少配备16 GB DDR4内存，对于大型游戏或高清视频直播，可能需要更多的内存	
存　储	快速的存储系统可以提高加载和响应速度。建议选择至少512 GB的SSD固态硬盘，并考虑添加一块大容量HDD硬盘用于存储录制的直播内容	
网络连接	稳定的网络连接是直播的关键。建议使用有线网络连接，并确保上行速度足够快，以满足直播的带宽需求	
系统稳定性	为了确保直播的稳定性，建议选择稳定可靠的操作系统。及时更新系统和驱动程序也可以提高系统稳定性	
注意： 1. 摄像头对直播电脑的配置要求：一般摄像头可配8 G运行内存的电脑，部分超高清摄像头需要16 G以上的电脑运行内存。 2. 不推荐主播使用笔记本电脑，办公室的商务娱乐笔记本电脑的配置不满足直播要求。即使高性能游戏本能够满足要求，但是性价比对标台式机并无优势		

6. 灯光设备

当涉及到直播间的灯光设备配置时，可根据不同需求和场景选择不同类型的光源设备。表3.16展示了基础配置要求下的主光源设备、辅光源设备和局部光源设备。

表3.16　光源设备类型

光源设备类型	设 备 描 述	作 用 与 用 途
主光源设备	主要提供直播间整体的光线照明，确保画面明亮均匀	通常使用大功率的LED灯具或柔光灯箱，放置在直播间的正前方或天花板上方，为整个直播间提供均匀的基础光线
辅光源设备	用于补充主光源的光线，增加画面的层次感和细节表现	可以选择侧光灯、背景灯或反射板等，放置在直播间的侧面、背景或地面，用于增强特定区域的光线效果
局部光源设备	用于突出直播中的重点区域或物品，增加画面的焦点和吸引力	可以使用聚光灯、环形灯或桌面灯等，放置在需要强调的物品或人物旁边，以突出其特点或细节
备注：主光源的颜色选择上，以冷光（建议正白色）为主，冷光会使主播的肤色显得白皙透亮。 辅助光设备采用摄影灯为主，一般选择功率100 W及以上的摄影灯		

在直播过程中，辅助光的主要作用是补充主光源的光线，以增加画面的层次感和细节表现。目前对摄影灯的挑选重点在于对灯罩的挑选。摄影灯灯罩常见的有方形灯罩、八角形灯罩、灯笼型灯罩（又称球形柔光箱）、球形灯罩（又称柔光球）等。

表3.17　摄影灯及常见灯罩分类

类　型	样　式	作 用 说 明
摄影灯		在亮度不足的时候，提供补光和相对的色温平衡。直接照射过硬，需搭配灯罩使用
LED板灯		高亮度、光照范围广、宽幅色温，但光线比较生硬刺眼，一般搭配柔光板使用，适合向背景给光，或者升高支架给环境打光
方形灯罩		可以进行定向补光，光照面积大，光线柔和不刺激。可重点表现人的皮肤质感和色彩
八角形灯罩	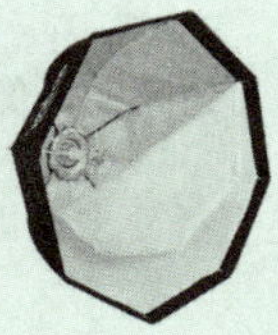	八角面设计，内部反射更加均匀，出光面更接近圆形，搭配影室灯/外拍灯使用，可重点表现眼神的光彩
灯笼型灯罩		接近360° 照射面，光线照射中心点层次感丰富，光线柔和不刺眼。色温标准，色彩饱和度高

（续　表）

类　型	样　式	作用说明
球形灯罩	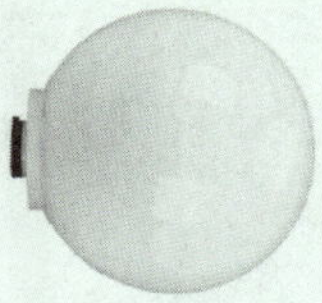	可以产生360°全方位漫射光线，色彩饱和度高，照射面积广；光线柔和，对眼睛无视觉刺激，通常用于对光线柔和要求程度较高的场所

7. 其他小硬件设备

其他小硬件设备的筛选和使用也不容忽视。如监听耳机，主播或者中控使用监听耳机接入声卡或手机，测试直播间声效；桌面手机支架，便于主播及其他工作人员查看评论；质量过硬的排插，避免多种设备同时使用发生短路问题，排插线长度视直播间大小选择3~10米不等。

户外直播需配备上网流量卡、自拍杆、云台稳定器、移动电源等设备，以保证户外直播流畅。

二、无顶灯灯光方案

在灯光设备的安装上，有2种方案可选：一种是无顶灯的方案，适合别墅、客厅等不适合做顶灯改造的直播环境，也适合层高较高的直播间；另一种是有顶灯的方案，通常需要对现有的顶灯进行改造，更换为满足直播要求的顶灯。

无顶灯灯光方案要求配备更多数量的辅助灯。其中摄影灯主要用于提亮整体环境和背景；美颜灯主要用于提亮局部，比如脸部、商品。无顶灯灯光方案见表3.18。

表3.18　无顶灯灯光方案

配置投入	配置方案	适用面积	方案说明
低投入	1盏美颜灯	10 m^2以下	1盏美颜灯，位于主播前方，用于主播面部补光及商品补光
低投入	2盏摄影灯+1盏美颜灯	10~15 m^2	1盏灯笼型/球形摄影灯，位于主播侧前方，用于提高整体环境亮度； 1盏方形摄影灯，位于主播侧前方，用于提高直播背景亮度； 1盏美颜灯，位于主播前方，用于主播面部补光及商品补光
中投入	4盏摄影灯+1盏美颜灯	15~30 m^2	2盏灯笼型/球形摄影灯，位于主播侧前方，用于提高整体环境亮度； 2盏方形摄影灯，位于主播后方两侧，用于提高直播背景亮度，从背后形成人体轮廓光； 1盏美颜灯，位于主播前方，用于主播面部补光及商品补光
高投入	4盏摄影灯+3盏美颜灯+1组背景灯	30 m^2以上	1盏球形摄影灯，位于主播前方，用于提高主播正面亮度及整体环境亮度； 2盏方形摄影灯，各位于主播前方两侧，用于提高所在侧的直播背景亮度； 1盏球形摄影灯，位置高于其他灯，通过天花板漫反射，提高顶部亮度； 1组背景灯，位于主播后方，通过后方补光，勾勒主播整体轮廓； 1盏美颜灯，位于主播前方侧边，打亮主播脸部上镜部分（根据实际情况分析）； 1盏美颜灯，位于主播前方侧边，距离比另一盏脸部灯更远，两者配合达到最佳光效比； 1盏美颜灯，位于主播前方，位置低于脸部，用于消除脸部正面阴影，也用于提亮商品

三、新手速成灯光布置图

简单的灯光布置图可以帮助新手快速掌握直播间灯光布置，具体的布置方案要根据场地和预算来细化。从单灯布光到主灯布光的图解见表3.19。

表3.19　新手速成灯光布置

<table>
<tr><th>灯　数</th><th>图 片 示 范</th><th>备　　注</th></tr>
<tr><td>单灯布光</td><td>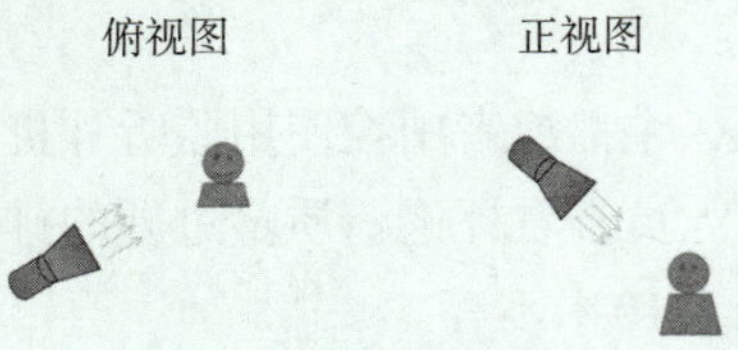
单灯布光图解</td><td>单灯光以低调为主，适用于测评、科普、讲解等直播形式，灯光布置在人物侧前方45°的位置，灯位高过头顶，再向下扣45°来打光，这样的灯光效果更有层次</td></tr>
<tr><td>双灯布光</td><td>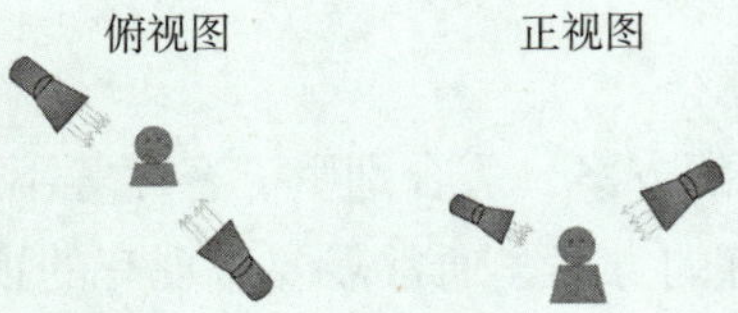
双灯布光图解</td><td>一个主灯加一个修饰灯，用来对人物面部或者眼神光进行修饰，起到画龙点睛的效果</td></tr>
<tr><td rowspan="2">三灯布光</td><td>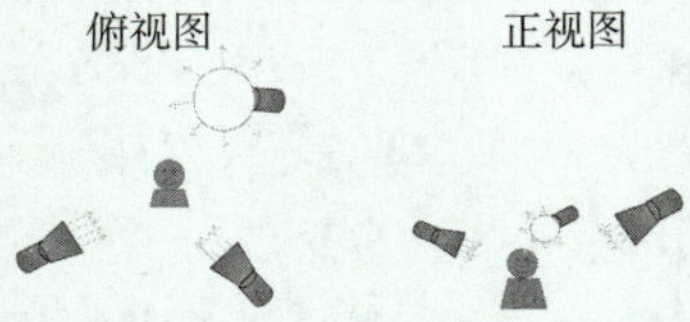
三灯布光图解（高调）</td><td>高调背景的低反差布光，三个灯为：主光+辅光+环境光</td></tr>
<tr><td>
三灯布光图解（低调）</td><td>低调背景更追求光影的美感，光效有层次，三个灯为：主光+辅光+轮廓光</td></tr>
<tr><td>四灯布光</td><td>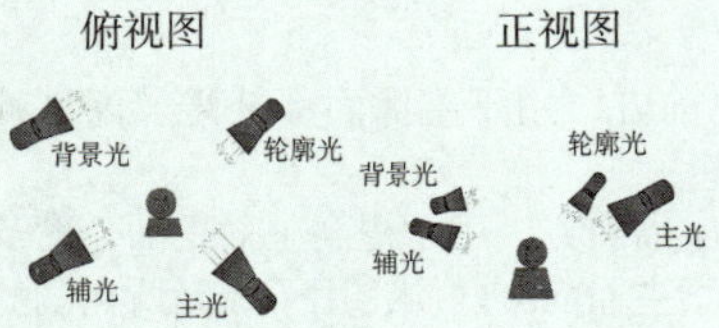
四灯布光图解</td><td>第4个灯作为“背景光”来使用，通过点缀增加画面元素</td></tr>
<tr><td>五灯布光</td><td>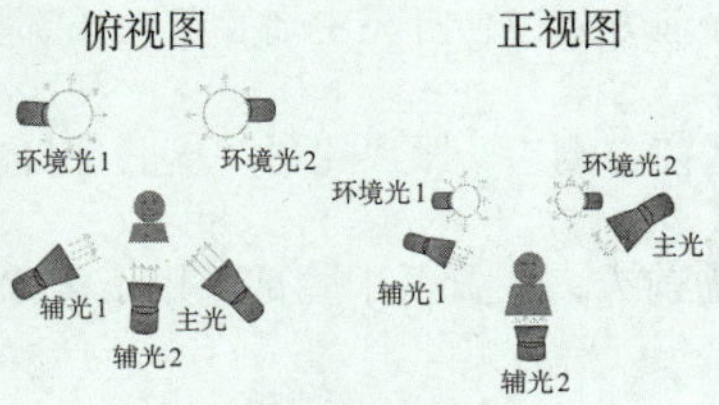
五灯布光图解</td><td>用在大型广告、电影、电视剧拍摄现场，五个灯为：主光+辅光+轮廓光+顶光+背景光</td></tr>
</table>

常见疑问

1. 什么是高清直播?

高清直播是利用高清摄像机、编码器和其他设备，通过高速网络，将清晰、流畅的音视频内容实时传输给观众的过程。

2. 高清直播需要多少带宽?

高清直播所需的带宽因视频分辨率、帧率和码率而异。一般来说，高清直播需要5~20 Mbps或更高的上传带宽，以确保观众获得流畅的观看体验。

3. 高清直播间需要什么样的摄像机?

高清直播间通常需要使用支持高清分辨率（如1080P或4K）的摄像机。选择摄像机时，可以考虑DSLR、专业摄像机或网络摄像机，具体取决于预算、拍摄需求和直播环境。

4. 如何选择合适的麦克风?

选择合适的麦克风时，需要考虑直播环境、音质需求和预算。可以选择USB麦克风、XLR麦克风和无线麦克风等。高品质麦克风能够捕捉清晰声音，减少背景噪声，提升观众听感。

5. 如何选择直播间的照明设备?

直播间的照明设备对营造观看环境和突出主播形象至关重要。可选择专业摄影灯具，如LED灯、软光箱、反射板等，以提供均匀、柔和的光线，减少阴影和反光。

6. 如何布置直播间的背景和环境?

直播间的背景和环境应保持整洁，突出主播和直播内容。选择适合直播主题的背景布或壁纸，保持环境整洁，并适当添加装饰和道具，增加直播趣味性。

7. 直播过程中如何保证音视频同步?

保证音视频同步是直播的关键要求。可通过配置直播软件中的音视频同步选项，调整音视频延迟和缓冲设置，确保音视频信号的同步传输和播放。

任务笔记

学习评价

表 3.20　“搭建高清直播间”学习评价表

班级：＿＿＿＿＿＿　　学号：＿＿＿＿＿＿

姓名（小组成员）：＿＿＿＿＿＿＿＿＿＿＿＿＿＿＿＿＿＿＿＿＿＿＿＿

序号	考核点	考核标准			考核分数		
		不太符合 0~9	基本符合 10~14	完全符合 15~20	自评	第三方评	教师评分
1	搭建高清直播间步骤	能叙述出本任务的 8 个步骤					
2	预算 1 万元设备采购方案	根据 1 万元预算，制定一个包括摄像头、麦克风、照明设备、电脑或其他配置的简单采购方案					
3	预算 5 万元设备采购方案	根据 5 万元预算，制定一个包括摄像头、麦克风、照明设备、电脑或其他配置的简单采购方案					
4	预算 10 万元设备采购方案	根据 10 万元预算，制定一个包括摄像头、麦克风、照明设备、电脑或其他配置的简单采购方案					
5	预算 20 万元设备采购方案	根据 20 万元预算，制定一个包括摄像头、麦克风、照明设备、电脑或其他配置的简单采购方案					
综合得分（自评 30%+第三方评 30%+教师评分 40%）							
学生学习评价剖析与应用（学生填写）							
自我比较：☐进步　☐退步			教师比较：☐进步　☐退步		企业比较：☐进步　☐退步		
改进措施与安排							

知识测试

一、选择题

1. 高清直播的分辨率通常是（　　）。[单选]
   A. 360p　　B. 720p
   C. 1080P　　D. 4K
2. 以下哪个不是高清直播间的必要设备？（　　）。[单选]
   A. 高清摄像机　　B. 稳定的网络连接
   C. 专业的音频混音器　　D. 投影仪
3. 高清直播中，以下哪个因素不会影响带宽需求？（　　）。[单选]
   A. 视频分辨率　　B. 帧率
   C. 编码格式　　D. 主播的发型
4. 直播过程中，为了保持音视频同步，通常要调整的是（　　）。[单选]
   A. 摄像机的角度　　B. 麦克风的音量
   C. 视频的延迟设置　　D. 照明设备的亮度
5. 在高清直播间中，哪种类型的麦克风最常用于捕捉清晰的人声？（　　）。[单选]
   A. 动圈麦克风　　B. 电容麦克风
   C. 定向麦克风　　D. 无线麦克风
6. 高清直播间的关键组成部分包括（　　）。[多选]
   A. 高清摄像机　　B. 专业的照明设备　　C. 游戏手柄
   D. 高速电脑　　E. 优质麦克风
7. 以下哪些因素可能会影响高清直播的画质？（　　）。[多选]
   A. 摄像机的分辨率　　B. 网络连接的稳定性　　C. 直播软件的设置
   D. 主播的服装颜色　　E. 照明设备的亮度
8. 高清直播过程中，为了保证声音的清晰度，以下哪些做法是正确的？（　　）。[多选]
   A. 使用高品质的麦克风　　B. 将麦克风放置在远离声源的位置　　C. 减少背景噪声
   D. 提高麦克风的音量　　E. 使用专业的音频处理设备

二、判断题

1. 高清直播间的照明设备只是为了照亮环境，对直播画质没有影响。（　　）
2. 在高清直播中，观众可以通过弹幕系统与主播实时互动。（　　）
3. 高清直播间的背景布颜色应与主播的服装颜色相协调，以提高整体观感。（　　）
4. 选择直播软件时，用户评价和软件功能同样重要。（　　）

三、简答题

1. 在搭建高清直播间时，为什么网络连接的稳定性至关重要？
2. 列举至少三个在高清直播中影响观众体验的关键因素，并简要说明原因。

第4章 直播流程执行

任务1 筹备直播活动

学习目标

知识目标	1. 了解直播活动各个阶段的策划以及团队分工 2. 了解直播团队的人员筛选、职责分工以及直播间的道具选择
技能目标	1. 能结合直播主题撰写标题文案、制作直播海报和宣传短视频 2. 能根据实际情况筛选团队成员 3. 能结合主题布置有沉浸感、道具丰富、标识清晰的直播间
素质目标	1. 具备良好的心理素质，能够在直播筹备过程中保持自信和耐心，培养解决问题的能力 2. 对直播活动负责，确保直播内容的合规性、真实性，维护直播平台的秩序 3. 具备一定的创新思维，能够不断优化直播内容和形式，提升直播效果

思政园地

“国货潮”风口下本土零食的机遇与挑战

近5年来，随着国家文化软实力的提升以及汉服等中华传统文化的有效输出，曾经风靡一时的国货小零食也逐渐走出“销声匿迹”的困境，在“国货潮”和文化自信高涨的“新次元”群体中，改头换面，再次出现在大众的视野中。通过口味重现、包装改良、文化植入等方式，本土小零食品牌逐渐赢得了市场的认可。

根据相关市场研究报告，国货小零食市场规模在过去5年中持续扩大，年复合增长率保持在较高水平。这一增长得益于国内消费者对童年的怀旧，对传统文化的自信，对本土品牌的支持，以及对健康零食需求的增加。

国货小零食行业的盈利能力整体向好。随着品牌影响力的增强和生产效率的提升，多数企业的利润率有所提高。预计未来几年，国货小零食市场将继续保持增长态势。随着国家政策的支持和消费者对健康生活方式以及个性化创意表达的追求，国货小零食市场有望进一步扩大。

年龄层次不同的人群对国货小零食的偏好程度不同，但消费者普遍倾向于选择健康、口感好、包装精美的产品。其中，90后和00后更注重品牌形象、文化内涵和个性化体验。

用户在选择国货小零食时，可能会遇到信息不透明、品质不稳定、选择有限等问题。目前的改进措施包括：加强产品创新，提升用户体验；增强品牌故事性，加深文化认同；优化供应链管理，保证产品品质。

国货小零食市场的机遇包括消费升级趋势、国货品牌的强势崛起、电商平台的发展等。面临的风险包括原材料成本上涨、行业竞争、国际贸易环境的不确定性等。

但总而言之，国货小零食市场正处于快速发展阶段，各年龄段用户对国货小零食的需求持续增长。企业或个人应抓住机遇，不断创新产品，提升品牌影响力，同时注意规避潜在风险，以实现可持续发展。

学以助农

同学们可以与所在区域的农户沟通，选择具有地方特色、品质优良的农产品进行直播销售。了解农产品的种植过程，挖掘产品的独特之处和背后的故事，为直播准备素材。结合农产品特点，设计有吸引力的直播内容，如产品展示、农户故事分享、互动环节等。为农户编制直播活动需要的各类表格和文档，以帮助农户形成可积累的材料。

任务实施

任务描述：

某公司计划在6月18日开展一场以推广国产小零食为主题的带货直播活动，旨在通过直播平台展示并销售精选的国货小零食，提升品牌知名度和销售额，商品信息见表4.1。

表4.1 直播商品信息

产品名称	规格	价格	卖点
好辣魔芋毛肚	80 g/袋	日常价43.4元 直播价32.4元	1. 减油减卡40%，每小包平均7.2大卡，不担心长胖。450大卡能吃什么？ 1包薯片或1个汉堡或60小包好辣魔芋毛肚 2. 0反式脂肪酸，高膳食纤维，魔芋主要成分是高分子可溶性膳食纤维，热量较低，饱腹感强 3. 配料表干净，只有水、一级魔芋精粉，以及用走地老母鸡慢煮4小时的调味品 4. 坚持双面切花的复杂工艺，口感Q弹爽脆，更入味
火焰山楂球	62 g×6盒	日常价29.9元 直播价19.9元	1. 白里透红，奶香浓郁，甜而不腻；精心挑选原料，手工制作；口感醇厚绵密，包裹着浓醇奶香；无添加蔗糖，健康放心 2. 精选皮薄肉厚的山楂原料，以香浓巧克力包裹，酸甜可口；山楂心饱满，给你鲜果般的味蕾享受 3. 火爆全网的网红零食酸奶山楂球，浓浓的奶香混合酸酸甜甜的山楂口味，色泽诱人，口感酸甜；一口一个太上瘾了，酸酸甜甜的很开胃，好吃不腻
赵村长果冻	402 g×2桶	日常价29.9元 直播价19.9元	1. 解馋不胖，清甜果味，爽滑弹嫩，清凉爽口 2. 萃取新鲜水果，添加15%的原味果汁，令果香加倍浓郁；有四种口味，口感不再单一 3. 香甜草莓味，一口清新，口腔中满溢清香 4. 酸酸甜甜的百香果味，清新怡人，香味游走齿间 5. 蜜甜清香的芒果味，入口味道更浓郁 6. 甘甜的葡萄味，香沁心脾，柔滑爽口 7. 兼具复古与趣味的接地气外包装，小巧易于携带的独立小包装

（续　表）

产品名称	规　格	价　格	卖　　点
哦椰生榨椰子汁	245 ml×6罐	日常价 34.9元/件 直播价24.9元1件/39.9元2件	1. 哦椰荣获第八届十大名小吃代表品牌，国际养生食品博览会金奖等荣誉 2. 脂肪含量极低的椰子汁，随便喝，不易胖 3. 高蛋白、低脂肪、0香精 4. 椰肉含量比同品类商品高出一倍有余，原味椰子肉含量非常高 5. 选用北纬18°海南椰子压榨的椰子汁
李与梅苹果干	100 g/袋	日常价 15.3元1袋 直播价 49.2元4袋	1. 口感绵软Q弹，像吃棉花糖一样（主要差异化特点） 2. 精选西北龙湾优质富士苹果作为原料，日照时间充足，果实成熟度良好 3. 使用55~65℃低温短时多次烘烤，保护产品片型和色泽；生产过程严格控制，多道工序筛选，剔除次品原料 4. 苹果被称为智慧果，非常适合小朋友食用，老少皆宜

请根据以上信息进行直播活动筹备，包括：直播活动安排、直播宣传策划、直播设备准备、直播道具准备、直播脚本准备等。

操作条件：

1. 设备：电脑，网络
2. 工具：Word、Excel、思维导图工具、PS软件或其他修图软件

实操步骤：

步骤1：直播活动安排

请根据任务描述，将下表的时间段信息填写完整。

表4.2　直播活动安排

活动阶段	时 间 段	主 要 任 务	团 队 分 工
策划	__月__日—__月__日	1. 策划直播标题 2. 制作直播海报和预热短视频 3. 制作直播预热推广投放方案	
发布	__月__日—__月__日	1. 监测各个渠道内容数据（阅读量、点击量、点赞量、收藏量、转发量等） 2. 意见反馈与优化	
直播	__时__分—__时__分	1. 主播讲解产品 2. 中控控制后台 3. 助理拆包、递品、清理台面、举牌	

步骤2：直播宣传策划（本场直播活动的商品信息见表4.1）

（1）根据以上信息策划直播标题：____________________。（不超过10个字）

（2）按照模板，补充直播预告海报的文案及预热视频的脚本，填入表4.3。

（3）策划直播预热推广方案，填入表4.4。

步骤3：直播设备准备

按照以下清单检查直播设备，见表4.5 直播设备清单。

表 4.3　直播海报及预热视频策划

直播海报策划	预热视频策划
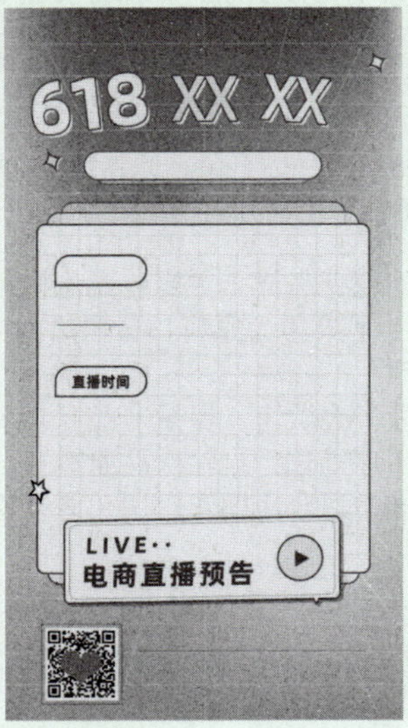 主标题：__________ 副标题：__________ 补充文案：__________	脚本（10~30 s）：

表 4.4　直播预热推广方案

预热时间 （X月X日—X月X日）	推广渠道 （至少选择3个渠道）	推广文案

表 4.5　直播设备清单

设　备　名　称	有（√）没有（×）
电　脑	
直播一体机	
手　机	
高清摄像头	
话筒与声卡	
支　架	
提词器	
补光灯	
网　络	

步骤 4：直播道具准备

直播间准备道具：价格牌、促销语、器皿（盘子、碗、玻璃杯等）、直播间贴片、品牌溯源材料等。

步骤 5：直播脚本准备

按照表4.6，准备直播脚本并彩排。

表 4.6　直播脚本

直播主题		播出日期		播出时长：2小时
播出时间		直播目标		
序　号	时间安排	内　容	主　播	话　术
1				
2				
3				

相关知识

一、直播宣传策划

宣传策划方案对于直播的成功至关重要，它不仅能提前收集目标群体的意见和反馈，为直播筹备工作提供指导性优化意见，提升直播效果，还能为品牌带来长远的市场价值。

1. 直播活动安排

首先要明确直播的主题和目的，确保内容与目标受众高度匹配。例如，若受众是年轻时尚群体，可以围绕潮流新品发布开展直播活动；若受众是教育类用户，则可以分享学习技巧。其次，确定直播的时间、地点和形式。时间要考虑受众的活跃时段，地点要确保直播信号的稳定性和背景的适宜性，形式可以是单人讲解、互动问答或多人讨论等，增加观看的趣味性。

除此之外，直播流程的设计也同样重要。从开场引导到高潮互动，最后到结尾转化，每个环节都要精心安排。例如，开场可以通过热门话题或趣味互动吸引观众注意，高潮部分可以邀请嘉宾或进行抽奖活动提升观众参与度，结尾则可以引导观众关注后续活动或购买产品。此外，人员分工要明确，包括主播、助播、技术支持等，确保直播过程中各项任务都能够顺利进行。

2. 直播标题策划

直播标题是吸引观众点击观看的第一步，因此标题要力求简洁、吸睛并富有创意。首先，标题要突出直播的核心内容，如"时尚穿搭秘诀大公开"，让观众一眼就能看出直播的主题。其次，可以使用疑问句或感叹句来激发观众的好奇心，如"你还不知道这些穿搭技巧吗？"

标题还要与直播内容和品牌形象相符合，不能过于夸张或离题。例如，如果直播是关于健康食品的，标题就不能过于追求点击率而偏离健康主题。可以通过A/B测试来优化标题，看看哪种类型的标题更能吸引目标受众点击进入直播。最后，标题中也可以适当加入关键词，以提高搜索曝光率。

3. 直播预告海报

直播预告海报是宣传的重要工具，设计时要注重美观、清晰和有吸引力。首先，海报的整体风格要与品牌形象和直播主题相协调，如时尚品牌可以选择简约大气的设计风格。其次，海报的内容要简洁明了，包括直播时间、主题、嘉宾等信息，避免过多的文字或元素导致信息混乱。

海报中的图片或元素要与直播内容相关，能够引起观众的兴趣。例如，如果是美食直播，可以选择一张诱人的美食图片作为背景。海报的色彩搭配和排版也要和谐美观，以吸引观众的注意力。最后，在海报上加入二维码或链接，方便观众快速扫码或点击链接进入直播间。

4. 直播短视频预告

短视频预告是近年来非常流行的宣传方式，能够直观展示直播内容并吸引观众关注。短视频的内容要精彩有趣，能够吸引观众的眼球。可以选择直播中的亮点片段或预告一些精彩环节，如嘉宾互动、抽奖活动等。短视频的时长要控制在几十秒到一分钟之间，避免时间过长导致观众失去兴趣。

短视频的剪辑和配乐也要专业且吸引人。可以使用一些流行的剪辑技巧和动感的音乐来增加视频的趣味性。此外，短视频的发布时间和平台选择也很重要。可以选择在社交媒体平台如抖音、微博等发布，利用平台的推荐算法增加曝光率。最后，在短视频中加入直播间的链接或二维码，方便观众快速进入直播间。

5. 直播预热推广方案

直播预热推广是确保直播成功的关键一环，需要综合运用多种推广手段。可以利用社交媒体平台进行推广，如微博、微信、抖音等。在这些平台上发布直播预告、短视频和海报等素材，吸引粉丝关注和转发。可以与KOL或网红合作进行推广，邀请他们参与直播或分享直播信息给他们的粉丝。还可以利用广告投放平台进行精准推广。根据目标受众的特征和兴趣进行定向投放，提高广告的点击率和转化率。同时制定一些优惠活动或赠品来吸引观众参与直播，如限时折扣、首单优惠等。

要注意直播预热推广的时间安排和频率控制。最好提前1个月开始推广，确保观众有足够的时间去了解和准备。同时控制推广频率，避免过于频繁导致观众产生反感情绪。通过综合运用多种推广手段，可以有效提高直播的曝光率和参与度。

二、直播设备筹备

在直播前进行直播设备筹备是确保直播顺利进行的关键步骤。选择合适的直播平台和工具能够为直播提供稳定的技术支持，并保证观众体验。高质量的摄像设备、麦克风和照明设备能够提升直播的音视频质量，吸引并保持观众的注意力。一个专业且主题鲜明的直播间布景可以增强品牌形象，提升直播内容的吸引力。确保网络连接的稳定性是直播流畅无中断的基本保障。综合这些因素，充分的直播设备筹备是实现成功直播的基础，直接影响着直播效果和观众满意度。

1. 调研并选择合适的直播平台和工具

（1）对比主流直播平台（例如抖音、快手、小红书、淘宝直播等）的受众群体、功能特点和商业模式，选择与带货直播活动最匹配的平台。

（2）考虑使用第三方直播工具或服务，如直播软件OBS、vMix等，以获得更多自定义选项和控制手段。

（3）确认所选平台和工具支持的直播形式（如一对一、一对多）和技术要求（如推流地址和密钥）。

2. 准备高质量的摄像设备、麦克风、照明设备和稳定的网络连接

（1）根据预算和直播需求选购高清摄像头或专业级摄像机，确保图像质量满足直播标准。

（2）选择高质量麦克风（如领夹式麦克风、炮型麦克风）以及必要的声音处理设备，保证声音清晰无干扰。

（3）配置专业照明设备，如LED环形灯、软光箱等，确保直播间光线均匀，提升视频质量。

（4）测试网络连接的稳定性，必要时升级网络服务或准备备用网络，确保直播过程中网络不会中断。

在执行以上操作方案时，应确保所有设备的兼容性和协同工作的能力，并在直播前进行多次测试，以保证直播过程中的技术稳定性。此外，应有技术团队现场支持，以便在遇到任何技术问题时能够迅速解决。

三、直播团队筛选

在直播前筛选合适的直播团队人员，对于直播活动的成功至关重要。选择具有良好沟通能力和带货经验的主持人能提升直播的吸引力和观众的参与度。一个专业的技术支持团队能够保障直播过程中技术的稳定性，避免因技术问题影响直播效果和观众体验。一个经验丰富的营销团队将在直播前通过有效的市场推广策略吸引观众，并在直播过程中实时调整促销手段以提升转化率。团队成员之间的协作和各自的专业能力直接关系到直播的流畅度、互动质量以及最终的销售成果。因此，直播前的团队筛选是实现直播目标的关键，对直播的整体表现和成效具有决定性的影响。

根据直播需求和实际情况，合理组建直播团队。

小型直播团队一般包括：主播，中控，运营。

专业直播团队一般包括：主播，导演/编导，摄像师，灯光师，音频师，后期制作人员，新媒体运营人员，客服，技术支持人员，数据分析师，商务对接，投放师，选品师。主要直播岗位的职责详见表4.7。

表 4.7　直播岗位职责表

岗位	特　质	职　责
主播	具备良好的口才、形象、气质和亲和力，能够吸引并留住观众，同时熟悉产品知识，能够进行有效的产品介绍和推广	负责直播间的出镜、互动、导购、策划等工作，是直播团队的核心
中控	细心、耐心、冷静、善于沟通	1. 负责直播平台的稳定运行，及时处理直播中出现的任何技术问题，确保直播的顺利进行 2. 在直播过程中，负责商品的上架、下架、价格调整等后台操作，并与主播、运营团队紧密配合，共同营造积极的直播氛围，提升直播效果 3. 直播前，负责产品的准备、场地布置、灯光调试等工作。直播结束后，负责整理直播现场，确保下一次直播的顺利进行
运营	良好的沟通能力，有耐心处理各种问题，对待工作认真仔细，情绪稳定，头脑灵活，能冷静且迅速地应对突发问题，确保直播不受影响。具备很强的团队意识和合作精神	1. 负责直播内容与活动的策划，包括直播间的日常管理、直播内容的策划和活动的设计，以吸引和维护观众 2. 负责数据分析与优化，监控直播数据，分析用户行为，基于数据反馈调整直播策略，提升用户参与度和转化率 3. 负责产品管理与推广，管理直播中的产品展示，确保产品信息的准确性，并与主播协作，提高销售效率 4. 负责协调与复盘，与团队成员（包括主播）协同工作，组织直播活动，并在直播结束后进行复盘分析，不断优化直播流程

四、直播道具的选择

在直播前准备合适的道具，可以有效展示产品并提升观众体验。

1. 直播场景道具

（1）设计直播间背景，使其符合“穿越童年，品尝国货零食”的主题风格，可利用背景板展示与直播主题相关的设计图案。

（2）准备产品展示架，确保包装清晰可见，同时方便主持人拿取和介绍。

（3）根据主题添加装饰物品，如怀旧玩具、老式书包等道具，增强场景的代入感和观赏性。

（4）安排合理的空间布局，使直播间既便于操作，又便于观众感知直播内容。

2. 直播主题模型

（1）根据主题添加装饰物品，增强场景的代入感和观赏性。

（2）确保道具的色彩和设计符合直播整体视觉风格，提升直播的专业感和观赏性。

3. 直播产品展示道具

（1）准备足够数量的样品用于展示。

（2）把样品放在展示器皿当中。

（3）测试样品的包装，确保主播在直播时操作的便利性和安全性。在包装上粘贴品牌、价格、活动等标识，增强直播效果。

4. 直播互动道具

（1）创意设计与直播主题相契合的互动游戏，如“猜童年零食”或“国货零食知识问答”。

（2）准备用于游戏的道具，比如转盘、计时器、计分板等，确保游戏过程公正有趣。

（3）确定抽奖活动的奖品，如零食大礼包、优惠券、定制纪念品等，激发观众参与的积极性。

（4）提前测试游戏和抽奖流程，确保活动中使用的道具可靠且易于操作。

常见疑问

1. 需要注意哪些直播筹备期间的执行细节？

（1）确保所有团队成员明确各自的职责和任务时间节点。

（2）至少提前进行一次直播演练，以确保直播流程顺畅。

（3）直播前进行市场调研，了解目标观众的喜好和需求。

（4）直播结束后，收集反馈信息，评估直播效果，并制定改进措施。

2. 在直播筹备期间，需要提前设定预期成果吗？

在直播筹备期间，提前设定预期成果是非常重要的。这样做有以下几个关键原因：

（1）目标导向：设定预期成果可以帮助团队明确直播的目标，确保所有筹备工作都围绕这些目标进行，提高工作的效率和效果。

（2）资源规划：明确预期成果有助于合理分配资源，包括时间、人力、财力等，确保直播活动在预算范围内顺利进行。

（3）性能衡量：设定的预期成果是评估直播性能的基准。无论是观看人数、互动量、销售额还是品牌曝光度，有了明确的预期目标，团队可以在活动后分析实际成果与预期之间的差距，为以后的直播提供改进的方向。

（4）激励机制：设定预期成果可以增强团队成员的责任感和积极性，激励他们为实现预期成果而共同努力。

（5）风险管理：在筹备阶段就考虑可能的风险因素，对照预期成果进行风险评估和制定管理计划，可以减少直播中可能出现的问题，确保活动顺利进行。

（6）观众期待管理：向观众宣传直播时，可以根据预期成果设置合理的观众期待，避免过度承诺。

因此，在筹备直播时，应当根据直播的目的、历史数据、市场情况以及资源能力等因素综合设定一系列具体、量化且可实现的预期成果，以指导整个筹备过程。

学习评价

表 4.8　“筹备直播活动”学习评价表

班级：____________　　　学号：____________

姓名（小组成员）：____

序号	考核点	考核标准			考核分数		
		不太符合 0~9	基本符合 10~14	完全符合 15~20	自评	第三方评	教师评分
1	直播活动安排	能按照活动阶段规划好直播时间和团队分工					
2	直播宣传策划	能按照任务描述撰写直播标题、制作直播海报和预热视频，以及撰写直播预热推广方案					
3	直播设备筹备	能对照清单检查直播设备是否完好并能正常运行					
4	直播道具选择	能根据直播主题选择合适的道具，不少于6样					
5	准备直播脚本	能根据商品信息准备直播脚本					
		综合得分（自评30%+第三方评30%+教师评分40%）					
学生学习评价剖析与应用（学生填写）							
自我比较：□进步　□退步		教师比较：□进步　□退步		企业比较：□进步　□退步			
改进措施与安排							

知识测试

一、选择题

1. 直播宣传策划阶段，制定直播主题应考虑的因素不包括（　　）。[单选]
   A. 目标受众的偏好　　B. 市场趋势
   C. 主播的个人兴趣　　D. 产品的特点
2. 在直播中使用高质量摄像设备的主要作用是？（　　）。[单选]
   A. 降低直播成本　　B. 提升音视频质量
   C. 增加直播互动性　　D. 扩大观众范围
3. 在直播团队筛选中，哪一项不是直播主持人的必要条件？（　　）。[单选]
   A. 具有丰富的直播经验　　B. 能够即兴应对突发情况
   C. 拥有良好的销售转化能力　　D. 必须拥有专业音乐才能
4. 直播宣传策划时，设计直播海报应包含哪些要素？（　　）。[多选]
   A. 直播时间　　B. 直播平台
   C. 主打产品　　D. 特色活动
5. 直播设备筹备中，以下哪些是必备的设备？（　　）。[多选]
   A. 高清摄像头　　B. 高质量麦克风
   C. 照明设备　　D. 高级图形显卡电脑
6. 有效的直播脚本准备应该包括哪些环节？（　　）。[多选]
   A. 开场白撰写　　B. 互动环节设计
   C. 结束语撰写　　D. 技术故障应对预案

二、判断题

1. 直播的宣传策划对于提升直播效果没有实质性作用。（　　）
2. 直播过程中的互动游戏或抽奖活动可以提高观众参与度。（　　）

三、简答题

1. 请简述直播宣传策划中的“社交媒体效应”是如何发挥作用的。
2. 请解释为什么直播脚本中需要包含应对技术故障的应急方案和备用脚本。

任务 2 执行直播活动

学习目标

知识目标	1. 了解直播活动开播前需要准备的各类事项 2. 了解直播后台各项功能的作用和操作方法
技能目标	1. 能熟练操作巨量百应等直播后台的各项功能 2. 能独立创建商品计划、发布直播商品预告并监测直播数据 3. 能和主播、运营高度配合，按照直播脚本完成直播
素质目标	1. 培养团队合作精神和沟通协调能力，与团队成员紧密合作，共同完成直播活动的各项任务 2. 增强责任感和敬业精神，对待直播活动认真负责，确保直播质量和效果 3. 树立诚信意识和法律意识，遵守直播行业的规范和法律法规，维护直播活动的公平、公正和合法性

思政园地

网络红人小薇因违规宣传遭平台禁播

近日，知名网络红人小薇在热门直播平台上的账号因涉嫌违规宣传被平台禁播。据平台官方透露，小薇在直播过程中使用了违规词汇，并涉嫌虚假宣传，因此受到了相应的处罚。

小薇作为平台上的知名主播，拥有大量的粉丝。最近她的直播账号突然遭到禁播，引发了广泛关注。平台方面表示，经过调查核实，小薇在直播中使用了违规词汇“绝对正品”，并涉嫌虚假宣传，违反了平台的相关规定。

对于此次禁播，小薇团队在第一时间作出了回应。他们表示，小薇作为一名负责任的主播，一直注重直播内容的真实性和合规性。此次事件纯属误会，团队将积极与平台沟通，并提交申诉材料，争取尽快恢复直播权限。

小薇团队也向广大粉丝表示歉意，并承诺将加强对小薇的培训和监管，确保今后直播内容的真实性和合规性。他们希望广大粉丝能够继续支持小薇，并相信她会以更加成熟和专业的态度面对未来的直播事业。

对于此次事件，业内人士也表达了看法。他们认为，作为网络红人，主播应该更加注重自身的言行举止，遵守平台规定，确保直播内容的真实性和合规性。平台方面也应该加强监管力度，严厉打击违规行为，维护直播行业的良好秩序。

目前小薇的直播账号仍处于禁播状态。对于小薇的粉丝来说，他们也在期待着她的回归，希望她能够继续为大家带来精彩和真实的直播内容。

此次事件也提醒了广大网友，在观看直播时要保持警惕，理性消费。对于发现的违规行为，也要及时向平台举报，共同维护一个健康、有序的直播环境。

随着直播行业的不断发展，相信平台方和主播们会更加注重内容的真实性和合规性，为观众带来更好的直播体验。

学以助农

随着新媒体和电商直播的兴起，通过直播销售特色农产品仍是涉农企业的一个难题。同学们可以利用在校期间学习的直播技巧和网络营销知识，帮助这些涉农企业开展线上线下相结合的销售模式，为当地乡村振兴作贡献。如可通过执行几次直播活动后，帮助农企较为系统地梳理直播关键点，以帮助农企常态化开展直播活动。直播关键点见表4.9。

表4.9　直播关键点梳理表

任务阶段	具体内容	执　行　细　节	负　责　人	完成情况
直播前准备	产品梳理	梳理盐北村特色农产品，整理产品特点、产地等信息	学生团队	
	直播脚本撰写	撰写直播开场白、产品介绍、互动环节、结束语等	学生团队	
	宣传推广	利用社交媒体、校园渠道发布直播预告，吸引观众关注	学生团队	
直播过程	产品展示	展示农产品生长环境、采摘过程、品质特点等	主　播	
	互动环节	设置抽奖、答题等互动环节，提高观众参与度和购买意愿	主播与助播	
	文化交流	分享盐北村历史文化、风土人情，增强观众对村庄的了解和认同	主　播	
直播后跟进	订单处理	处理直播期间产生的订单，确保发货及时、准确	学生团队	
	数据分析	对直播观看人数、销售额等数据进行统计分析，总结经验教训	学生团队	
	反馈收集	收集观众反馈，了解产品满意度和改进方向	学生团队	

注意，同学们需确保各项任务按时完成，并在“完成情况”一栏中按实记录。如有特殊情况或需要调整任务内容，应及时与团队成员沟通，并更新表格。通过这份关键点梳理表，同学们可以联合涉农企业清晰地了解每个阶段的具体任务、执行细节和负责人，确保直播活动的顺利进行。同时，表格还方便同学们记录完成情况，以便后续进行任务总结和经验分享。

任务实施

任务描述：

经过一段时间的筹备，“618购物节”终于在6月18日当天拉开了帷幕，大家各司其职，紧锣密鼓地进行开播前以及开播后各个环节的准备，争取完成公司的目标销售额，提升粉丝量，扩大品牌影响力，为下一次直播打下良好的基础。

操作条件：

1. 设备：电脑、手机、麦克风、补光灯、网络
2. 工具：Excel、第三方直播辅助软件

实操步骤：

步骤1：开播前准备

现在距离直播开播还有4个小时，需要检查直播相关人员是否就位，设备是否正常运行，道具是否完备，以及样品是否充足，具体检查事项见表4.10。

表4.10　直播相关人员、设备及物料检查

检查项目	完成/未完成（√/×）	未完成原因	解 决 方 案
人　员	主播：____（　　） 中控：____（　　） 运营：____（　　） ……		
设　备	电脑×____运行正常（　　） 手机×____运行正常（　　） 直播一体机×____运行正常（　　） 话筒与声卡×____运行正常（　　） 补光灯×____运行正常（　　） 高清摄像头×____运行正常（　　） 支架×____运行正常（　　） 提词器×____运行正常（　　） 网络×____运行正常（　　） ……		
道具（数量）	玻璃杯×____（　　） 价格牌×____（　　） 促销语×____（　　） 其他器皿×____（　　） 直播间贴片×____（　　） 品牌溯源×____（　　） ……		
样品（数量）	好辣魔芋毛肚（80 g/袋） ×____（　　） 火焰山楂球（62 g×6盒） ×____（　　） 赵村长果冻（402 g×2桶） ×____（　　） 哦椰生榨椰子汁（245 ml×6罐） ×____（　　） 李与梅苹果干（100 g/袋） ×____（　　）		
脚本及预案	直播脚本×____（　　） 风险预案×____（　　）		

步骤2：创建直播商品计划

（1）打开巨量百应，进入直播商品计划，如图4.1。

（2）点击"立即创建"，根据提示填写相关信息，提前准备好待播商品，如图4.2。

步骤3：创建直播预告

点击"直播预告"，填写预计开播时间，上传预告图片，添加预告商品等相关信息后，进行发布，如图4.3。

图 4.1　巨量百应网站

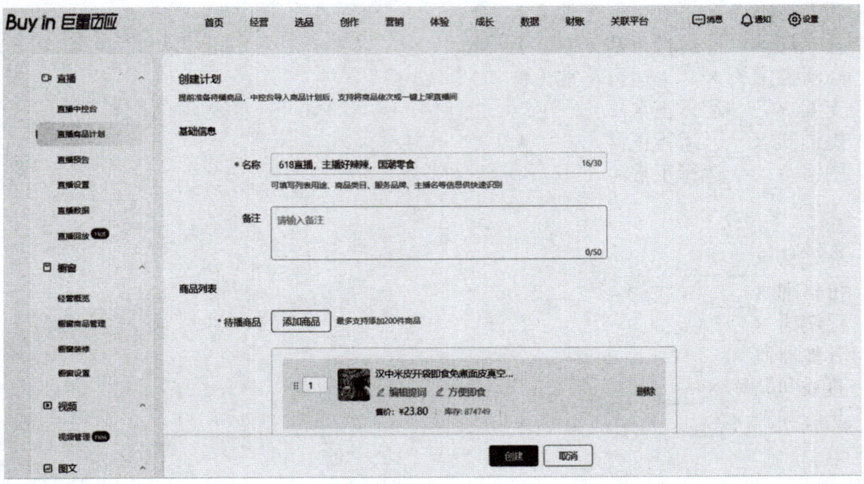

图 4.2　直播商品计划创建

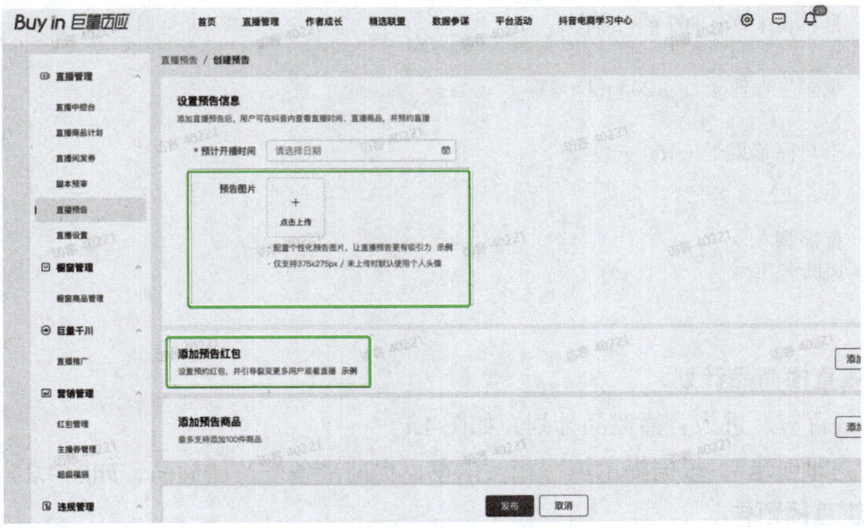

图 4.3　创建直播预告

步骤4：进行直播设置

点击“直播设置”，分别对商品设置、评论设置、直播间设置里的相关选项进行选择，如图4.4。

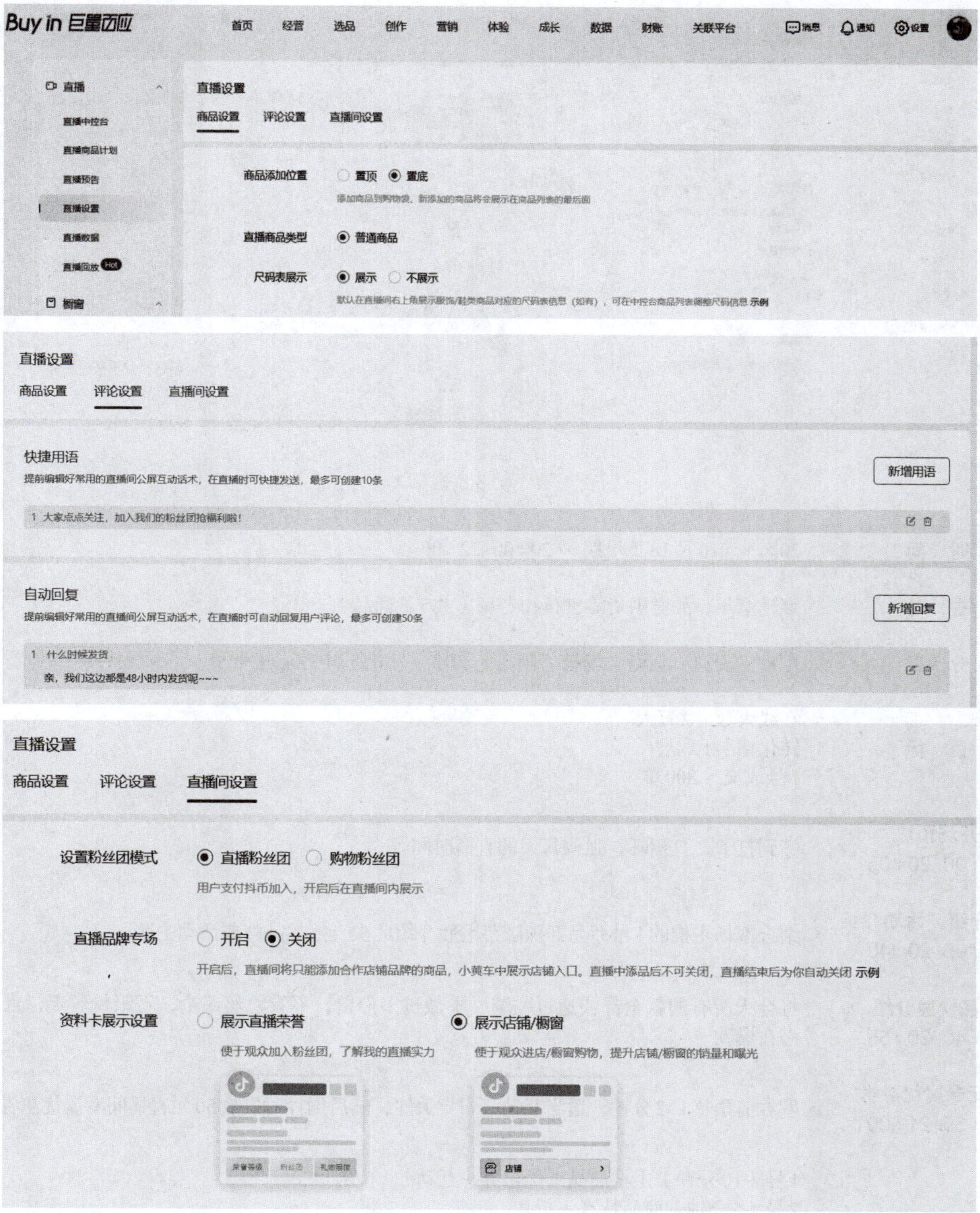

图4.4　直播设置

步骤5：开播前检查

点击“直播中控台”，最后检查准备进度，合理采纳平台优化建议，如图4.5。

步骤6：按脚本进行直播

结合主播特点以及预热期收集的反馈意见，适当修改内容后，按照直播脚本进行直播，见表4.11。

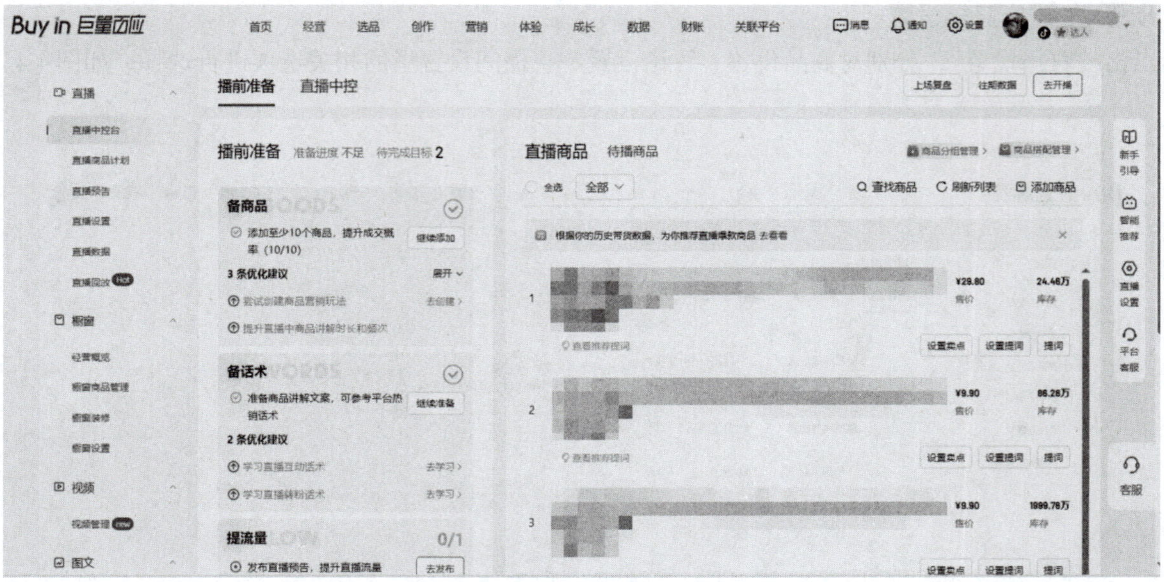

图 4.5　直播中控台

表 4.11　618 直播脚本

时　间	20××年6月18日星期× 20:00~22:00
主　题	穿越童年，品尝国货零食折扣专场（共5款商品）
分　工	主播：安迪；运营/场控：阿毛；脚本：小七；中控：王平平
目　标	在线人数：2万人 转化率：10% 1号成交 > 800单
开场预热 20:00~20:05	签到打卡、打招呼、强调每天的直播时间等
品牌介绍/活动介绍 20:05~20:40	结合本场主推的1号商品好辣魔芋毛肚介绍此次直播的品牌或活动主题
商品快速介绍 20:40~20:55	将今天所有的款全部快速过一遍，不做过多停留，不看粉丝评论，不跟粉丝走，重点推荐潜在爆款
50元专属优惠券 20:55~21:00	发券前预热1~2分钟，适当互动，引导关注，然后倒计时发放50元直播间专属优惠券
商品讲解＋互动 21:00~21:55	1号（10分钟）主推商品＋优惠券＋互动 2号（5分钟）商品特点＋折扣 3号（5分钟）商品特点＋折扣 4号（5分钟）商品特点＋折扣 5号（5分钟）商品特点＋折扣
结束＋下场预告 21:55~22:00	说结束语，引导关注，并说明下场直播的时间和平台 （结束语：亲爱的观众朋友们，今天的直播就到这里啦！感谢大家的陪伴和支持！下场直播还有更多商品和福利等着大家，关注我们的直播间，加入粉丝团，明天同一时间，我们不见不散！）

相关知识

一、开播前准备

一场直播开播前，最好预留3~4个小时来进行全面的准备。这个时间长度可以确保主播和团队有足够的时间来完成所有必要的准备工作，从而确保直播的顺利进行。

1. 人员和技术设备检查

直播开播前的准备工作是确保直播顺利进行的关键，其中检查人员是否到齐是至关重要的一环。这一步骤涉及直播时团队的分工是否明确、流程是否顺畅、能否及时应对突发情况等多个方面。

分工明确和流程顺畅是直播成功的基础。在直播前，必须确认所有关键人员是否到齐，包括主播、中控、运营人员等。每个角色都有其特定的职责，如主播负责互动和销售；中控负责技术支持，确保所有将要展示的商品都已准备好，并且了解库存情况，以便在直播中及时响应观众的购买需求；运营人员负责数据监控和与观众互动。如果人员缺席，直播流程可能会中断或产生混乱，影响观众体验。例如，如果中控人员缺席，当商品需要上架时，可能无法及时操作，导致观众无法抢购，进而导致直播节奏被打乱。

在直播前，团队成员需要进行最后的沟通和确认，确保每个人都清楚自己的任务和职责，以及直播的整体目标和策略。技术人员需要检查所有的设备是否正常工作，包括摄像头、麦克风、网络连接等，确保直播过程中不会出现技术故障。运营人员需要准备直播的内容和流程，包括商品信息、优惠活动、互动环节等，确保直播内容丰富且具有吸引力。

主播作为能直接影响观众下单的工作人员，也需要精心准备个人形象，以及直播当天的产品内容。

（1）服装和妆容：根据直播的主题和风格选择合适的服装和妆容，保持形象的专业性和一致性。

（2）发型和配饰：确保发型整齐，配饰适宜，不要过于夸张，以免分散观众的注意力。

（3）熟悉脚本：提前熟悉直播的脚本和流程，包括商品介绍、特色环节和互动话术，以减少直播中的失误。

（4）声音热身：进行声音热身练习，确保在直播中语音清晰、富有感染力。

（5）情绪调整：调整好情绪和状态，保持积极的态度和高昂的热情，以便在直播中更好地与观众互动。

2. 直播脚本和风险预案检查

在准备直播带货活动时，细致的脚本检查和风险预案至关重要。关于脚本的语言表达，我们需要确保使用清晰、流畅的语言与目标观众沟通，避免使用行业术语和复杂的词汇，同时排除语法和拼写错误。产品信息的准确性也不可忽视，必须核实价格、规格、功能以及优惠细节，确保描述与实际相符，避免误导消费者。

互动环节的设计对于吸引和维持观众的参与度非常关键，因此需设计具有吸引力的互动环节，比如提问、投票或抽奖，并确保这些环节的规则简单易懂。时间控制也是直播成功的重要因素，要在脚本中明确每个环节开始和结束的时间，以确保直播整体时长合适，留有足够时间进行销售和互动。

有效的销售策略能够显著提升销售成绩，所以必须在脚本中融入诸如限时优惠、捆绑销售等技巧，并确保清晰无误地传达信息，激发观众购买欲望。

技术支持的可靠性是直播顺利进行的基础，要提前对摄像机、麦克风、照明等设备进行测试并对网络连接的稳定性进行检查。

为了应对可能出现的技术故障或其他突发状况，我们需要准备备用设备和快速切换流程。突发事件应对计划也应包括替代主播的安排或事先录制视频内容作为备份。针对物流延误等问题，应提前通知观众并提供解决方案。

必须确保直播内容的合法性，包括销售的产品符合法律法规、不违反广告法等相关法规，并遵守消费者权益保护法规。通过收集观众反馈、进行模拟演练和建立有效的团队沟通渠道，可以持续改进直播过程，并在直播中迅速响应问题。遵循以上步骤和标准，可以有效提高直播带货活动的成功率，并减少意外问题的发生。

由此可见，在一场直播开播前，进行人员、设备、商品、脚本、预案的全面检查是非常必要的，这种全面检查不仅提升了直播的专业性和用户体验，也体现了对观众和市场的尊重。在竞争激烈的直播环境中，任何小失误都可能转化为观众的流失和信任的丧失。通过细致的准备工作，不仅能够减少出错的可能性，更能保证直播内容的品质，从而维护品牌形象，增强消费者黏性。因此，这样的检查流程应当成为直播前不可或缺的一环，为直播的顺利进行和品牌的长期发展奠定坚实基础。

二、中控后台操作

在直播活动中，中控人员必须熟练地使用中控后台的各项功能，为直播提供技术支持。

通过创建直播商品计划，中控人员可以确保商品信息准确无误地展示给观众，包括商品名称、价格、库存等。这有助于提升观众的购买体验，避免因信息错误导致的纠纷和不满。同时，中控人员还可以根据销售数据和观众反馈，灵活调整商品计划，以满足市场需求和观众期望。具体操作流程如图4.6。

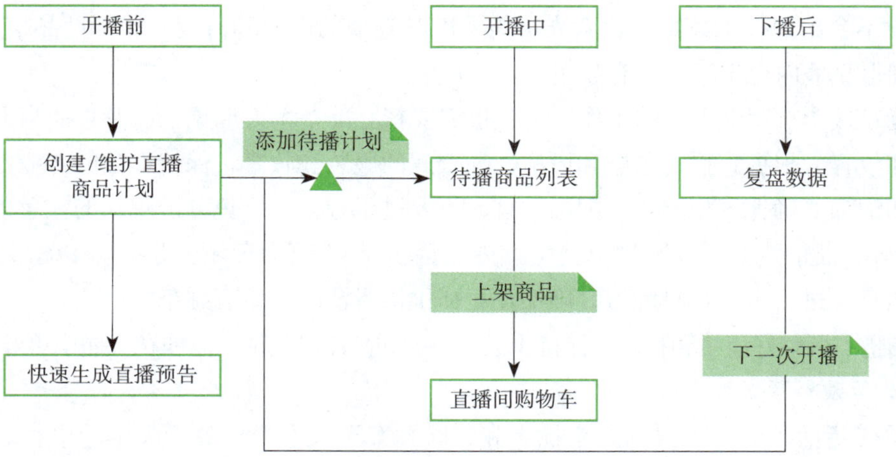

图4.6 直播商品计划创建流程

通过创建商品预告，中控人员可以在直播开始前提前展示即将上架的商品信息，包括商品名称、图片、价格等。这样的预告形式能够有效吸引观众的注意力，激发他们的购买欲望。同时，商品预告还能帮助观众提前了解直播内容，规划好自己的购物时间，提升观看体验。具体流程如图4.7所示。

在直播过程中，中控人员可以根据商品预告的反馈数据，及时调整商品的上架顺序和讲解重点。例如，如果发现某个商品的预告点击率特别高，那么可以在直播中优先展示该商品，或者增加该商品的讲解时间，以满足观众的需求。

商品预告还能让观众建立起一种期待感。当观众知道某个心仪的商品即将在直播中上架时，他们会更加关注直播进程，积极参与互动。

在开播前，对直播间的基本信息进行配置，如直播间标题、封面图、分类等。这些设置能够吸引潜在观众的注意，提高直播间的曝光率。通过精心设计的直播间标题和封面图，中控人员可以传达出直

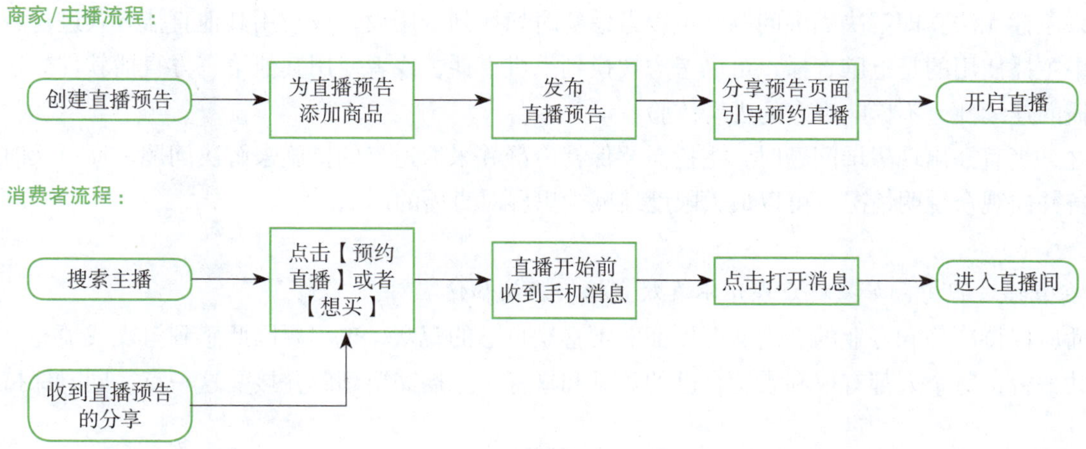

图 4.7　直播商品预告发布流程

播的主题和亮点，吸引目标观众点击进入直播间。对于新手来说。在开播前最好先利用私密直播进行测试，确保在正式直播的时候，能够将信息稳定、流畅地传输给观众，避免出现卡顿、延迟等问题。通过提前测试，中控人员可以及时发现和解决潜在的技术问题，确保直播过程中不出现技术故障。

中控人员还可以根据直播内容和观众需求，设置适当的互动环节，如抽奖、答题等，提高观众的参与度和黏性。通过提前配置好这些互动功能，中控人员可以在直播过程中轻松管理互动环节，提高直播的趣味性和互动性。

在开播后，中控人员需要与主播和运营团队紧密配合，确保直播的流畅和互动的有效性。中控人员要实时监控直播技术状况，如视频流畅度和音频清晰度，并快速响应任何技术问题。此外，他们负责按照直播脚本切换不同的摄像头角度或播放预先准备的多媒体内容，确保内容按照既定节奏准确展现。

在观众互动方面，中控人员需要通过后台实时跟踪观众评论，筛选出有价值的问题和反馈传递给主播，以便主播能够及时回应。同时，他们还要管理聊天室秩序，对违规言论进行禁言或删除，维护健康的直播环境。

针对突发状况，比如主播突然断线，中控人员要迅速采取应急措施，如立即切换到预录制的内容或安排备用主播上线，同时协助主播尽快恢复直播。在整个过程中，中控人员还要密切观察直播间数据，如在线人数和观看趋势，并向主播或运营人员提供实时反馈，帮助他们调整直播策略以吸引更多观众。

为了提升团队合作效率，中控人员与主播和运营人员之间应建立一套沟通信号，这可以是特定的手势、代码词或者消息提示。这些信号能够帮助团队成员在直播过程中快速而准确地交换信息。通过这样的配合，直播团队可以更好地引导直播进程，灵活应对各种情况，增强观众的参与感，提高直播的整体质量。

常见疑问

1. 直播时，遇到突然黑屏的情况，应该如何应对？

主播应保持冷静，并立即检查直播设备和网络连接，确定黑屏的原因。如果是因为设备故障或网络连接问题导致的黑屏，主播可以尝试重新启动设备或调整网络连接，以尽快恢复直播。

主播也可以通过平台的公告功能或社交媒体等渠道，向观众说明黑屏的原因，并告知他们正在采取措施解决问题。这样可以让观众了解情况，减少他们的不满和焦虑。

如果主播无法立即解决黑屏问题，可以考虑暂时切换到备用设备或使用其他直播方式进行替代。例如，如果主播使用的是电脑直播，可以考虑切换到手机直播，或者使用其他第三方直播软件。这样可以确保直播的连续性，不影响观众的观看体验。

总之，当直播出现黑屏问题时，主播需要保持冷静并采取适当的措施来解决问题。通过及时检查和调整设备并向观众说明情况，可以最大限度地减少黑屏对直播的影响。

2. 在直播过程中，如果观众表示不喜欢主播，应该如何应对？

主播应保持冷静和专业的态度。即使面对不喜欢自己的观众，也不要因此感到沮丧或愤怒。直播是一个公共平台，每个人都有权利表达自己的意见和喜好。主播需要理解并接受这一点，同时保持自信和镇定。

主播应该尊重这些观众的意见，并以礼貌和友好的方式回应他们。可以感谢他们的反馈，并表示自己会认真倾听并努力改进。同时也可以尝试了解他们不喜欢自己的原因，这有助于主播找出自己的不足并进行调整。

在回应这些观众时，主播需要避免情绪化的语言或行为。不要与观众发生冲突，这只会让情况更加尴尬和紧张。除此之外，如果公屏出现恶意辱骂等信息时，直播团队应及时运用平台的禁言或踢人功能，对恶意辱骂的观众进行限制发言或禁止其进入直播间。这是维护直播秩序和保护主播权益的必要手段。直播团队也可以向平台客服或管理员报告此类行为，让其协助处理。

在直播结束后，主播需要与其他团队成员或专业人士讨论这些负面反馈。认真分析观众不喜欢自己的原因，找出自己的不足和需要改进的地方。然后制定具体的计划和措施，不断提升自己的直播质量和观众满意度。

总之，当面对观众公开表示不喜欢自己的情况时，主播应以冷静、专业的态度来应对。通过了解观众的反馈，主播可以不断改进和提升自己，这样才能逐渐赢得更多观众的喜爱和支持。

学习评价

表4.12 “执行直播活动”学习评价表

班级：____________ 学号：____________

姓名（小组成员）：____

序号	考核点	考核标准			考核分数		
		不太符合0~9	基本符合10~14	完全符合15~20	自评	第三方评	教师评分
1	开播前准备	能完整填写开播前检查清单					
2	创建直播商品计划和直播预告	能结合5个商品，创建直播商品计划，并发布直播预告					
3	进行直播设置	根据主题，对商品设置、评论设置、直播间设置里的相关选项进行选择和填写					
4	直播道具选择	能根据直播主题选择合适的道具，不少于6样					
5	按照脚本进行直播	主播、中控、运营互相配合，按照直播脚本完成2小时的直播活动					
		综合得分（自评30%+第三方评30%+教师评分40%）					
		学生学习评价剖析与应用（学生填写）					
		自我比较：☐进步 ☐退步		教师比较：☐进步 ☐退步	企业比较：☐进步 ☐退步		
改进措施与安排							

知识测试

一、选择题

1. 直播前检查商品数量是哪项准备工作？(　　)。[单选]

A. 技术设备检查　　B. 直播脚本和风险预案检查

C. 样品检查　　D. 直播商品计划创建

2. 中控后台操作中不负责的工作是(　　)。[单选]

A. 管理直播商品计划　　B. 发布商品预告

C. 设计直播间封面图　　D. 实时监控评论

3. 主播在直播时突然黑屏，应该如何应对？(　　)。[单选]

A. 保持冷静，并立即检查设备和网络连接　　B. 忽略问题，继续直播

C. 要求观众耐心等待　　D. 立即下播

4. 直播团队在开播前需要进行的准备工作包括哪些？(　　)。[多选]

A. 人员和技术设备检查　　B. 确定直播脚本和风险预案

C. 配置直播间基本信息　　D. 发布商品预告

5. 直播过程中，中控人员的职责包括哪些？(　　)。[多选]

A. 管理直播商品计划　　B. 实时监控评论

C. 设计互动环节　　D. 发布商品预告

6. 当观众在直播中表示不满时，以下哪些应对措施是正确的？(　　)。[多选]

A. 主播保持冷静　　B. 尽快找出问题所在并解决问题

C. 与观众发生争执　　D. 向观众说明情况，并采取解决方案

二、判断题

1. 主播在直播过程中遇到技术问题时，应立即切换到备用设备。(　　)

2. 直播团队在开播前的准备阶段不需要进行法律法规方面的检查。(　　)

三、简答题

1. 请描述中控人员在直播活动中使用中控后台的主要职责有哪些。

2. 主播在直播前应如何准备，以确保个人形象专业且吸引观众？

第5章
直播前开播准备

任务1 规划直播选品

学习目标

知识目标	1. 了解直播选品的基本概念和原则 2. 熟悉直播选品的常用工具和平台
技能目标	1. 能够根据目标受众和直播主题，选择合适的产品进行直播 2. 能够评估产品的市场需求和潜在销售量 3. 能够通过分析数据和观众反馈，优化直播选品策略
素质目标	1. 具备良好的沟通能力，能够与品牌合作方和观众建立良好的关系 2. 具备市场敏感性和洞察力，能够抓住市场趋势和消费者需求 3. 具备创新思维和实践能力，能够提供独特和吸引人的直播选品方案

思政园地

关于健康饮食的直播选品

主播娜娜计划进行一场名为“东方甄选，呵护健康”的直播，旨在向观众传递健康饮食的知识，引导观众养成健康的饮食习惯。她选择东方甄选的食品进行介绍，强调该品牌的严格选品标准和科学背景。此外，娜娜邀请了一位营养学专家来分享有机食品的好处，分别介绍了有机蔬菜和有机水果的营养成分，并引用了相关研究结果。在直播中，娜娜引导观众养成健康的饮食习惯。她强调选择低脂肪、低盐、低糖食品的重要性，并提供一些简单易行的健康食谱，例如如何制作低糖水果沙拉或健康的蔬菜汤。她也鼓励观众在日常生活中多摄取健康食品，如全谷类食物、蛋白质和必需的脂肪。娜娜旨在通过选品的方式向观众传递健康饮食的知识，并引导观众养成健康的饮食习惯。她关注品牌的科学性、社会责任感和文化传承，以达到思政教育的目的，鼓励观众在日常生活中注重健康饮食。

主播通过直播选品的方式向观众传递健康饮食的知识，并引导观众养成健康的饮食习惯。通过选择合适的食品和邀请专家来分享相关知识，关注社会责任和文化传承，达到思政教育的目的。

学以助农

请同学们根据本节学习任务，开展如下课后或第二课堂活动。

支持家乡当地农民和农业合作社，了解农民种植或生产的农产品，制作农产品问卷调查表并撰写农产品分析报告书，形式可参照图5.1和图5.2。深入了解其特点、种植或加工过程、营养价值等信息。可以通过与农民交流、参观农田或农产品加工厂等方式，亲身体验和了解农产品的生产过程。具体内容模板详见表5.1。

XXXXXX 农产品的问卷调查表
(示例)

开篇语……

1.您是否购买过农产品？
A.是 B.否

2.您购买农产品的频率是？
A.每天 B.每周 C.每月 D.偶尔

3.您通常在哪里购买农产品？
A.农贸市场 B.超市/便利店 C.电商平台 D.农场直销
E.其他（请注明）________

4.您购买农产品时更注重哪些方面？
A.价格 B.品质 C.新鲜度 D.产地
E.无农残 F.品种多样性 G.其他（请注明）________

5.您购买农产品时更倾向于选择有机或绿色食品吗？
A.是 B.否 C.不确定

6.您认为农产品的品质主要体现在哪些方面？
A.外观 B.口感 C.营养价值 D.食品安全
E.其他（请注明）________

7.您会主动了解农产品的生产过程和产地吗？
A.是 B.否 C.有时

8.您认为农产品的价格如何？
A.合理 B.偏高 C.偏低

9.您对农产品的包装有何要求？
A.简洁实用 B.环保可持续 C.有品牌信息
D.其他（请注明）________

10.您愿意支付更高的价格购买优质农产品吗？
A.是 B.否 C.取决于产品的差异和优势

11.您购买农产品时会选择支持本地农民吗？
A.是 B.否 C.不确定

12.您是否愿意参加农产品品质评价或试吃活动？
A.是 B.否 C.取决于时间和地点

13.您对农产品的意见和建议是什么？
____

图5.1 农产品的问卷调查表模板

XXXXXX 农产品分析报告书

（格式可以根据具体需求和要求进行调整）

编写人： 编写日期：

摘要（简要概述农产品分析的目的、方法和主要结论）

目录（列出报告中各个章节的标题和页码）

引言（介绍农产品分析的背景、目的和意义，以及相关理论基础和研究方法的选择）

一、农产品概况（农产品的基本情况、种植或养殖区域、主要品种或品牌、产量、市场规模等）

二、市场分析（对农产品在市场上的现状和发展趋势进行分析，包括市场规模、消费者需求、竞争对手、价格趋势等因素的影响）

三、质量分析（对农产品的质量特征进行评估和分析，包括营养成分、食品安全、外观质量等）

四、产业链分析（农产品的产业链包括种植或养殖、加工、流通和销售等环节，了解各环节的情况和影响因素）

五、市场推广策略（根据市场分析和质量分析的结果，提出相应的市场推广策略和建议，包括品牌营销、渠道拓展、产品创新等）

六、结论（对整个报告进行总结和归纳，概括主要结论和建议）

参考文献（列出在报告中引用的相关文献和数据来源）

附录（包括详细的数据和图表，以及其他补充信息）

图5.2 农产品分析报告书模板

表 5.1　农产品筛选统计表

产 品 名 称	来 源 地	选 择 理 由
有机蔬菜	本地农场	无农药残留，营养丰富，对身体有益
新鲜水果	农民市集	新鲜度高，口感好，富含维生素和纤维
有机肉类	自家养殖	无激素添加，安全可靠，滋味鲜美
天然蜂蜜	蜂　场	无添加剂，营养成分不流失
全谷杂粮	农民专业合作社	富含纤维和多种维生素，有助于消化
新鲜海鲜	渔　民	新鲜度高，富含蛋白质和不饱和脂肪酸

以上是一些农产品的选品示例，来自本地农场或农民市集。这些产品具有以下优点：有机蔬菜和水果无农药残留，营养丰富；有机肉类无激素添加，安全可靠；天然蜂蜜无添加剂，具有抗菌和抗氧化作用；全谷杂粮富含纤维和维生素，有助于消化和健康饮食；新鲜海鲜富含蛋白质和不饱和脂肪酸。通过选择这些优质农产品，同学们可以更好地保护自己的健康，并支持本地农业发展。

向身边的朋友、同事、家人介绍优质的农产品，帮助农民扩大销售渠道，并分析销售数据和观众反馈。可以通过社交媒体、微信群等途径，分享农产品的来源、品质、营养价值等信息，推动更多人购买和支持农产品。

任务实施

任务描述：

根据直播间选品策略，我们需要制作一张选品表，以便选择适合直播销售的产品。选品表应包含利润款、福利款、引流款等商品，并进行组品和排序。

操作条件：

1. 设备：电脑、网络
2. 工具：选品表
3. 分组：学生分组完成按步骤给定的实践任务

实操步骤：

步骤 1：了解货品类型，包括引流款、爆款、利润款（主推品）、品牌款/印象款等。

步骤 2：了解爆款产品的特征，制作爆款产品特征的表格。

爆款产品往往具有独特的创新性，能够满足市场需求并引起消费者的关注和兴趣。爆款产品通常品质较高，能够提供给消费者良好的使用感。爆款产品能够给消费者带来明显的价值提升，可能是其功能的创新、性能的提升、解决问题的能力等方面，满足消费者的需求和期望。爆款产品通常能够准确抓住当前市场的热门需求，引发大量的购买欲望和消费热情。爆款产品往往有着良好的口碑和推荐效应，消费者会通过口口相传、社交媒体分享等方式推荐给他人，从而形成更广泛的销售力和影响力。爆款产品的成功离不开有效的市场营销策略，通过广告宣传、社交媒体推广、直播销售等方式能够有效地将产品推向市场，并赢得消费者的关注和购买。

请仿照以下爆款产品特征的表格（表5.2），进行直播选品的特性对比。

表5.2　爆款产品特征的表格（示例）

序　号	产品名称	创新性	品质和体验	价值提升	市场需求	口碑和推荐	市场营销策略
1	A款手机	高	优质	显著	热门	强大	有效
2	B款手表	中	卓越	显著	热门	强大	有效
3	C款口红	中	高	显著	热门	强大	有效
4	D款耳机	高	优质	显著	热门	强大	有效
5	E款鞋子	高	优质	显著	热门	强大	有效
6	F款护肤品	中	卓越	显著	热门	强大	有效
7	G款手提包	中	高	显著	热门	强大	有效
8	H款运动装	高	优质	显著	热门	强大	有效
9	I款眼镜	中	高	显著	热门	强大	有效

在表格中，我们列出了不同产品的名称以及它们在创新性、品质和体验、价值提升、市场需求、口碑和推荐以及市场营销策略等方面的特征评估。通过对每个特征的评估，我们可以更清晰地了解爆款产品的特征以及它们在各个方面的优势。

步骤3：制定破销策略——福利款破销和利润款破价

1. 福利款破销策略

表5.3　福利款破销策略

策　略	描　述
限时特价	设定一段时间内的特价活动，将福利款产品以更低的价格销售，吸引顾客购买
满减活动	设定满一定金额减免一定金额的优惠，鼓励顾客购买福利款产品以达到减免条件
礼品赠送	购买福利款产品时赠送小礼品或样品，提高对顾客的吸引力
会员专享	设定福利款产品只对会员开放，增加会员的购买动力和忠诚度

2. 利润款破价策略

表5.4　利润款破价策略

策　略	描　述
促销打折	设定一段时间内对利润款产品进行折扣销售，吸引更多顾客购买
捆绑销售	将利润款产品与其他产品进行捆绑销售，以较低的总价吸引顾客购买
限量特价	设定限量的特价销售，通过稀缺性增加购买的紧迫感
二次销售	推出利润款产品的二次销售活动，例如回购或置换旧产品，引起顾客兴趣

以上表格可以帮助同学们更好地了解福利款破销和利润款破价的策略。同学们可以根据自己的需求和情况，选择适合的策略来推动销售。

表 5.5　制定破销/破价策略

序　号	产品名称	款式类型	利润率	促销方式
1	A款手机	利润款	20%	限时折扣
2	B款手表	引流款	10%	免费赠送
3	C款口红	福利款	5%	特价促销
4	D款耳机	利润款	15%	满减活动
5	E款鞋子	引流款	12%	限量发售
6	F款护肤品	福利款	8%	买一送一
7	G款手提包	利润款	18%	打包优惠
8	H款运动装	引流款	9%	新品首发
9	I款眼镜	福利款	6%	打折促销
10	……	……	……	……

步骤4：选品

1. 数据海选产品（结合爆品特征：性价比高、当下潮流趋势、品牌、大众化需求、特色新奇）

表 5.6　数据海选产品举例

产品类别	特　点
智能手环/手表	健康监测、运动追踪、消息提醒、性价比高、当下潮流趋势、大众化需求
便携式充电器/移动电源	方便充电、便携性高、价格适中、大众化需求
无线蓝牙耳机	音乐/通话需求、无线连接、性价比高、当下潮流趋势、大众化需求
折叠式电动滑板车	环保、便捷交通工具、折叠式设计增加便携性、个性化需求、绿色出行需求
可穿戴智能设备	时尚潮流、独特功能和特色、科技与生活融合、大众化需求
便携式蓝牙音箱	高音质、便携性高、适用于多种情境、价格适中、大众化需求

（1）使用蝉妈妈或飞瓜数据查找“商品”，按维度筛选。

（2）查看同行商品橱窗的爆款产品，方式见表5.7。

假设你是一位服装设计师，你想要了解同行业竞争对手的爆款产品。你可以使用搜索引擎搜索“时尚橱窗”或“服装热销产品”，找到相关的网页或论坛，这些页面会展示其他品牌的热门款式和流行元素。你还可以在电商平台上浏览时尚类别的商品，查看热销排行榜或推荐产品。此外还可以关注时尚相关的社交媒体账号，他们经常分享时尚趋势、品牌推荐和爆款产品。

通过以上方法，同学们可以获取一些同行业商品橱窗的爆款产品信息，从而了解市场需求和竞争情况，为同学们的数据海选提供参考。

表5.7　查看同行商品橱窗的爆款产品方式

途　　径	方　　法	补　充　说　明
使用电商平台	访问主要的电商平台，如淘宝、京东、亚马逊等，进入所在行业的类别或使用相关的筛选条件来浏览商品	这些平台通常会显示热销商品、排行榜或推荐产品，可以参考以了解同行业的爆款产品
使用社交媒体	在社交媒体平台上搜索相关行业的关键词或标签，浏览相关行业的账号或主题页面，它们通常会分享爆款产品或推荐热门商品	还可以查看用户的留言和反馈，了解产品的受欢迎程度

（3）查看短视频爆款产品，方式见表5.8。

表5.8　查看短视频爆款产品方式

途　　径	方　　法	补　充　说　明
下载并注册短视频应用	下载并安装短视频应用	注册一个账号并完成个人设置
使用热门和推荐功能	在短视频应用的首页，通常会显示热门和推荐的视频	浏览这些热门视频，观察其中展示的产品，这些产品往往是目前的爆款产品。你可以阅读视频标题、描述、标签，以及制作者的留言，获取更多关于产品的信息
搜索相关关键词	使用短视频应用的搜索功能，输入与你所在行业或感兴趣产品相关的关键词	如果你是一个美妆爱好者，你可以搜索“化妆品”“护肤品”“美妆教程”等。浏览视频结果，观察评论和点赞数，这些可以帮助你发现热门产品
关注行业相关的账号	在短视频应用上关注行业相关的账号	这些账号通常会分享产品评测、推荐和使用心得。他们可能会介绍一些爆款产品或提供购买链接
参考热门话题和挑战	短视频应用经常会有热门话题和挑战活动	参与这些话题和挑战，观察其他用户的视频内容和使用的产品。这些热门话题和挑战往往会推动某些产品销量的爆发

以美妆行业的爆款产品为例。你可以下载并注册热门短视频应用，进入首页浏览热门视频，观察其中展示的美妆产品。你还可以使用其搜索功能，输入关键词“口红”“眼影”等进行搜索，观察视频结果和用户的评论、点赞数。此外还可以关注一些美妆博主或品牌账号，他们经常分享美妆产品的测评和推荐。参与一些美妆话题和挑战活动，了解其他用户使用的爆款产品。

（4）查看直播爆款产品，方式见表5.9。

以美妆行业的爆款产品为例。你可以下载并注册热门直播应用，进入首页或热门推荐页浏览热门直播间，观察主播展示的美妆产品。你还可以使用直播的搜索功能，输入关键词“口红”“眼影”等进行搜索，观察直播结果和直播间的人气、评论和销量。此外还可以关注一些美妆行业的直播间，他们经常分享美妆产品的推荐和使用心得。参与一些直播间活动，了解其他观众的评论，获取参与活动的机会。

表 5.9　查看直播爆款产品方式

途　　径	方　　法	补 充 说 明
下载并注册直播平台应用	下载并安装直播平台应用	注册一个账号并完成个人设置
浏览热门直播间	在直播平台的首页或热门推荐页，通常会显示热门直播间	进入这些热门直播间，观察主播展示的产品，这些产品往往是目前的爆款产品。你可以留意主播的介绍、评论区的互动和观众的评论，获取更多关于产品的信息
搜索相关关键词	使用直播平台应用的搜索功能，输入与你所在行业或感兴趣产品相关的关键词	如果你是一个户外运动爱好者，你可以搜索“户外装备”“运动器材”等。浏览直播结果，观察直播间的人气、评论和销量，这些可以帮助你发现热门产品
关注行业相关的直播间	在直播平台上关注行业相关的直播间	这些直播间通常会分享产品推荐、使用心得和购买链接。他们会在直播中展示和介绍爆款产品，你可以了解更多产品信息
参与直播间活动	在直播平台上参与直播间活动	观察其他观众的评论和提问。有时直播间会有一些限时优惠、抽奖或赠品活动，你可以通过参与这些活动来获取爆款产品

2. 结合自身优势及产品价值，进行匹配筛选（外观颜值、细节材质、产品用途、趣味性、价格利润），筛选［总销量］［浏览量］［转化率］排名前10款的产品，筛选示例见表5.10。

表 5.10　筛选示例

序号	产品名称	优　势	价　值	趣味性	价格利润	总销量	浏览量	转化率
1	美妆镜	高品质材料，精致外观，可折叠设计，便于携带	提供清晰明亮的反射，方便化妆和护理肌肤	附带可调节的灯光和放大镜功能，满足用户的不同需求	适中的价格，利润空间可观	高	高	高
2	智能手环	时尚外观，多功能设计，包括心率监测、运动追踪、睡眠监测等	提供全面的健康管理和运动数据分析	支持定制化的表盘和个性化的运动目标设置	价格较高，但功能丰富，价值高	高	高	良好
3								
4								
5								
6								
7								
8								
9								
10								

（对于排名第3至第10款的产品也进行类似的描述和评估。）

请注意，以上描述和评估仅为示例，具体的产品筛选应根据实际情况和市场需求进行，同时也需要结合自身的优势和资源进行判断。

请同学们根据实际情况和市场需求，将表格中的具体信息填写完整。

3. 产品定类定款：填写选品表，确定选品，选品表格模板见表5.11，根据实际情况和需求填写各款产品。

表5.11 选品表格模板

序号	产品名称	产品定位	产品特点	产品用途	目标受众	市场竞争情况	价格范围	供应链稳定性	销售预期	利润空间	产品占比
1											
2											
3											
4											
5											
6											
7											
8											
9											
10											

填写选品表时，同学们可以参考以下技巧来确定产品占比：

（1）目标市场需求。了解目标市场的需求趋势和消费者偏好，将更多的占比分配给具有较高市场需求和潜力的产品。

（2）竞争分析。评估竞争对手的产品，找到与其不同且能满足市场需求的产品，以保持竞争优势。

（3）利润空间。考虑产品成本和定价策略，给予高利润空间的产品相应的占比，以提高整体盈利能力。

（4）供应链稳定性。评估产品供应链的稳定性和可靠性，确保能够满足市场需求并保持供应的稳定性。

（5）市场调研和测试。在确定产品占比之前，进行市场调研和测试，以了解消费者对产品的反馈和喜好，从而调整产品占比。

请根据具体情况和目标市场需求填写选品表，并根据以上技巧来确定产品占比。参考示例见表5.12。

表 5.12　选品表格数据（举例）

序号	产品名称	产品定位	产品特点	产品用途	目标受众	市场竞争情况	价格范围（元）	供应链稳定性	销售预期	利润空间	产品占比
1	美妆镜	高端美妆工具	高品质材料，精致外观，便携式设计	化妆和护理肌肤	年轻女性	中高	200~500	高	高	中高	20%
2	智能手环	健康管理	心率监测、运动追踪、睡眠监测等多功能设计	健身、运动追踪、健康管理	运动爱好者	高	300~800	中高	高	中高	20%
3	陶瓷保温杯	保温饮品	陶瓷材质，保温性能好，精美的外观设计	保温茶水、咖啡等热饮品	办公人群	中	100~300	高	中	中	10%
4	蓝牙耳机	便携，音乐/通话需求	无线连接，高音质，舒适佩戴	随时随地享受音乐	音乐爱好者	高	100~500	中	中	中	10%
5	空气净化器	家居健康	多层过滤系统，静音设计，智能空气质量监测	净化室内空气，改善环境质量	家庭用户	中高	500~1 500	中高	中	中高	10%
6	平板电脑	移动办公	轻薄便携，大屏幕，高性能配置	视频娱乐、办公工作	学生、职场人士	高	1 000~3 000	中	中	中	10%
7	运动鞋	运动装备	舒适耐用，透气性好，防滑设计	跑步、健身等运动	运动爱好者	高	200~800	中	高	中高	5%
8	宠物食品	宠物护理	天然健康配方，多种口味可选	提供营养均衡的宠物食品	宠物主人	中	50~200	高	中	中	5%
9	智能家居系统	智能家居	连接家居设备，远程控制，提供智能化家居体验	家居设备控制、提高生活便利性	科技爱好者	中高	1 000~5 000	中高	中	中高	5%
10	儿童玩具	儿童娱乐	安全环保材质，教育益智，多种类型可选	儿童玩耍和学习	家庭用户	中	50~300	中	中	中	5%

相关知识

一、直播选品的基础知识

1. 直播选品的定义

选品指直播团队根据用户需求，选择并推荐质量、价格和外观最符合目标用户需求的商品的过程。

2. 直播选品的依据

直播选品的依据可以考虑以下几个方面：

（1）人无我有。选择市场上相对较少的产品或特别的产品，以满足消费者的需求。可以通过市场调研、用户反馈等方式了解市场上的空缺和痛点，根据消费者的需求选择相应的产品。

（2）人有我优。选择市场上在品质、性能、价格等方面有优势的产品。在竞争激烈的市场中，通过提供更好的产品质量、更好的售后服务、更有竞争力的价格等来吸引消费者。

（3）人优我特。选择市场上在某些方面具有独特性或特色的产品。可以从产品的设计、功能、材料等方面进行创新，让产品在市场中具有独特的卖点，吸引消费者的注意力。

表 5.13　直播选品应遵循的两个原则

原　则	详　情　说　明
最好卖的商品品类	（1）低价、高频、刚需类商品 （2）详解更全面的商品 （3）展示性强的商品
最好不要碰的商品品类	（1）玉石珠宝。玉石珠宝没有严格统一的价格标准，各地价格差异很大。购买者收到货后，容易产生不满意或失望的情绪。在运输的过程中，玉石类产品极易因磕碰而产生瑕疵，用户就会选择退货 （2）生鲜类商品。如蔬菜、水果、鲜花等，这些不是高利润的商品，在运输过程中又涉及保鲜成本问题，甚至配送时间都要求以小时为单位，还要考虑在配送中出现的损耗，以及一些品类因重量原因导致的运费高等问题。如果将这些成本纳入商品的整体价格中，商品价格就会缺乏竞争优势

3. 直播选品的要素

表 5.14　直播选品的要素

要　素	详　情　说　明
品　牌	品牌的知名度、用户口碑甚至售后服务都需要考虑。知名度高和口碑好的品牌可以为直播间吸引流量，可以在前期预热时就发布预告引流
商　品	直播时需要有丰富的商品组合，如多种直播选品类型在直播间里同时出现，才能让整个直播效果更好。一场直播还要包含新品、热销品、库存品。新品可作为特色商品，热销品可作为利润品，库存品则充当低价引流的商品
价　格	现在的直播间主打以低价吸引消费者，所以价格优势是直播间得以成功的关键因素。这需要主播和背后的运营团队有强大的供应链支撑，能够对品牌方有很好的议价能力

4. 直播间的商品组合

（1）引流款是指用来吸引顾客进入直播间的产品。引流款通常是价格较低、具有较高的性价比、吸引力和可见度，以吸引顾客的眼球并增加直播间流量的商品，以低价吸引人流，占比30%。

（2）爆款是指在市场上迅速走红、销售火爆的产品。爆款通常具有创新性、优良的品质、显著的价值提升，能够满足市场需求并赢得消费者的口碑和推荐。爆款一般是当季必需品，利润较高、粉丝喜好度较高，占比20%。

（3）利润款，也被称为主推品，是店铺或品牌的核心产品，通常是销售额和利润的主要来源。利润款具有较高的利润率和销售量，是直播间的主打产品，需要进行重点推广和销售，拉高直播利润，直播间的利润款占比40%。

（4）品牌款或印象款是指与特定品牌或印象相关的产品。这些产品通常与品牌的定位、形象和价值观相符合，能够传达品牌或印象的独特风格和特点，增强品牌认知度和忠诚度，占比10%。

表 5.15　直播间的商品组合

商品组合	详　情　说　明
印象款	印象款指促成直播间第一次交易的商品。只要有了第一次交易，用户对主播或者直播间才会留下印象，增加再一次进入直播间的概率
福利款	福利款主要指给直播间引流的商品。福利款通常以低单价的商品，或是价格低于市场价的商品为主。高消费频次的生活日用品和食品，如纸巾、洗衣液、螺蛳粉、面包等，都是冲流量的最佳利器
爆　款	爆款的作用之一就是冲业绩。爆款商品的价格不一定低，但一定是现阶段用户最喜欢、性价比最高的商品，这样才能够达到走量的效果
利润款	利润款的作用主要是为直播间带来利润。这类商品的价格不一定美丽，但是在款式、功能上有自己的独特之处
炮灰款	炮灰款主要用来给爆款作参照物。与上面提到的几款商品相比，最后这款商品是很多人容易忽略的类型，这种类型商品的作用本身并不是冲销量，而是和爆款商品进行对比。在爆款上架前，准备一些款式不好、价格又贵的商品给用户观看，让用户在心理上对此类商品有一个初步概念

5. 商品信息收集

商品信息收集对于直播间选品而言十分重要，搜集商品信息可以遵循以下几个原则：

（1）直播带货商品与账号定位属性相关联；

（2）主播亲自使用过的商品；

（3）按照粉丝需求选品；

（4）选择高热度直播带货商品；

（5）选择高性价比直播带货商品；

（6）根据品类选择直播带货商品；

（7）借助工具选择直播带货商品；

（8）选择复购率高的直播带货商品。

6. 直播间选品策略

通过制定直播间选品策略，我们可以更好地选择适合直播销售的产品，提高直播间产品选择的准确性和销售效果，吸引更多观众的参与和购买，并增加直播间的盈利能力，选品策略见表5.16。

表 5.16 直播间选品策略

策略类型	描述
热门产品策略	选择市场上热门的、具有较高的需求和销售量的产品
目标受众策略	根据直播间目标受众群体的喜好和需求，选择适合他们的产品
高利润产品策略	选择具有较高利润率的产品，以提高直播间的盈利能力
福利款策略	提供特价、限时折扣、满减等福利款式，吸引观众购买
搭配推荐策略	根据产品特性和搭配需求，进行产品的组合和搭配推荐
品牌合作策略	与知名品牌合作，引入其产品进入直播间进行销售
定期更新策略	根据市场和观众需求，定期更新选品，保持产品的新鲜性和时尚性

二、直播间测品技巧

1. 使用短视频测品

短视频测品可以直观地展示产品的特点和使用效果，吸引观众的注意力，并为观众提供更直接的购买决策参考。同时与观众保持互动，建立良好的信任关系，从而提高观众的购买意愿和忠诚度，使用短视频测品的步骤见表5.17。

表 5.17 使用短视频测品

步骤	详情操作
准备好设备	使用高质量的摄像设备和麦克风，确保视频的画质和声音清晰
视频内容	简洁明了地介绍产品的特点、功能和用途。可以展示产品的外观、使用场景以及使用效果，以便观众更好地了解产品
试用体验	根据产品的特点和功能，展示产品的实际使用过程，并分享试用体验和感受。可以提及产品的优点、缺点以及与其他类似产品的比较
专业素养	在视频中展示专业的知识和技巧，例如如何正确使用产品、如何进行维护保养等，以提升观众对主播专业性的认可
互动交流	鼓励观众在评论区留言提问，并及时回复观众的问题，与观众进行互动交流，提高观众的参与感
引导购买	在视频结尾处提供购买链接或优惠码，引导观众进行购买。可以分享产品的购买建议和推荐理由，帮助观众做出购买决策
优化推广	将短视频分享到各种社交媒体平台、直播平台或者个人视频网站，提高视频的曝光度，吸引更多观众关注直播间

（1）拍摄短视频

拍摄短视频时要确保画面清晰稳定，内容简洁明了，突出产品的特点和试用体验。通过适当的剪辑和背景音乐，提升视频的质量和观看体验。在视频中引导观众进行购买并提供购买建议，可以提高观众的购买意愿。使用短视频进行产品测评时拍摄的步骤和技巧见表5.18。

表 5.18　使用短视频进行产品测评时拍摄的步骤和技巧

序号	步骤	详情操作
1	准备好设备	使用高质量的摄像设备，如智能手机或专业摄像机，以获得清晰的画质
2	视频长度	短视频的长度通常在30秒到1分钟之间，保持简洁明了的同时，充分展示产品的特点和使用过程
3	视频内容	确定要传达的核心信息，包括产品的特点、功能、用途和使用体验。确保以简单易懂的方式向观众展示产品的外观、使用场景和使用效果
4	拍摄技巧	稳定摄像机，避免晃动和模糊。使用合适的光线，确保画面明亮且清晰。选择适当的角度和距离来展示产品的细节和整体效果
5	试用体验	展示产品的实际试用体验和感受。分享产品的优点和缺点，并与观众进行互动交流，回答观众可能会有的问题
6	编辑和剪辑	使用视频编辑软件，对录制的视频进行剪辑和编辑。删除不必要的镜头，添加适当的过渡效果和字幕，提升视频的质量
7	添加背景音乐和音效	选择适合产品和场景的背景音乐和音效，提升观众的观看体验
8	引导购买	在视频结尾处提供产品的购买链接或优惠码，引导观众进行购买。提供购买建议和推荐理由，帮助观众做出购买决策

（2）观测数据

观测数据是评估短视频测品效果的重要指标。通过统计和分析这些数据，同学们可以了解视频的曝光情况、观众的感兴趣程度以及观众对产品的购买意愿。根据这些数据可以调整和优化视频的内容和推广策略，以提高观众的参与度和购买转化率。观测数据示例见表5.19。

表 5.19　观测数据示例

观测数据	说明
播放量	视频被观看的总次数
评论数	观众在视频下方留下的评论数量
商品点击数	观众点击视频中提供的购买链接或优惠码的次数
商品成交量	观众通过点击链接或使用优惠码购买产品的数量

在表5.20具体观测数据示例中，每一行代表一个具体的视频，列分别表示观测数据的不同指标。可以根据日期对数据进行分类和统计，以便了解每个视频在不同日期下的表现情况。通过这些数据，可以分析每个视频的受欢迎程度、观众参与度以及购买转化率。

表 5.20　具体观测数据示例

观测数据	日期	播放量	评论数	商品点击数	商品成交量
视频1	2024-01-01	10 000	100	500	50
视频2	2024-01-02	15 000	200	800	70

（续 表）

观 测 数 据	日　期	播 放 量	评 论 数	商品点击数	商品成交量
视频3	2024-01-03	8 000	50	300	30
视频4	2024-01-04	20 000	150	700	60
视频5	2024-01-05	12 000	80	400	40

2. 使用直播间测品

使用直播间进行产品测试和推广可以提供实时互动和直接销售的机会。

（1）互动测品

互动测品是一种通过与用户互动来测试和推广产品的方法，方式见表5.21。

表5.21　互动测品方式

方　式	具 体 操 作	作用/具体做法
投票活动	在直播或社交媒体平台上进行投票，让用户选择他们最喜欢的产品或产品功能	这可以帮助了解用户的偏好和需求，并为产品改进提供方向
评论互动	在产品推广活动中鼓励用户留下评论和反馈	可以设立奖励机制，如抽奖或赠送优惠券，以提高用户参与度
用户故事分享	鼓励用户分享与产品相关的故事和使用经验	可以通过评选最佳故事的方式，激励用户积极参与
问答环节	在直播或社交媒体平台上设立问答环节，让用户提出问题并由主持人或专业人士回答	这可以增加用户对产品的了解并解决他们的疑问
社交互动	通过创建话题标签或特定的社交媒体挑战活动，鼓励用户在自己的社交媒体上分享他们与产品相关的照片或视频	这可以扩大产品的曝光度并吸引更多潜在用户的参与

通过互动测品，可以与用户建立更紧密的联系，了解观众对产品的认知和反应，收集有价值的用户反馈，并通过互动活动提高产品的知名度和吸引力。

（2）挂链接测品

挂链接测品是一种通过在直播间或社交媒体中发布链接，让用户点击链接参与产品测试和评价的方法，方式见表5.22。

表5.22　挂链接测品方式

方　式	具 体 操 作	作用/具体做法
调查问卷链接	在直播间或社交媒体上发布调查问卷链接，让用户填写关于产品的问卷调查	通过收集用户的反馈和意见，可以了解他们对产品的满意度和改进的建议
Beta测试链接	发布产品的Beta测试链接，让用户申请成为产品的测试用户	他们可以通过使用产品并提供反馈来帮助产品团队改进产品的质量和功能

（续 表）

方　式	具 体 操 作	作用/具体做法
用户体验测试链接	邀请用户参与产品的用户体验测试，让他们尝试使用产品并提供详细的反馈	这有助于产品团队了解用户在真实环境中的体验和需求
网站或下载链接	在直播间或社交媒体上发布产品的下载链接，让用户可以直接下载和体验产品	通过用户的下载量和使用情况，可以评估产品的受欢迎程度和用户满意度
预售链接	发布产品的预售链接，让用户可以提前购买产品或享受折扣优惠	通过监测预售链接的点击量和销售数据，可以了解用户对产品的购买意愿和市场需求

挂链接测品可以帮助产品团队直接与用户互动并收集他们的反馈。通过链接的点击量、填写问卷的数量和销售数据等指标，可以评估产品的市场潜力和用户接受程度，并为产品的改进和推广提供数据支持。

（3）平播测品

平播测品是一种通过在直播平台上展示和介绍产品，与观众进行互动并使其参与测试的方法，方式见表5.23。

表5.23　平播测品方式

方　式	具 体 操 作	作用/具体做法
产品展示	在直播中详细展示产品的外观、功能和特点	主播可以通过实际操作或演示来展示产品的使用方法和效果
产品试用	邀请观众参与产品试用。可以选择一部分观众进行抽奖或报名，然后将产品寄送给他们进行试用	观众可以在试用后提供反馈和评价
产品测评	与专业人士或产品爱好者合作，邀请他们进行产品的测评	这样可以提供更专业和权威的意见，同时也增加产品的可信度
互动问答	在直播中设立问答环节，让观众提问并由主播或产品团队回答	这可以帮助观众更深入地了解产品，并解决他们的疑问
用户反馈收集	在直播中鼓励观众留下评论和反馈	可以设置奖励机制，如抽奖或赠送礼品，以提高观众参与度和积极性

通过平播测品，可以直接展示产品的特点和优势，与观众进行互动和沟通，并及时收集他们的反馈。这有助于产品团队了解观众的需求和偏好，改进产品的设计和功能，同时也提高产品的知名度和市场认可度。

（4）陈列测品

陈列测品是一种将产品摆放在陈列柜或展示区域，供消费者观看、体验和测试的方法，方式见表5.24。

通过陈列测品，消费者可以亲自接触和体验产品，提供更真实和直接的反馈。这有助于产品团队了解消费者对产品的态度和需求，改进产品的设计和市场推广策略，同时也提高产品的知名度和吸引力。

表5.24　陈列测品方式

方　式	具 体 操 作	作用/具体做法
产品陈列	将产品放置在专门设置的陈列柜或展示区域	可以根据产品特点和目标受众的需求，进行良好的陈列和布置，以吸引消费者的注意
产品展示	在陈列区域中使用标识、海报、图片等方式，展示产品的外观、功能和特点	这有助于消费者更好地了解产品，并激发他们对产品的兴趣
产品体验	为消费者提供产品的实际体验机会	可以提供样品供消费者试用，让他们感受产品的功能
专业导购	在陈列区域设置专业导购人员，向消费者介绍产品的特点和优势，并回答他们的问题	导购人员可以提供专业的建议和帮助，引导消费者做出购买决策
用户反馈收集	在陈列区域设立反馈收集渠道，如意见箱或扫码链接，让消费者留下评价和建议	有助于产品团队了解消费者的需求和意见，改进产品的设计和功能

3. 使用店铺测品和投流测试

店铺测品主要针对实体店铺中产品的展示和体验，目的是让消费者在店铺中亲自接触和体验产品，从而了解产品的特点和优势。通过店铺测品，可以观察消费者的反应和反馈，了解他们对产品的喜好和需求，以便调整产品的陈列和销售策略。

投流测试指的是在产品正式发布之前，将产品提供给一部分目标用户进行测试和评估。投流测试的目的是收集用户对产品的真实反馈和意见，以便产品团队在正式发布之前对产品进行改进和完善。投流测试通常是在特定的测试环境中进行，可以是一个预发布版本或专门的测试版本。

店铺测品和投流测试的关系在于它们都是为了收集用户的反馈，从不同的角度和环境中了解产品的使用体验和市场反应。店铺测品可以为投流测试提供一种实际的体验环境，而投流测试可以为店铺测品提供更广泛和深入的用户反馈。综合两者，可以更好地了解和改进产品，提高产品的质量和用户满意度。

4. 使用达人测品

（1）直播达人测品

直播达人测品是指通过直播平台，由具有一定影响力和粉丝基础的主播进行商品推荐和演示，以测试商品的曝光点击率和商品点击成交率。

商品曝光点击率：在直播过程中，推荐的商品在观众中的点击率。通过统计点击量和观众数量，可以计算出曝光点击率。例如，某主播在直播中推荐了一款新上市的口红，观众中点击该商品链接的数量为100人次，观看直播的观众数量为1 000人次，那么该口红的曝光点击率为10%。

商品点击成交率：在观众点击商品链接后，最终实际购买该商品的比例。通过统计点击量和实际购买量，可以计算出点击成交率。例如，在上述口红的例子中，100个点击链接的观众中有10人最终购买了该口红，那么商品的点击成交率为10%。

具体举例说明：某直播达人A在一次直播中推荐了一款美妆品牌的新产品，观众数量为10 000人。在直播过程中，他详细介绍了产品的特点和使用方法，并分享了自己的使用体验。该产品在直播期间的点击链接数量为1 000次。根据统计，点击链接的观众中有200人最终购买了该产品。因此，该商品的曝光点击率为10%，点击成交率为20%。

通过这些数据，可以评估直播达人的推荐效果和商品的受欢迎程度。同时，可以根据数据分析，优化商品推荐和直播内容，提高商品的点击成交率和销售效果。

（2）短视频达人测品

短视频达人测品是指通过短视频平台，由具有一定影响力和粉丝基础的用户进行商品推荐和演示。短视频的完播率、点赞和互动、商品点击率、商品点击成交率和投流ROI是推广效果的重要考量标准。

完播率：在短视频中，完整观看整个短视频的人次占总播放人次的比例。通过统计视频完播人次和视频总播放人次，可以计算出完播率。例如，某短视频达人发布了一段时长30秒的视频，视频总播放量为1 000次，完整观看该短视频的播放量为800次，那么该视频的完播率为80%。

点赞和互动：观众对短视频的点赞、评论、分享等互动行为。通过统计点赞数、评论数和分享数，可以评估观众对视频内容的喜爱程度和互动性。例如，某短视频达人发布的推荐视频获得了1 000个点赞、200个评论和300次分享，那么该视频的点赞和互动情况较好。

商品点击率：在短视频中展示的商品链接在观众中的点击率。通过统计点击链接的数量和视频总播放量，可以计算出商品的点击率。例如，在上述推荐视频中，商品链接被点击的次数为100次，视频总播放量为1 000次，那么商品的点击率为10%。

商品点击成交率：在观众点击商品链接后，最终实际购买该商品的比例。通过统计点击量和实际购买量，可以计算出点击成交率。例如，在上述商品链接的100次点击中，有10人最终购买了该商品，那么商品的点击成交率为10%。

投流ROI：投入的广告费用和获得的销售收入之间的比例。通过统计广告费用和商品销售额，可以计算出投流ROI。例如，在推广过程中花费了1 000元的广告费，获得的商品销售额为5 000元，那么投流ROI为5倍。

具体举例说明：某短视频达人A在抖音平台发布了一段30秒的推荐视频，主要介绍了一款新上市的美妆产品。视频总播放量为1 000次，完整观看该短视频的播放量为800次，那么该视频的完播率为80%。视频获得了1 000个点赞、200个评论和300次分享，显示观众对视频内容的喜爱程度和互动性较好。商品链接被点击的次数为100次，视频总播放量为1 000次，那么商品的点击率为10%。在100次的商品链接点击中，有10人最终购买了该商品，那么商品的点击成交率为10%。在推广过程中花费了1 000元的广告费，获得的商品销售额为5 000元，那么投流ROI为5倍。

通过以上数据分析，可以得出：该推荐视频在观众中有较高的完播率，显示观众对视频内容的兴趣度较高。视频获得了较多的点赞、评论和分享，证明观众对推荐内容的喜爱和互动积极性较好。商品点击率为10%，说明在1 000次视频播放中，有10%的观众点击了商品链接，显示了一定的购买意愿。点击成交率为10%，说明在100次的商品链接点击中，有10%的人最终购买了该商品，显示了一定的购买转化率。最后，短视频达人A在1 000元的广告投入下，获得了5 000元的商品销售额，投流ROI达到了5倍，表明推广效果良好，广告费用得到了较好的回报。

通过这些数据和案例分析，可以评估短视频的推广效果和商品的销售情况，并根据反馈和数据分析，优化推广策略，提高投流ROI。

三、直播间组品技巧

1. 功能组合

功能组合是指将多个商品组合在一起，形成一个功能完整的产品组合，以满足消费者的需求。

例：手链+项链+耳环+耳钉+胸链；防晒喷雾+防晒伞+防晒霜+防晒衣。

手链+项链+耳环+耳钉+胸链（首饰套装）。为了满足消费者对于配饰的需求，一种常见的功能组合是将多种饰品组合在一起，形成一个首饰套装。这样的套装不仅可以提供多种选择，满足不同消费者的喜好，还可以实现整体搭配的效果，实现单品价值的提升。

数据验证：通过销售数据和市场调研，可以验证首饰套装的受欢迎程度。例如，某品牌的首饰套装在一年内的销售数量达到1 000套，而单独销售的手链、项链、耳环等单品的销售数量加起来不到1 000个，说明消费者对于首饰套装的需求较高，套装销售相较于单品销售有更好的表现。

防晒喷雾+防晒伞+防晒霜+防晒衣（防晒组合）。在户外活动中，防晒是人们关注的重点。为了提供全面的防晒保护，一种常见的组合是将防晒喷雾、防晒伞、防晒霜和防晒衣等产品组合在一起，形成一个防晒组合。这样的组合可以提供多层次的防晒防护，从不同角度保护消费者的皮肤免受紫外线的伤害。

数据验证：通过销售数据和用户调研可以验证防晒组合的有效性。例如，某品牌的防晒组合在夏季销售量达到10 000套，而单独销售的防晒喷雾、防晒伞、防晒霜和防晒衣的销售量加起来不到10 000个，证明消费者对于防晒组合的需求较高，组合销售相较于单品销售有更好的表现。

以上是两个功能组合的案例，通过销售数据的验证，可以证明功能组合的有效性和消费者需求。这也说明功能组合可以提供更多的选择和价值，满足消费者的多方面需求。

2. 延伸组合

延伸组合是指将不同的产品或配件进行组合销售，以满足消费者的多样化需求，提供更完整的解决方案。

例：吹风机+吹风机落地支架+吹风机悬挂支架。

根据市场调研数据，我们发现吹风机在市场上的销售量非常大。然而，消费者在使用吹风机时，常常面临吹风机放置不方便或存放空间有限的问题。为了解决这些问题，我们推出了吹风机落地支架和吹风机悬挂支架作为其延伸产品。

吹风机落地支架是一个稳定的支架，可以将吹风机固定在地面上，让消费者可以自由使用双手进行造型设计。吹风机悬挂支架则是一个便捷的挂钩，可以将吹风机悬挂在墙壁或其他合适的位置上，节省空间并提供更好的收纳方式。

根据销售数据，吹风机+吹风机落地支架的组合销售量为800套。这表明有一定比例的消费者购买吹风机时会选择购买吹风机落地支架，以增强其使用的便利性和稳定性。与此同时，吹风机+吹风机悬挂支架的组合销售量为1 200套。这表明另一部分消费者更倾向于购买吹风机悬挂支架，以便将吹风机挂在墙上或其他合适的位置，使其更加方便使用和收纳。此外，吹风机+吹风机落地支架+吹风机悬挂支架的组合销售量为600套。这表明还有一部分消费者会同时购买这两种支架，以在不同场景下灵活使用吹风机。

因此，通过延伸组合销售吹风机和不同的支架，我们可以满足消费者不同的需求，提供更好的使用体验和解决方案。销售数据也反映出这种延伸组合的销售潜力和市场需求。然而，实际的销售数据会受到市场环境、竞争情况和产品质量等因素的影响，在进行具体的延伸组合决策时，需要进行更详细和全面的市场调研和数据分析。

3. 同类组合

同类组合是指将同一类型产品的不同变体或款式进行组合销售，以满足消费者个性化的需求和提供更多选择。

例：不同设计图案的手机壳。

在手机配件市场上，手机壳是一种非常受欢迎的产品。由于消费者对个性化和时尚的追求，他们通常会寻找各种不同设计图案的手机壳来展示自己的个性和品位。为了满足这种需求，商家推出了一系列不同设计图案的手机壳，包括卡通形象、艺术图案、自然景观等多种风格。这些手机壳具有不同的颜色和图案，可以满足不同消费者的喜好和需求。通过同类组合销售不同设计图案的手机壳，可以为消费者提供更多的选择和个性化的产品体验。消费者可以根据自己的喜好和需要选择适合自己的手机壳，展现自己的独特风格。

通过同类组合销售不同设计图案的手机壳，可以吸引更多消费者的兴趣。因为不同的设计图案能够满足消费者对个性化的需求，从而扩大产品销售量并提高市场份额。需要注意的是，同类组合的成功与否还受到市场趋势、产品质量和宣传等因素的影响。因此，在进行具体的同类组合销售决策时，需要进行市场调研和分析，了解消费者需求和竞争情况，以制定更有效的销售策略。

4. 拆分组合

拆分组合是指根据产品的不同规格或特性，将其拆分为多个独立的子产品，以便消费者更方便地选择和购买。

例：按使用人数拆分出不同规格的电火锅。

针对电火锅这个产品，我们可以考虑根据不同的容量规格将其拆分为多个子产品。例如，我们可以提供1~3人用、3~5人用和5~8人用三种规格的电火锅。消费者可以根据自己家庭人数或用餐需求，选择适合的规格来购买。为了方便购买，我们可以在产品名称的前缀上添加相应的规格信息。例如，对于1~3人用的电火锅，可以在产品名称前加上“小型”或“1~3人用”等前缀，以便消费者快速辨识。通过拆分组合和添加前缀，我们可以帮助消费者更快速地找到符合自己需求的产品，并且降低购买决策的难度。这种方式还可以提高销售转化率和消费者满意度，因为消费者可以更准确地选择适合自己的电火锅规格。

拆分组合和添加前缀要考虑市场需求和竞争情况。在进行具体的拆分组合和前缀命名策略时，需要进行市场调研和分析，了解消费者的购买习惯和偏好，以制定更有效的销售策略。此外，产品质量和售后服务也是成功销售的重要因素，需要综合考虑。

四、货品搭配营销

1. 搭配购的定义

搭配购是商家针对产品特性进行搭配组合促销的营销工具，采用参与搭配的商品一口价模式。

2. 搭配购的作用

（1）能突出高单价商品搭配后的价格，用户能直观感受到搭配后的优惠。

（2）可满足商家对于搭配场景营销的需求，实现关联销售。

（3）商家通过商品组合销售，提升客单价，实现商品之间互相引流促进销量。

3. 案例示范

时尚配饰店可以通过搭配销售来提供给消费者更多的选择，并促进销售。

例：项链和耳环的搭配销售。选择一些款式多样的项链和耳环，可以将一些具有相似主题或风格的项链和耳环进行配对，并打包销售。还可以根据消费者的需求和喜好，提供不同的套装选择。例如，组合一款项链和两对耳环作为套装销售，让消费者可以在不同场合或不同配饰风格之间进行选择。为了更好地推广搭配销售，可以在产品陈列区域或线上展示中展示搭配好的配饰组合，同时提供一些时尚搭配的建议和灵感。

这种货品搭配营销可以实现以下效果：

（1）通过搭配销售，消费者更容易购买相关的配饰套装或多个单品，从而促进销售量的增长。

（2）搭配销售可以鼓励消费者购买更多的配饰，从而提高客单价和销售额。

（3）搭配销售可以满足消费者对个性化配饰的需求，让他们可以根据自己的喜好和风格进行选择。

最后，搭配销售的成功与否还受到产品质量、价格合理性和宣传推广等因素的影响。因此，在实施具体的货品搭配营销时，需要进行市场调研和分析，了解消费者需求和竞争情况，以制定更有效的销售策略。

五、直播间排品技巧

1. 主推单品排序方法

思路一：主推品+关联品的排布

在进行主推单品的排布时，可以考虑将主推单品与其关联品进行搭配排布，以提高销售的效果。

假设一家家居用品店的主推单品是一款高品质的床上用品套装。该店铺可以将该套装与其关联品进行搭配排布，以提高销售量和客单价，见表5.25。

表5.25　主推单品：高品质的床上用品套装（包括床单、被套和枕套）

关联品	展示方式	作用/具体做法
床头柜	将床上用品套装放在床头柜旁边的展示区域，以吸引消费者的目光	可以选择与床上用品套装颜色或风格相匹配的床头柜，让消费者在购买床上用品的同时也考虑购买床头柜
床垫	将展示区域的床上用品套装放在床垫上，以展示整体的效果	可以选择与床上用品套装相匹配的床垫，让消费者在购买床上用品的同时也考虑购买床垫
枕头	在展示区域的旁边摆放不同类型和款式的枕头，让消费者可以选择搭配适合自己的枕头	可以提供与床上用品套装相匹配的枕头，或是推荐一些舒适的枕头

通过以上主推单品和关联品的排布，可以实现以下效果：

（1）通过主推单品和关联品的搭配排布，吸引消费者购买与之相关的产品，从而促进销售量的增长。

（2）关联品的存在可以促使消费者购买更多搭配的产品，从而提高客单价和销售额。

（3）展示床上用品的整体效果并提供不同的关联品选择，可以为消费者提供更好的购物体验。

在进行主推单品和关联品的排布时，要考虑产品的搭配性、关联度和消费者的购买习惯等因素，并根据实际情况进行灵活调整。另外，产品质量和良好的售后服务也是促进销售的重要因素。

思路二：主推品（直播价格链接）+赠品链接+主推品（日常价格链接）

在进行主推单品排序时，可以考虑通过不同的价格链接和赠品链接来提高产品销售的效果。

假设一家店铺的主推单品是一款热门的数码产品。可以将其通过以下方式（表5.26）进行排布，以提高销售量和消费者的购买意愿。

表5.26　主推品（直播价格链接）+赠品链接+主推品（日常价格链接）

关联品	展示方式	作用/具体做法
主推品（直播价格链接）	在电商平台的首页或热门商品展示区域，放置主推单品的直播价格链接	这可以吸引消费者的注意力，因为直播价格通常相对较低，能够激发消费者的购买欲望
赠品链接	在主推单品的详情页面或购买页面上，提供赠品链接。这些赠品可以是与主推单品相关的配件、附加功能或其他有吸引力的产品	这可以促使消费者更倾向于购买主推单品，因为他们可以获得额外的赠品
主推品（日常价格链接）	在主推单品的详情页面或购买页面上，提供日常价格链接	放置日常销售价格，是为了体现与直播价格的落差，提升消费者的“优惠感”

通过以上主推品（直播价格链接）、赠品链接和主推品（日常价格链接）的排布，可以实现以下效果：

（1）通过直播价格和赠品的吸引力，促使消费者更愿意购买主推品，从而提高销售量。

（2）赠品链接和主推品的日常价格链接可以提供不同价格范围内的选择，从而提高客单价和销售额。

（3）通过提供直播价格和赠品，以及不同价格选择的主推品，可以提升消费者的购买意愿和购物体验。

销售策略的成功与否还受到产品品质、价格合理性和营销宣传等因素的影响。因此，根据实际情况和市场需求，灵活调整和优化销售策略，可以提高销售效果。同时，合理运用数据分析和市场调研，以了解消费者的需求和竞争情况，有助于制定更有效的销售策略。

2. 多品平播排序方法

排品思路：福利品—主推品—引流品（循环）

在进行产品排布时，可以采用福利品、主推品和引流品循环的方式，以提高销售效果。

假设一家店铺希望利用直播提高产品的销售量和消费者的购买意愿，该店铺可以通过以下方式排布商品，以吸引更多的消费者，并引导他们购买更多的产品。

福利品排布在开头，一款具有较高性价比或特别优惠的福利品可以吸引消费者的注意力，因为他们可以通过购买福利品来获得额外的优惠或福利。

主推品在福利品之后，该产品是我们希望重点推广和销售的产品。这款产品可能具有独特的功能，高品质或流行的设计，以吸引消费者购买。

引流品在主推品之后，该产品是与主推品相关或补充主推品的产品。这款产品可能是配件、附加功能产品或其他类似的产品。通过引流品，我们可以引导消费者购买更多与主推品相匹配的产品。

在引流品之后，再次放置一款福利品，以循环的方式持续吸引消费者的注意力。

多品排序布局：根据产品的特点、销售目标和市场需求进行灵活调整

（1）根据销售目标确定主推品

选择销售目标明确、市场需求较高的主推品。这款产品可能具有独特的功能，高品质或流行的设计，能够吸引消费者购买。

（2）根据产品特点和相关性确定附属品

选择与主推品相关性较高或具备补充功能的附属品。这些产品可以是配件或与主推品相互搭配使用的产品。通过附属品的推荐和展示，可以引导消费者购买更多相关产品。

（3）按需求和购买习惯进行分类

根据消费者的需求和购买习惯，将产品分为不同的类别。按价格区间、用途、适用人群等分类，便于消费者选择符合自己需求的产品。

（4）根据销售策略确定排布顺序

根据销售策略和市场需求，决定产品的排布顺序。可以考虑按照销售量、利润率或促销活动力度进行排序。将销量高、利润高或需求大的产品放置在更显眼的位置，提高其曝光度和购买率。

（5）定期调整和优化布局

根据销售数据和市场反馈，定期调整和优化产品的排布布局。对于低销量或低利润的产品，可以考虑调整其位置或加入促销活动。同时根据市场趋势和消费者反馈，灵活调整产品的分类和排序方式。

经典布局：引流款—承接款—利润款（循环），低价带高价

经典的产品布局思路是通过引流款、承接款和利润款的循环，从低价产品引流到高价产品，以提高销售量和利润率。

假设一家店铺利用电商直播销售电子产品，该店铺可以采用如下布局思路：

（1）引流款

引流款是一些价位低或特别优惠的产品，用于吸引消费者的注意力。

（2）承接款

承接款是价格相对较高，但具有较高性价比的产品，用于转化消费者的购买意愿并提升购物车的价值。

（3）利润款

利润款是价位高且利润也较高的产品，通过先前引流款和承接款的带动，推动消费者购买高价产品，提高销售利润。

以三个产品为例，每个产品的销售量和利润见表5.27。

表5.27　产品的销售量和利润表

产　品	月销售量	单价（元）	总销售额（元）	总利润（元）
引流款	5 000	50	250 000	50 000
承接款	1 000	200	200 000	60 000
利润款	100	800	80 000	40 000

通过以上数据可以看出，引流款虽然销量最高，但利润相对较低。承接款的销量和利润适中，而利润款的销量虽然较少，但利润较高。整体而言，通过引流款、承接款和利润款的循环布局，可以实现销售量和利润的提升。

稳定的排品布局：引流款—引流款—引流款，承接款—承接款—承接款（循环）

稳定的排品布局是一种将引流款和承接款交替排列的布局策略。在这种布局中，引流款用于吸引消费者的注意力，而承接款则用于转化消费者的购买意愿并提升购物车的价值。

假设一家时尚服装品牌在电商平台上销售服装产品，该品牌可以采用如下稳定的排品布局思路：

（1）引流款

引流款是一些价位低且具有较高吸引力的产品，用于吸引消费者的注意力。如一款时下流行的T恤衫，价格在50元左右。

（2）承接款

承接款是价格相对较高，但具有较高性价比的产品，用于转化消费者的购买意愿并提升购物车的价值。如一款时尚的牛仔裤，价格在180元左右。

以上的引流款和承接款可以按照以下方式循环排列：引流款（T恤衫）—引流款（T恤衫）—引流款（T恤衫）—承接款（牛仔裤）—承接款（牛仔裤）—承接款（牛仔裤）

以上布局方式可以持续吸引消费者的注意力，并在引流款和承接款之间不断转化购买意愿，提升销售量。同时，由于引流款和承接款之间存在价格差异，商家可以逐步提高销售单价和利润率。

3. 排品技巧

（1）前5个链接位为黄金视觉位，建议放主推款或限时秒杀款

黄金视觉位是指在电商平台或线下店铺中最具曝光度和吸引力的位置，通常位于页面或店铺的头部位置。这些位置被视为宝贵的广告位，可以用来展示主推款或限时秒杀款，以吸引消费者的注意并激发他们的购买欲望。

假设一家电商平台上的时尚品牌销售服装和配饰产品，该品牌可以利用黄金视觉位来展示主推款或限时秒杀款，以吸引消费者并提升销售量。

主推款是指品牌的热销、畅销或新品款式，通常具有较高的市场需求和销售潜力。

限时秒杀款是指在特定时间内以较低价格销售的产品，通常具有较高的折扣和促销活动，吸引消费者迅速下单购买。

假设该品牌有以下几个产品，其中连衣裙是主推款，手提包是限时秒杀款，产品按照以下方式放置在黄金视觉位上：

连衣裙（主推款）：原价100元，现价80元

T恤衫：原价30元，现价25元

牛仔裤：原价60元，现价50元

手提包（限时秒杀款）：原价200元，秒杀价100元

运动鞋：原价80元，现价70元

通过在黄金视觉位上展示主推款（连衣裙）和限时秒杀款（手提包），可以吸引消费者的目光，激发其购买欲望。连衣裙作为主推款，具有较高的市场需求和销售潜力。手提包作为限时秒杀款，以较低的价格吸引消费者购买，并在限定的时间内营造购买紧迫感。这样的布局和策略有助于提升产品的曝光度、销售量和利润，并吸引更多的消费者购买。同时，需要根据实际情况和数据对黄金视觉位上的产品进行调整和优化，确保展示的产品能够与目标消费者的需求和偏好相匹配。

（2）开播后的前半小时至关重要，建议以宠粉款打头阵

开播后的前半小时是直播的黄金时间段，因为观众会在这个时间段内决定是否继续观看直播。为了吸引观众的注意力并建立粉丝关系，建议在开播后的前半小时以宠粉款打头阵。宠粉款是指那些受到粉丝喜爱和追捧的产品，通常具有独特的设计或特点，能够激发粉丝的购买欲望。

如何在开播后的前半小时以宠粉款打头阵：如开播后首先展示一款热门明星同款T恤或是一款限量版的周边商品。

半小时后可以继续展示一些与宠粉款相关的产品，同时可以逐渐引入其他款式和品类的产品。在直播过程中，主播可以通过讲解产品特点、分享使用心得等方式，提升粉丝对产品的兴趣和购买意愿。

在开播前半小时以宠粉款打头阵，可以迅速吸引粉丝的注意力，提升其参与度。这种策略有助于提高直播的观众数量、销售量和粉丝忠诚度。宠粉款的选择应该根据目标粉丝群体的喜好和购买力进行认真分析和策划。

（3）产品顺序可以参考同行的策略

当确定在开播后的前半小时以宠粉款打头阵时，可以参考同行业或竞争对手的做法来确定产品的顺序。

研究同行业或竞争对手在直播中的表现和策略，观察他们在开播后的前半小时内的产品展示顺序，以及他们选择的宠粉款产品。

对同行或竞争对手的宠粉款产品进行分析。考虑这些产品的受欢迎程度、独特性、市场需求和销售潜力。根据分析结果，确定哪些产品适合作为打头阵的宠粉款。

根据同行或竞争对手的做法以及宠粉款产品的分析结果，调整产品的顺序。将最受欢迎、最具吸引力的宠粉款产品放在首位，以吸引粉丝们的注意力。

在宠粉款产品之后，根据实际情况和粉丝的需求，优化和补充其他产品。这些产品可以是与宠粉款相关的、类似的产品，或是其他热门产品。根据粉丝的反馈和购买行为，调整产品的展示顺序和数量。产品顺序情况见表5.28。

表5.28　产品顺序情况

产品顺序	产 品 名 称	产 品 特 点
1	明星同款T恤	热门明星同款，受粉丝追捧
2	限量版周边商品	独特设计，与粉丝有关联
3	畅销款卫衣	高品质材料，时尚设计
4	精选明星同款首饰	与明星形象相关，彰显个性
5	新品发布款	预告过的新品，粉丝期待度高
6	优惠套装	组合销售，更有吸引力
7	热卖款鞋子	时尚舒适，具备较高市场需求
8	粉丝定制款	根据粉丝需求定制，增加亲和力
9	折扣促销款	价格优惠，吸引粉丝购买
10	明星推荐款	明星代言推荐，增加产品可信度

（4）结合流量曲线看排品

流量曲线是根据时间和观众人数绘制的图表，用于显示直播期间的观众流量变化情况。可以通过观察观众人数的变化和产品的展示顺序，来优化直播的效果。

预热阶段

观众人数逐渐增加，这是吸引粉丝注意力的关键时刻。在这个阶段，可以选择展示一些宠粉款产品，例如明星同款T恤或限量版周边商品。这些受欢迎度高、与粉丝有关联的产品可以引起粉丝的兴趣。

高峰阶段

观众人数达到最高峰，粉丝热情高涨。在这个阶段，可以选择展示一些热卖款式，例如畅销款卫衣或热卖款鞋子。这些产品具有较高的市场需求，可以吸引更多的粉丝购买。

稳定阶段

观众人数相对稳定，粉丝对产品展示已经产生了一定的反应。在这个阶段，可以展示一些新品发布款或明星推荐款，以维持观众的兴趣。同时可以根据观众反馈和购买行为，调整产品的顺序和优先级。

尾声阶段

观众人数逐渐减少，这是一个总结和回顾的时刻。在这个阶段，可以展示一些折扣促销款或粉丝定制款，以刺激最后一波购买行为。

通过结合流量曲线来看排品，可以更好地把握观众的兴趣和购买意愿，优化直播的效果。根据不同时间段观众人数的变化，选择合适的产品展示顺序，以吸引粉丝的关注，激发其购买欲望。

常见疑问

1. 应该选择什么样的主题来吸引观众的兴趣?

选择一个能够吸引目标受众兴趣的主题。可以考虑当前的时尚趋势、季节性需求、特殊活动等因素来确定主题。如果目标受众是年轻人且当前是夏季，可以选择夏日时尚主题，展示夏季流行衣物饰品款式和搭配技巧。男士时尚产品有男士T恤、牛仔裤、运动鞋等；女士时尚产品有连衣裙、时尚包包、流行饰品等。

2. 哪些商品适合进行直播销售？应该选择哪些款式和品类？

适合直播销售的商品，可以是热门款式、新品推荐、限时特惠等。应根据目标受众的喜好和购买意愿来确定商品的品类和款式。如果是美妆直播，可以选择热门的彩妆产品、护肤品套装和美容工具。彩妆产品有口红、眼影盘、粉底液等；护肤品有面膜、精华液、面霜等；美容工具有化妆刷具、卷发棒、美甲工具等。

3. 应该准备多少款商品进行直播？数量过多或过少会对直播效果产生什么影响？

根据直播时长和目标受众的注意力持久度来确定选品数量。过多的商品可能导致观众注意力分散，过少的商品则可能无法满足观众的选购需求。如果直播时长为1小时，可以准备5~10个商品进行介绍和销售，以保持观众的兴趣。

4. 如何根据目标受众的需求和市场趋势来选品？

可以进行市场调研，了解目标受众的喜好和购买习惯，同时关注潮流趋势和竞争对手的动向。如果目标受众是居家人士，可以选择实用性强、性价比高的家居用品和家庭生活必需品。

5. 应该根据什么标准来筛选商品？是否需要考虑商品的质量、口碑、价格等因素？

根据商品的品质、口碑、价格等因素来筛选商品。优质的商品可以提高观众的购买欲望和满意度，同时也要考虑商品的适销性和利润率。选择品质有保障、获得用户好评的商品，同时要注意把握价格和利润的平衡，以满足观众的需求，提高销售的效果。

6. 是否需要根据直播预期销售量来备足库存？

需要根据直播预期销售量来备足库存。可以根据历史销售数据、市场需求和预测进行合理的库存规划，以避免库存过剩或缺货的情况发生。如果预计直播期间会有较高的销售量，可以提前与供应商合作，增加库存储备，以避免库存不足的情况发生。

7. 若有新品即将上市，是否需要在直播中进行宣传和预售？

如果有新品即将上市，可以利用直播宣传和预售，提前吸引观众的关注。可以提前介绍新品的特点和优势，吸引观众的关注和购买意愿；也可以提供预售优惠，让观众提前下单购买。

8. 选品是否应与主播的风格和形象相符合？

选品应与主播的风格和形象相符合，以提高观众对产品的信任度。可以选择与主播风格相近的品牌或款式，以增加主播与商品的协调性。如果主播是时尚达人，可以选择与时尚潮流相符合的产品；如果主播是健身教练，可以选择与健身装备和营养补给相关的产品。

任务笔记

学习评价

表 5.29 "规划直播选品"学习评价表

一、任务布置				
班级：		学号：		姓名：
第5章　直播前开播准备	任务1：规划直播选品			
任务目标	假如你是一位美妆主播，在挑选产品的时候，应该要注意什么，如何进行选品？			
任务要求	1. 自主选择直播平台 2. 假设你是一位美妆主播 3. 阐述选品注意事项 4. 如何选择爆款产品			
二、任务实施				
三、任务评价				
评价内容		评价标准	分值	得分
自我评价	工作态度	态度端正、工作认真、按时完成	20	
	操作技能	工作完成程度、操作技能掌握程度	30	
	工作效果	可视化图表的准确度与美观度	20	
	分析结论	分析结论的全面性与准确度	20	
	职业素养	知识与技能的灵活应用	10	
		合　计	100	
自我分析	遇到的难点及解决方法			
	不足之处			
综合评价	自我评价（20%）	小组互评（30%）	教师评价（50%）	综合得分

知识测试

一、填空题

1. 主播如果重点介绍商品的功能，激发的是用户的____________思维，用户就会思考后做出购买决策，思考时间更长。而体验营销更多的是激发用户的____________思维，刺激用户进行冲动消费。
2. 在直播营销的收益分配模式中，____________只是保证让企业/品牌商的商品能够出现在主播的直播间里，至于最终商品能不能卖出去，能卖出去多少，主播是不负责的。

二、选择题

1. 下列商品来源中，利润很高，适合超级头部主播的是（　　）。[单选]

   A. 分销平台　　　　B. 供应链

   C. 自营品牌　　　　D. 合作商

2. 下列商品类型中，需要用户加入粉丝团之后才能获得抢购机会的是（　　）。[单选]

   A. 引流款　　　　B. 印象款

   C. 福利款　　　　D. 利润款

3. 下列直播间选品策略中，属于高性价比的有（　　）。[多选]

   A. 商品具有特色　　　　B. 超低价

   C. 无条件退换　　　　D. 赠送大额优惠券

三、判断题

1. 对于可加工的食品，主播可现场制作并进行体验式直播。（　　）
2. 最好用销售的商品来装饰直播间，如用摆满商品的货架作为背景。（　　）
3. 在电商直播时，所销售商品的赠品要与商品有关联。（　　）

四、简答题

1. 你认为直播间最好卖的产品是什么？你有刷直播的习惯吗，经常会购买什么产品？
2. 进入一个直播间，并对此直播间的产品展示、粉丝互动情况、主播行为进行评价。

任务 2　策划直播流程

学习目标

知识目标	1. 了解直播流程的基本步骤和要点 2. 熟悉直播平台的功能和操作流程 3. 了解直播中常见的问题和应对措施
技能目标	1. 能够制定合理的直播流程和时间安排 2. 能够准备所需的设备、素材和道具 3. 能够熟练操作直播平台，包括设置场景、调整画面、添加特效等 4. 能够处理直播过程中出现的技术问题和突发状况
素质目标	1. 具备组织和协调能力，能够统筹安排直播活动中的各项工作 2. 具备应变能力，能够在直播过程中保持冷静并迅速应对问题 3. 具备耐心和细心的品质，能够细致地准备直播所需的各项素材

思政园地

直播流程策划不完善导致主播中途走开无人补位

背景介绍

某电商公司决定举办一场直播推广活动，邀请明星主播A来进行产品介绍和推销。然而由于直播流程没有充分准备，主播A中途因紧急事务离开，无人能够顺利补位，导致直播活动无法继续进行。

原因分析

1. 策划不完善。在直播活动策划阶段，未安排备用主播。

2. 缺乏流程文档。没有形成详细的直播流程文档，导致团队成员无法顺利协同工作和接手直播任务。

后续处理

为避免类似情况再次发生，该电商公司总结经验如下：

1. 详细策划直播流程。在直播活动前，制定详细的直播流程，包括开场准备、主播介绍、产品介绍、互动环节、各个环节的时间安排和工作分配等。

2. 准备备用主播。在策划阶段，确定备用主播，并与其进行充分的沟通，确保备用主播熟悉直播的内容和流程。

3. 形成流程文档。根据策划的直播流程，形成详细的流程文档，包括每个环节的具体要求、工作分工和应急处理方案等。确保团队成员能够按照文档进行工作和应对突发情况。

4. 提前演练和测试。在直播活动前，进行演练和测试，包括技术设备的测试、备用主播的演练和流程文档的全面检查。确保团队成员熟悉流程、熟悉设备，并能够应对突发情况。

学以助农

请关注以展示农民生活和销售农产品为主的直播账号，比较这些账号中展示的农民生活特点，了解农民的辛勤劳动和生活环境，关注思考农村问题，见表5.30。

直播活动不仅仅是销售农产品的平台，更是传播农业知识、提高观众农业素养的教育平台，我们要提升观众对农业的关注和支持，为农村发展和农民福祉作出贡献。

表5.30 农民生活展示账号的特点对比（示例）

账号名称	农民生活展示特点	视频内容	农产品展示	农村文化展示	农产品销售方式
耕读LIFE	以教育农业为主，传播农业知识和技术	农田景观、农作物生长过程、种植技术分享	有时展示种植的水果、蔬菜	介绍农村的传统文化和乡村教育	未提及具体销售方式
大乐	以记录农民生活为主，展示农民的劳动和日常	农田景观、农民劳动、农产品加工过程	未提及具体农产品展示	未提及具体农村文化展示	未提及具体销售方式
丽江石榴	以展示特色农产品为主，推广农产品销售	石榴园景观、石榴生长过程、石榴采摘、加工制品	主要展示石榴及相关制品	未提及具体农村文化展示	通过电商平台线上销售
婵子姐姐	以展示农村生活为主，传递农村情感和生活态度	农田景观、农民劳动、农村日常生活	未提及具体农产品展示	展示农村文化、乡村景点等	未提及具体销售方式

对不同账号中展示的农民生活特点进行比较，并依次列出他们的视频内容、农产品展示、农村文化展示以及农产品销售方式。这样做可以更清晰地了解不同账号的特点和侧重点，帮助分析和比较这些账号在农民生活展示方面的差异和优势。

任务实施

任务描述：

为了保障直播的顺利进行并提供有价值的内容，我们需要进行周密的直播工作规划。在直播前阶段，我们将制定一份详细的项目工作时间安排表，明确直播当天的各项工作任务。这份安排表格将清晰列出每个环节的准备工作，以确保能够有序地开展直播活动。这既包括直播前的准备工作，也包括直播过程中的工作和直播结束后的后续工作。通过精心的规划，能够有效协调团队成员的工作，提高工作效率，确保直播活动的高质量进行。

操作条件：

1. 设备：电脑、网络
2. 工具：直播项目工作时间安排表
3. 分组：学生分组按步骤完成相应的实践任务

实操步骤：

策划一个生活产品直播推广活动

时间：2024年10月1日，20:00开始

活动费用预算为5 000元，包括主播费用、礼品赠品、推广费用等

步骤1：在制作项目工作时间安排表之前，要了解产品策划、话术脚本、直播策划脚本、设备调试、背景音乐、后台设置道具筹备、彩排等工作内容，具体见表5.31。

表 5.31　直播前期工作内容

方式	操　作	作用/具体步骤
产品策划	确定直播的目标和定位，明确要传达的信息和价值，制定直播的整体策略和方向	确定直播目标 推广新产品，提升用户了解和购买的意愿
		确定直播定位 以产品特点和优势为核心，展示产品功能和效果
		制定直播策略 使用故事化的方式介绍产品，提升用户共鸣和兴趣
话术脚本	根据产品策划，编写直播的话术脚本，包括开场白、内容介绍、互动环节等，确保直播话术流畅、有逻辑、易于理解	开场白 欢迎观众，介绍直播主题和目的
		产品介绍 详细介绍产品的特点、优势和使用方法
		互动环节 回答观众的问题，提供更多产品信息和购买链接
		结束语 感谢观看，再次强调产品的价值和购买建议
直播策划脚本	制定直播的详细策划脚本，包括每个环节的时间安排、互动形式、演讲嘉宾或主持人的安排等，确保直播过程有序进行	时间安排 确定每个环节的时间，如开场5分钟、产品介绍15分钟、互动20分钟等
		互动形式 设定问题回答环节、抽奖环节等，提升观众参与感
		主播安排 确定主播人选，确保流畅的讲解和互动
设备调试	检查直播所需设备，包括摄像头、麦克风、音频设备、灯光等，对设备进行调试和测试，确保音视频质量和设备稳定性	摄像头 调整摄像头的角度和清晰度，确保良好的画面质量
		麦克风 测试麦克风的音量和清晰度，确保良好的声音效果
		音频设备 检查音频设备的连接和音量控制，确保音频正常播放
		灯光 调整灯光亮度和色彩，确保直播画面清晰明亮
背景音乐	选择适合直播主题的背景音乐，确保音乐的选择和播放能够提升直播的氛围感和吸引力	选择适合产品的背景音乐 如轻快的音乐或与产品特点相关的音乐
		播放背景音乐 注意音量控制，不要影响主播的声音
后台设置道具筹备	设置直播后台，包括美化布局、添加弹幕、设置特效等，同时准备所需道具，如PPT演示、实物展示等，以丰富直播内容	美化布局 设置直播后台的背景、边框、字体等，使界面更具吸引力
		弹幕 开启弹幕功能，让观众可以实时发送弹幕互动
		特效 添加一些特效，如过场动画、字幕等，提升观看体验
		道具准备 准备好需要使用的PPT演示、实物展示或其他辅助道具

（续 表）

方式	操　作	作用/具体步骤
彩排	进行直播的彩排，包括讲解嘉宾或主持人的讲述、互动环节的演练、道具的使用等，以确保直播的顺利进行	主播讲述 主播进行彩排，检查内容流畅度
		互动环节演练 演练互动环节，包括问题回答、抽奖等，确保互动顺利进行
		道具使用 演练使用PPT演示、实物展示等道具，熟悉操作流程

步骤2：试着以智能手表为例来进行活动筹备，工作内容见表5.32。

表5.32　智能手表直播前期工作内容

方　式	操　作	具　体　步　骤
产品策划	确定直播目标	推广智能手表，提升用户了解和购买智能手表的意愿
	确定直播定位	以智能手表的功能和便利性为核心，展示其在健康管理、通讯等方面的优势
	制定直播策略	通过真实用户的故事，展示智能手表在实际生活中的应用场景和效果，引起用户共鸣
话术脚本	开场白	欢迎观众，介绍直播主题和目的
	产品介绍	详细介绍智能手表的功能，如健康监测、通知提醒、运动追踪等。分享真实用户的使用体验，如通过智能手表改善健康状况、提高工作效率等
	互动环节	回答观众的问题，提供更多智能手表产品的信息和购买链接
	结束语	感谢观看，再次强调智能手表的价值和购买建议
直播策划脚本	时间安排	确定每个环节的时间，如开场5分钟、产品介绍10分钟、用户故事15分钟、互动20分钟等
	互动形式	设定问题回答环节、抽奖环节，邀请观众分享他们对智能手表的看法和体验
	主播安排	主播根据其经验和知识，进行智能手表产品介绍和用户故事的讲述
设备调试	摄像头	调整摄像头的角度和清晰度，确保良好的画面质量
	麦克风	测试麦克风的音量和清晰度，确保良好的声音效果
	音频设备	检查音频设备的连接和音量控制，确保音频的正常播放
	灯　光	调整灯光亮度和色彩，确保直播画面清晰明亮
背景音乐	选择适合的背景音乐	选择适合智能手表的背景音乐，如轻快的音乐或与健康和科技相关的音乐
	播放背景音乐	播放背景音乐时，注意音量控制，不要影响主播的声音
后台设置道具筹备	美化布局	设置直播后台的背景、边框、字体等，使界面更具吸引力
	弹　幕	开启弹幕功能，让观众可以实时发送弹幕互动
	特　效	添加一些特效，如过场动画、字幕等，提升观看体验
	道具准备	准备好需要使用的PPT演示、智能手表实物、健康监测数据等道具

（续 表）

方 式	操 作	具 体 步 骤
彩 排	主播讲述	主播进行产品介绍和用户故事的彩排，检查内容流畅度
	互动环节演练	演练问题回答、抽奖等互动环节，确保互动顺利进行
	道具使用	演练需使用的PPT、智能手表的健康监测数据等道具，熟悉操作流程

步骤3：以智能手表为例，制作项目工作时间安排表，详见表5.33、表5.34。

表5.33　智能手表直播工作时间安排表（简易版）

任务名称	开始时间	结束时间	工 作 日
产品策划	10月1日	10月4日	4天
话术脚本	10月5日	10月7日	3天
直播策划脚本	10月8日	10月10日	3天
设备调试	10月11日	10月12日	2天
背景音乐选择	10月13日	10月13日	1天
后台设置道具筹备	10月14日	10月15日	2天
彩 排	10月16日	10月18日	3天
总结和修改	10月19日	10月20日	2天

表5.34　智能手表直播工作时间安排表（详细版）

任务名称	开始时间	结束时间	工 作 日
产品策划	10月1日	10月4日	4天
确定直播主题和目标	10月1日	10月2日	2天
制定直播策略和话术	10月3日	10月4日	2天
话术脚本	10月5日	10月7日	3天
编写开场白和产品介绍	10月5日	10月6日	2天
整理用户故事和互动环节	10月7日	10月7日	1天
直播策划脚本	10月8日	10月10日	3天
设备调试	10月11日	10月12日	2天
摄像头和麦克风测试	10月11日	10月11日	1天
调整灯光和音频设备	10月12日	10月12日	1天
背景音乐选择	10月13日	10月13日	1天

（续 表）

任务名称	开始时间	结束时间	工作日
后台设置道具筹备	10月14日	10月15日	2天
设计直播后台布局	10月14日	10月14日	1天
弹幕和特效设置	10月15日	10月15日	1天
彩　排	10月16日	10月18日	3天
主播彩排	10月16日	10月16日	1天
互动环节演练	10月17日	10月17日	1天
道具使用演练	10月18日	10月18日	1天
总结和修改	10月19日	10月20日	2天
观众反馈分析	10月19日	10月20日	2天

以上时间表仅供参考，实际时间安排应根据项目的具体需求和工作进度进行调整。在制定时间表时，还应考虑到可能的延误和调整，以确保项目能按时完成。

相关知识

一、优质直播流程详解

1. 播前准备

（1）确定上品顺序

把用户想要的产品和需要的产品穿插上架，利用需要的产品创造利润，通过想要的产品提高用户在直播间的停留时长和黏性。

（2）直播团队人员确定

（3）直播脚本确定

计划好每一件商品的讲解时长、主播和助播的话术、动作、直播间的氛围。分钟级精细化运营是有效直播的前提和保证。

（4）设备道具自检

精细化直播手卡，见表5.35。

2. 开播暖场

刚开播是老粉占比最多的时候，可以进行本场直播的活动预告留住老粉、吸引新粉，使其尽可能长时间地留在直播间。

3. 产品介绍

介绍产品的过程中穿插福利，产品介绍话术要点见图5.3。

4. 直播结尾

再介绍一次爆款，利用爆款属性和直播即将结束的天然紧迫感，激发粉丝的购买欲。

表 5.35　直播手卡（示例）

时　间	产品分类	划线价	直播价	产品政策	产　品　卖　点	重　点
3~5分钟				测试设备/热场		
3~5分钟	产品1			9.9元全国包 邮七天无理由 赠送运输险		拉人气
3~5分钟	产品组合2			69元抢 额外加送产品	为什么要买	拉长停留
3~5分钟	产品组合3			爆品直降		
3~5分钟	产品组合4			加关注进粉丝 团立减100元		引导起量
25~30分钟	重要产品快速 过款				快速过款	
3~5分钟	本次感谢—下 次预告				产品预告 活动预告	

图 5.3　产品介绍话术要点

二、各直播阶段提升重点和方向

表 5.36　直播阶段（塑性期）

直播阶段	阶段特点	关注指标	运营重点	主播方向	投放目的
塑性期	初始人群不稳定 没有稳定的场观	人均看播时长 人流 CTR CVR	引流款促互动 爆款商品提升转化率 快节奏的BGM 用好官网工具	情绪饱满 互动性强 语速快 有重点 直播间10分钟完美流程	确立账号标签

措施：引流款提升流量，爆款提高转化率，BGM烘托气氛，通过福袋、红包、抽奖等方式加强互动。

表 5.37　直播阶段（成长期）

直播阶段	阶段特点	关注指标	运营重点	主播方向	投放目的
成长期	每场直播人流量稳，交易额不稳定	涨粉率 粉丝看播率 粉丝支付转化率	直播间留人玩法配合大额福袋留人 模板视频打爆款，不同环节配合不同BGM	直播间20分钟完美流程	带动自然流量

措施：用新款吸引老粉下单，用爆款吸引新粉下单，收获粉丝，建立粉丝互动，提高黏性，稳定成交量。

表 5.38　直播阶段（成熟期）

直播阶段	阶段特点	关注指标	运营重点	主播方向	投放目的
成熟期	已有大量粉丝沉淀 粉丝黏性和购买力比较强	ROI GMV GPM	粉丝团玩法策略 模板化短视频批量输出 爆款拉新 上新日 / 上新场 / 上新时	主播特色 + 直播间差异化输出 放大爆款 多直播场次 常态化直播	放大全场GMV

措施：利用特权心理维护老粉，批量短视频为直播间引流。常规介绍爆款，确定好上新日，以及每天的上新时间。

三、直播内容策划

（一）主题策划

主题策划是指针对一场直播活动确定一个具体的主题或焦点，以便在直播过程中传达特定的信息或达到特定的目标。主题策划可以帮助直播内容更加有针对性和吸引力，提高观众的参与度和关注度，主题策划示范见表5.39。

表 5.39　主题策划示范

传统节日	电商自造节	主播话题	优惠促销	产品（新品发布）
		主题		
共享圆月，传承情谊	创新购物体验，打造属于自己的电商购物盛宴	激发主播个性魅力，打造高人气直播话题	独家优惠，让购物更加划算和便利	引爆市场，掀起新品购买热潮
		主题说明		
中秋节是中国传统节日之一，也是家人团聚、共享美食、传承情谊的时刻。我们希望通过直播活动，让观众了解中秋节的由来、习俗和文化内涵，强调家庭团圆的重要性和传统节日的温馨氛围	电商自造节是指电商平台为了激发消费热情，自行创造的具有一定主题和特色的购物盛会。通过一定的主题，为观众带来独特的购物体验，让其享受到购物的乐趣和便利	主播是直播平台的核心资源，通过打造独特的主播话题，我们希望可以吸引更多观众关注和参与，提升主播的人气和影响力	优惠促销是电商平台吸引消费者的重要手段，通过打造独特的优惠促销主题，平台可以吸引更多消费者参与购物，提升销售额和用户满意度	新品发布是企业推出新产品的重要环节，通过打造独特的产品发布主题，企业可以吸引更多消费者的关注和购买，提升产品的知名度和销售量
		直播内容策划		
1. 特邀嘉宾分享中秋文化（如：邀请文化专家或名人代表，通过直播分享中秋节的起源、传统习俗、诗词歌赋等，让观众更加了解中秋节的文化内涵）	1. 限时抢购和独家优惠活动（如：在直播中宣传电商平台的限时抢购活动和独家优惠，引导观众参与购物盛宴，享受到购物优惠）	1. 主播个人经历分享（如：邀请主播通过直播平台分享自己的个人经历和成长故事，包括职业发展、生活感悟等，让观众更了解主播的背景和特点）	1. 限时抢购和秒杀活动（如：设定某个时间段内的限时抢购和秒杀活动，提供特价商品，吸引消费者抢购）	1. 新品发布会（如：举办盛大的新品发布会，邀请媒体、行业人士和消费者参与，通过演示和讲解新产品的特点和优势，引起广泛的关注和讨论）

（续 表）

传 统 节 日	电商自造节	主 播 话 题	优 惠 促 销	产品（新品发布）
2. DIY中秋美食教学（如：邀请厨师或美食博主，在直播中教观众制作传统中秋节美食，如月饼、柚子茶等，让观众感受到中秋节传统美食的独特魅力） 3. 中秋传统乐器演奏（如：邀请专业音乐家或乐团，在直播中演奏中秋节相关的乐器，如古筝、琵琶等，让观众欣赏到传统乐器的美妙） 4. 家庭团圆故事分享（如：邀请普通家庭代表，在直播中分享他们中秋节家庭团圆的故事，让观众感受到中秋节家庭团聚的温暖和意义） 5. 中秋民俗游戏互动（如：通过直播平台进行中秋传统民俗游戏互动，如对诗词、玩中秋节的纸鸢等，让观众积极参与并感受中秋节的欢乐氛围）	2. 新品发布（如：邀请知名品牌通过直播平台发布新品，为观众带来独家购物权益和特色商品） 3. 互动游戏和抽奖环节（如：通过直播平台进行互动和抽奖环节，提高观众参与度，使购物过程更加有趣） 4. 推荐购物清单和搭配建议（如：在直播中推荐购物清单和搭配建议，帮助观众迅速找到心仪的商品，并了解如何合理搭配，提升购物体验和满意度） 5. 专业主持人和购物顾问团队（如：邀请专业主持人和购物顾问团队，在直播中为观众解答购物疑问并提供购物建议）	2. 兴趣爱好展示和讨论（如：邀请主播展示自己的兴趣爱好，并与观众进行讨论和分享，可以是音乐、舞蹈、美食、旅行等各种领域，让观众更加了解主播的多元面貌） 3. 专业知识分享和解答（如：邀请主播分享自己的专业知识和经验，如美妆技巧、健康养生、时尚搭配等，同时解答观众的问题，提供有价值的建议和帮助） 4. 互动游戏和挑战环节（如：通过直播平台进行观众互动游戏和挑战环节，提升观众与主播之间的互动效果和黏性） 5. 嘉宾邀约和合作演出（如：邀请其他知名主播或嘉宾参与主播的直播节目，进行合作演出和互动，增加直播的娱乐性和吸引力）	2. 满减和满赠活动（如：设置满减和满赠活动，例如满100元减10元，满200元赠送小礼品等，鼓励消费者增加购物额度，同时提供额外的惊喜和福利） 3. 优惠券和折扣码发放（如：通过电商平台发放优惠券和折扣码，让消费者在购物时享受额外的折扣和优惠，提升购物的划算感和满意度） 4. 购物返现和积分活动（如：设置购物返现和积分活动，消费者在购物后可以获得一定比例的返现金额或积分，激励消费者多次购物） 5. 砍价和拼团活动（如：开展砍价和拼团活动，消费者可以邀请好友一起参与，从而享受更低的价格和更多的优惠）	2. 品牌大使宣传（如：邀请知名人士或明星作为品牌大使，通过他们的影响力，宣传新产品，并与消费者进行互动，增加产品的曝光度和市场认可度） 3. 试用体验活动（如：提供免费试用或折扣优惠的机会，让消费者亲自试用新产品，鼓励他们分享评价和反馈，提升产品的口碑和信任度，吸引更多消费者购买） 4. 社交媒体推广（如：通过各大社交媒体平台进行新品发布的推广，包括发布产品介绍视频、开展互动抽奖活动等，扩大产品的影响力和传播范围） 5. 合作推广活动（如：举办联合推广活动，例如与美妆博主合作，进行新品试用和评测，以扩大产品的曝光度并增强消费者的信任度）

（二）活动策划

1. 直播玩法：福利优惠、抽奖、限时游戏、才艺表演

直播平台上的互动玩法是吸引观众参与和留观的重要手段，通过福利优惠、抽奖、限秒游戏和才艺表演等多种玩法，可以提升观众参与度和直播的趣味性，互动玩法示范见表5.40。

表5.40　直播平台上的互动玩法示范

类　别	主 要 玩 法	详　情　说　明
福利优惠	在直播过程中提供独家福利和优惠	限时抢购、特价商品、优惠券发放等，鼓励观众在直播中购买产品
抽奖活动	设立抽奖环节，让观众在直播间内参与抽奖	观众有机会赢取丰厚的奖品或优惠券，提升观众参与和留观的动力

（续表）

类别	主要玩法	详情说明
限时游戏	设置限时挑战游戏，例如答题、拼图、闯关等	观众在规定的时间内完成任务，可以获得特殊奖励或积分，提升直播的趣味性和互动性
才艺表演	邀请具有特定才艺的观众参与直播	可以表演唱歌、跳舞、绘画等才艺，让观众展示自己的才艺，提升直播的娱乐性和观赏性

通过以上直播玩法的设计，可以吸引观众积极参与直播互动，增加直播的人气和互动效果，同时激发观众的购买欲望，提升直播的商业价值和用户满意度。

2. 产品创意呈现方式或者互动营销活动策划

在产品创意呈现方式和互动营销活动策划中，采用“演戏”的方法可以提高直播的趣味性和吸引力，让消费者更加深入地了解和记忆产品，提升品牌的认知度和市场竞争力。产品创意呈现方式或者互动营销活动策划示范见表5.41。

表5.41 产品创意呈现方式或者互动营销活动策划示范

呈现方式	具体操作
情景剧演绎	将产品创意和优势通过情景剧的方式进行演绎，扮演不同角色的演员可以通过剧情和对话，生动地展示产品的特点和用途
角色扮演互动	借助角色扮演的方式，邀请消费者参与演戏，他们可以扮演特定角色，通过与其他演员的互动，体验产品的功能和效果
现场互动剧场	在活动现场搭建剧场，消费者可以成为演员，通过互动的方式参与剧情，感受产品的魅力和创意
剧本竞赛活动	邀请消费者参与剧本创作竞赛，选取优秀的剧本，进行公开演出，让消费者通过创作和演出，发掘产品的独特价值和个性
角色扮演展示	在产品展示中，设置角色扮演区域，让感兴趣的消费者扮演产品角色，展示产品的功能和特点，吸引其他观众的关注和参与

（三）流程策划

流程策划示范见表5.42。

表5.42 流程策划示范

名称	定义	适用范围	具体安排	时间环节安排
过款式线性流程	每个环节按照设定的次序线性进行，并且只进行一次	适用于一次性或短期活动，如产品发布会、演讲会等	开场介绍和欢迎词 产品或主题演示 互动环节或游戏 嘉宾演讲或分享 结束致辞和感谢	在策划流程时，合理安排时间可以确保活动的顺利进行和参与者的体验

（续 表）

名 称	定 义	适用范围	具体安排	时间环节安排
循环式轮流流程	每个环节会重复多次，以增加参与者的互动性和兴趣	适用于长时间的活动，如展览会、体验区等	开场介绍和欢迎词 不同主题或环节轮流进行，如产品展示、互动游戏、专题讲座等 定时进行小憩或预留换档时间 结束致辞和感谢	1. 确定每个环节的时间限制，确保活动不会超时或过于紧凑 2. 在流程中合理安排休息时间，以保证参与者的精力和注意力 3. 根据不同环节的重要性和时间需求，进行合理的时间分配

（四）场景策划

场景策划是指在活动或营销策划中，根据活动的目的和主题，精心设计和布置活动的场地和环境，以创造出特定的氛围和体验。

1. 场景搭建的目的

（1）吸引消费者进入，提升消费者的信任感，助力销售

假设公司正在推出一款全新的智能家居产品，并希望通过一个活动来吸引消费者的注意并促进销售。场景搭建示例见表5.43。

表5.43 场景搭建示例

流 程	具 体 操 作	作 用
曝 光	公司在一个繁忙的商业广场搭建一个展示区，展示各种智能家居产品，并使用吸引人的标语和海报来吸引消费者的注意	场景的设计和布置以现代感和科技感为主题，吸引路过的行人的目光，引起消费者的兴趣和好奇
停 留	1. 为了让消费者更加深入地了解产品，公司在展示区设置了多个体验区 2. 专业的销售人员现场演示产品和解答消费者的疑问	1. 消费者可以亲身体验智能家居产品的功能，如智能灯光控制、语音助手互动等 2. 体验区可以让消费者停留更长的时间，深入了解产品，并与销售人员建立信任关系
促进转化	1. 为了促进销售转化，公司在场景中设置了购买渠道和促销活动 2. 公司还为首次购买者提供优惠折扣和赠品	1. 消费者可以在现场购买产品，或者通过扫描二维码等方式进入在线购买页面 2. 这个设计可以将停留的消费者转化为实际的购买者，并提高销售额

一个好的场景可以吸引消费者的注意并提升其对产品的信任感。消费者通过停留和体验，更深入地了解产品，与销售人员建立信任关系，并最终促成销售转化。因此，场景策划对于吸引消费者进入、增加停留时间和促进转化至关重要。

（2）引起用户兴趣，传递信息

场景策划可以通过设计和布置吸引人的场景来实现引起用户兴趣和传递信息这一目标。

假设餐饮公司正在推出一款新口味的冰淇淋，并希望通过一个活动吸引顾客并传递产品信息，示例见表5.44。

表5.44 引起用户兴趣示例

流 程	具 体 操 作
引起用户兴趣	公司在一个繁忙的商业区搭建一个冰淇淋品尝区。在品尝区的展示台上展示各种新口味的冰淇淋，并使用鲜艳的色彩和吸引人的外观设计来吸引顾客的目光。此外，公司还设置了一个制作现场，让顾客可以亲眼看到冰淇淋的制作过程。这个场景可以引起顾客的好奇心，激发他们尝试新口味的冰淇淋的欲望
传递信息	在品尝区的展示台上，公司使用标语、海报和小册子等物料来传递冰淇淋的信息。这些信息包含了产品的特点、原料来源、制作过程，以及顾客对新口味冰淇淋的评价和推荐。此外，公司还设置了一个互动屏幕，让顾客可以通过触摸屏幕了解更多关于冰淇淋的信息，如热量、营养成分等。通过这些信息的传递，顾客可以更全面地了解产品，并对其产生兴趣和购买欲望

一个好的场景可以通过吸引人的外观设计和展示台，引起顾客的兴趣。同时，标语、海报、小册子和互动屏幕等手段可以传递产品的相关信息，让顾客在了解更多的同时产生购买欲望。因此，场景策划对于吸引顾客和传递信息至关重要。

（3）场景与主播跟产品的匹配度影响整场直播

假设某家居店铺正在进行一场家居用品直播销售活动，并邀请了一位著名家居博主作为主播。这场直播的目标是展示和销售平台上的一系列高品质家居用品，示例见表5.45。

表5.45 场景与主播跟产品的匹配度示例

流 程	具 体 操 作
场景与主播匹配度	为了与主播的风格和形象相匹配，该店铺在直播间中打造了一个时尚、温馨的家居环境。场景中摆放着精心挑选的摆件和家具，以展示产品的使用场景和搭配效果。这样的场景可以与主播的形象相融合，让观众感受到主播与产品的契合，增强观众对产品的信任
主播塑造产品价值	主播在直播中展示和演示各种家居用品，并分享自己对产品的使用心得和评价。主播可以通过真实的使用场景和实际演示，展示产品的功能、质量和性能，帮助观众更好地理解和评估产品的价值。主播的专业知识和个人品位也可以为产品赋予一定的认可度和附加值，让观众更有购买欲望

场景与主播的匹配度可以塑造主播和产品的形象，增强产品的价值感。合适的场景可以让主播与产品形成一种和谐的视觉效果，增强观众对产品的信任和好感。而主播通过演示和分享自己的体验，可以进一步塑造产品的价值，为观众提供更具说服力的购买决策依据。因此，场景与主播的匹配度对于直播销售活动的成功至关重要。

2. 场景的类型

场景的类型可以根据不同的分类标准进行划分。按照场地可分为：

（1）户外场景

这种场景发生在室外环境，如公园、街道、海滩、山区等。户外场景通常可以提供更广阔的空间和更多元的背景，具有自然、开放和活泼的特点。户外场景适用于展示与自然环境相关的产品，如户外运动、野餐、露营等相关产品。

（2）室内场景

这种场景发生在室内空间，如家居、办公室、商场、餐厅等。室内场景可以通过布置家具、灯光和装饰来创造特定的氛围和风格，适用于展示家居用品、电子产品、服装等需要精细展示和演示的产品。

（3）背景场景

这种场景是为了提供一个背景或环境而设计的，如绿屏、海报墙、展示柜等。背景场景通常被用作拍摄或展示产品的背景，以营造与产品风格相匹配的氛围，并突出产品的特点。背景场景适用于拍摄广告、产品展示、新闻发布等需要突出产品形象的场合。

（4）实景场景

实景场景是指使用实际的场地或景点进行活动的场景。例如，在一个真实的咖啡店中直播销售咖啡机，或者在真实的旅游景点中进行旅游产品推广。实景场景能够为观众呈现真实的环境，增强观众对产品或活动的实际感知。

（5）虚拟场景

虚拟场景是指通过技术手段创造出的虚拟环境。例如，通过使用绿幕技术在后期合成不同的背景，或者创造出与现实完全不同的场景。虚拟场景具有创新性和灵活性，适用于需要奇幻、科幻或艺术效果的活动。

（6）生产场景

假设场景是一家生产有机蔬菜的公司，公司有一个原产地工厂，这里是他们种植，收获和处理有机蔬菜的地方。在这个场景中，以下几个特点可以突出说明。

原产地工厂：这个场景位于农村地区，远离城市的污染和工业区。这种选择可以确保蔬菜的种植环境更加纯净，没有受到城市污染物的影响。

原生态的一手供应链，真材实料：公司拥有自己的蔬菜种植基地，他们实行一手供应链，从种植到销售的整个过程都在他们的控制之下。这种做法可以确保蔬菜的质量和纯度，因为他们能够控制种植过程中是否使用农药和化肥，以及对土壤的管理。

干净卫生：注重保持生产环境的干净和卫生。他们会定期清洁和消毒生产设备和工作区域，以确保产品的安全和卫生。这对于有机蔬菜的生产非常重要，因为有机蔬菜的消费者通常更加注重食品的质量和健康。

这个生产场景展示了一个注重质量和健康的有机蔬菜生产过程。通过对原产地工厂、原生态的一手供应链和干净卫生生产环境的展示，表现出这家公司能够提供真材实料的有机蔬菜产品，满足消费者对健康食品的需求。

（7）交易场景

假设场景是一家高端时尚品牌的线下专柜，专柜位于一个豪华购物中心内，是品牌在城市中的门店。在这个场景中，以下几个特点可以突出说明。

线下店，专柜：一个实体店铺，位于购物中心的显眼位置。这种选择可以让消费者亲身感受和触摸到商品，提供更具体的购物体验。

线下商城：这个场景所在的购物中心是一个高档的线下商城，汇集了多个知名品牌和精品店。这种选择可以吸引更多的消费者到来，提高品牌的曝光度和吸引力。

货真价实，品牌保障：销售的产品都是该高端时尚品牌的正品，品质有保证。品牌会提供相应的产品保修和售后服务，给消费者提供购买的信心和保障。

来源保证：所销售的商品都是从品牌的官方渠道采购，确保商品的正规渠道来源。这种选择可以避免假冒伪劣产品的出现，让消费者放心购买。

这个交易场景的例子展示了一个高端品牌的线下专柜销售过程。通过选择位于豪华购物中心的线下店铺，在高档商城中设立专柜，提供货真价实的品牌产品和保证商品的来源等措施，提供品牌保障和购物信心，吸引消费者前来购买。消费者可以在这个场景中享受到高品质的购物体验。

（8）生活使用场景

假设场景是一家精品酒店的厨房。这个厨房是酒店内部的一个重要场所，负责为酒店客人提供精美的餐饮服务。在这个场景中，以下几个特点可以突出说明。

场景同步：这个厨房与酒店的整体风格和氛围相协调。它可能采用了与酒店客房和公共区域相似的设计和装饰风格，以保持整个酒店的一致性和统一感。

生活带入，效果展示：这个厨房可能设计得更加现代化和豪华，以吸引客人的注意力，并展示出高品质的餐饮服务。它可以采用高端厨具和设备，展示出专业厨师的烹饪技巧和精致的菜品。

独一无二：这个厨房可能具有独特的特色或特殊的设计元素，使其与其他酒店厨房区别开来。它可以是一个开放式厨房，让客人可以近距离观看厨师的烹饪过程，增加互动性和参与感。

这个生活使用场景的例子展示了一家精品酒店的厨房的特点。通过与酒店整体风格同步，生活带入，效果展示以及独一无二的设计元素，这个厨房能够为客人提供独特且高品质的餐饮体验。客人可以在这个场景中感受到酒店的精致和专业，并享受到美味的菜品和令人满意的服务。

3. 场景搭建的步骤

（1）具体步骤

步骤一：确定目标

明确场景搭建的目标，例如提供什么样的体验或展示什么样的产品。

步骤二：研究受众

了解目标受众的需求、喜好和行为习惯，以便设计出切合受众需求的场景。

步骤三：设定主题

根据目标和受众，确定场景的主题或概念，例如现代、传统、科技等。

步骤四：规划空间布局

根据场景主题和目标，在可用空间内规划布局，包括展示区域、交互区域、休息区域等。

步骤五：设计装饰元素

选择适合主题的装饰元素，包括颜色、家具、灯光等，以营造出所需的氛围。

步骤六：确定展示物品（产品）

根据目标确定需要展示的物品或产品，并将其放置在合适的位置，以吸引受众的注意和兴趣。

步骤七：考虑细节和体验

注意细节，例如提供舒适的座椅、良好的空调/照明、良好的交互性等，以提供良好的体验。

步骤八：效果检验和调整

在场景搭建完成后，进行检验，观察受众的反应和互动，并根据反馈进行必要的调整和改进。

步骤九：管理和维护

持续管理和维护场景，包括定期保养、更新装饰、更新展示物品等。

（2）整理场景搭建的思路

表 5.46　场景搭建思路

思　路	具　体　做　法
所属行业和赛道	明确自己所属的行业和赛道，了解当前行业的发展趋势和竞争格局，以便确定自身的定位和目标
货品或产品	确定自己销售的货品或产品，了解产品的特点、品质、定位等。认清自己产品的优势，以便在场景搭建中突出展示和放大产品优势
场景选择和定位	根据行业、产品和目标受众的需求，确定合适的场景选择和定位。考虑场景的功能、氛围、布局等，以及如何与目标受众产生共鸣
创造独特体验	通过场景搭建，创造独特的体验，突出自身的优势。可以通过独特的设计、创新的展示方式、个性化的服务等吸引受众，并带给他们与众不同的感受
互动和参与	在搭建的场景中引入互动，使受众能够更加身临其境地感受产品或服务。可以通过展示、试用、演示等方式，让受众与产品互动，提高受众的参与感和体验感
强调优势	强调和放大自身的优势，以吸引目标受众的注意力。可以通过展示优质产品、提供个性化服务、突出品牌特点等方式，让受众更加了解和认同自身的优势
反馈和改进	及时收集受众的反馈和意见，分析数据和评估效果，以便进行必要的调整和改进。持续优化场景，提升用户体验，保持竞争优势

（3）考虑场景搭建要素

在确定机位和站位，布置灯光、背景和前景时，可以参考场景的目标、主题和目标受众的需求。同时也要充分考虑场地限制、装置要求和安全因素等。

表 5.47　确定机位和站位，布置灯光、背景和前景

类　别	具　体　做　法
确定机位和站位	根据场景的需求和目标受众的观看角度，确定摄影机或观众的位置，选择合适的机位和站位，以便更好地展示场景中的内容
布置灯光	根据场景的主题和氛围，选择适当的灯光布置。考虑到要展示的物品或产品的特点和要突出的元素，使用不同类型的灯光，例如聚光灯、柔光灯、背景灯等，以创造出理想的光效
考虑背景和前景	根据场景的主题和目标，选择合适的背景和前景元素。背景可以是背景墙、背景画面或背景道具，用于增强场景的氛围和视觉效果。前景可以是展示物品、摆放的道具等，用于吸引观众的注意力
考虑色彩和层次	根据场景的主题和目标，选择合适的色彩和层次。色彩可以通过灯光、装饰物品和背景颜色来呈现，用于传达特定的情感和氛围。层次可以通过布局、物品摆放和灯光的调节来营造，使场景更加生动
考虑交互和流线	在布置机位和站位、灯光、背景和前景时，要考虑受众的交互和流线，确保观众能够舒适地观看和参与。优化交互和流线，可以通过合理的空间规划和布局来实现

（五）直播脚本撰写

表 5.48　直播脚本模板

主题：（填写直播的主题）
时间：（填写直播的日期和时间）
人员分工：主持人、嘉宾/演讲者、技术人员、摄影/摄像人员、社交媒体运营人员
目标：（填写直播的目标1）、（填写直播的目标2）、（填写直播的目标3）
流程环节： 1. 开场 主持人介绍直播主题和嘉宾/演讲者 提醒观众互动和留言 2. 主题演讲/讨论 嘉宾/演讲者分享主题内容 主持人引导和提问 3. 互动环节 主持人与观众互动，回答观众提问 技术人员筛选观众留言 4. 产品/服务介绍 主持人介绍相关产品/服务 展示产品/服务的特点和优势 5. 问答环节 主持人邀请观众提问 嘉宾/演讲者回答观众问题 6. 总结和结束 主持人总结直播内容和亮点 告知下次直播的时间和主题 进行观众回馈和感谢
筹备物料：话筒/麦克风、摄像设备/手机、灯光设备、幻灯片/演示文稿、产品样品/道具、社交媒体账号/直播平台账号

（六）创建直播间

表 5.49　创建直播间的要求

名　称	具　体　要　求
直播标题	直播标题应简明扼要，突出直播的主题和亮点，吸引观众的注意力 避免使用过于复杂的词汇或长句，以免让观众产生困惑 注意遵守平台的命名规范，不使用违规、不雅或误导性的标题
封　面	直播封面应吸引眼球，突出直播的主题和内容 使用高质量的图片，确保清晰度和美观度 在封面上可以添加文字介绍，简要说明直播的主题和亮点 但尽可能避免在封面上添加过多的文字或图片，以免显得杂乱无序
其他后台设置	直播平台的后台设置包括直播间的基本信息、权限设置、观众互动功能等 填写直播间的基本信息，如直播描述、标签等，以便观众了解直播的内容 根据需求设置直播间的权限，如是否可以评论、是否可以分享等 启用观众互动功能，如弹幕、点赞、送礼物等，提升观众的参与度

（续 表）

<table>
<tr><th>名 称</th><th colspan="2">具 体 要 求</th></tr>
<tr><td colspan="3">在设置直播标题、封面和其他后台权限时，需要注意以下几点：
• 避免使用违规、不雅或误导性的标题和封面图片
• 不要过度夸张或虚假宣传，确保标题和封面真实反映直播内容
• 注意直播平台的规范和要求，遵守平台的相关规定</td></tr>
<tr><td>预热形式</td><td colspan="2">在直播开始前通过各种方式提前引起观众的关注和兴趣，为直播打下良好的开局。以下是一些常见的预热形式：
1. 社交媒体宣传
在各大社交媒体平台上发布直播的预告、海报或短视频，吸引粉丝和关注者的注意，提前宣传直播的时间、主题和亮点
2. 预告视频
制作一个简短的预告视频，通过精彩的片段或悬念引发观众的好奇心和期待，同时在视频中提及直播的时间和主题
3. 观众互动
在直播前与观众进行互动，例如在社交媒体上提前征集观众的问题或建议，并在直播中回答或提及。这样可以提升观众的参与感和期待感
4. 手机短信、微信、小程序或邮件通知
可以通过手机短信、微信、小程序或邮件发送直播预告，提醒观众准时观看直播
5. 合作推广
与其他相关领域的个人或机构进行合作推广，例如邀请知名嘉宾或合作伙伴在他们的社交媒体或网站上宣传直播
6. 直播倒计时
在直播前几天或几小时内，发布倒计时的图片或信息，提醒观众直播的时间</td></tr>
<tr><td rowspan="6">预热引流</td><th colspan="2">布 局</th></tr>
<tr><th>站内预热引流布局</th><th>站外预热引流布局</th></tr>
<tr><td>1. 直播平台首页
申请将直播预告、倒计时或直播封面放置在直播平台首页的热门推荐位置，吸引平台用户的关注
2. 直播平台推荐栏目
申请直播平台的推荐栏目，将直播预告或直播封面置顶，提高直播的曝光度
3. 平台推送通知
在直播开始前，向平台用户推送通知，提醒他们准时观看直播
4. 直播间内部宣传
在直播间设置直播预告的广告位，展示直播封面和简短介绍，引导观众关注直播</td><td>1. 社交媒体宣传
利用社交媒体平台发布直播预告、海报或短视频，吸引粉丝和关注者的关注
2. 合作推广
与其他知名个人、机构或品牌进行合作推广，例如邀请合作伙伴在他们的社交媒体或网站上宣传直播
3. 广告投放
在各大广告平台投放广告，选择与直播主题相关的目标受众，提高直播的曝光度
4. 媒体合作报道
与媒体进行合作，发布直播相关的新闻稿或报道，提升直播的知名度和关注度</td></tr>
<tr><th colspan="2">形 式</th></tr>
<tr><td colspan="2">形式一：主页预告
1. 主页介绍
在直播主页上添加直播预告的介绍，包括直播时间、主题、亮点等，吸引观众点击查看详情
2. 主页直播动态
发布直播预告的动态，展示直播封面图或相关文字信息，吸引观众的关注</td></tr>
<tr><td colspan="2">形式二：视频预告
1. 短视频
制作一个精彩的短视频，展示直播的亮点，激起观众的兴趣和期待</td></tr>
</table>

（续表）

名称	具体要求
预热引流	2. 短视频预告的发放频率技巧 • 频率适量：不要过于频繁地发布短视频预告，以免观众感到厌烦。根据直播的重要性和受众的需求，合理安排发布的频率，一般每周一次或两次为宜 • 定期发布：在直播前的一到两周，每隔几天发布一次短视频预告，持续吸引观众的关注 • 突出亮点：每个短视频预告都要突出直播的亮点，通过精彩的片段或悬念引发观众的好奇心 • 付费投流加热：在短视频平台上进行付费推广，选择与直播主题相关的目标受众进行定向投放，提高短视频预告的曝光度和触达率
	形式三：图文预告 在社交媒体上发布直播预告的图文笔记，详细介绍直播的主题、内容和亮点，吸引读者的关注
	形式四：私域预告 1. 在个人朋友圈或微信群里发布直播预告，通过个人关系和口碑传播，吸引朋友和粉丝的关注和参与 2. 如果有自己的平台或粉丝群，可以在其中发布直播预告，与粉丝直接互动和沟通，提高直播的关注度 3. 在自己的公众号上发布直播预告的文章，通过向订阅者推送，扩大直播的知名度

常见疑问

1. 直播流程的基本步骤和要点有哪些？

基本步骤：

（1）确定直播主题和目标受众

（2）准备直播所需的设备、素材和道具

（3）布置直播场景

（4）登录直播平台，设置直播相关信息

（5）进行直播测试，确保设备和网络稳定

（6）进行直播前的预热引流活动

（7）开始直播，进行内容展示和互动

（8）结束直播，感谢观众并进行总结

要点：

（1）确定直播主题和目标受众，明确直播的目的和定位

（2）准备好所需的设备、素材和道具，确保直播的顺利进行

（3）布置直播场景，营造吸引观众的环境氛围

（4）登录直播平台并设置相关信息，包括直播标题、封面、标签等

（5）进行直播测试，确保设备和网络的正常运行

（6）进行直播前的预热引流活动，提高直播的曝光度和观众参与度

（7）开始直播，展示内容和进行互动，保持直播的吸引力

（8）结束直播，感谢观众的支持并进行总结，收集反馈和改进意见

2. 直播平台的一般功能和操作流程是怎么样的？

功能：

（1）直播设置：设置直播标题、封面、标签等直播信息
（2）预告与倒计时：提前发布直播预告和倒计时，吸引观众的关注
（3）互动功能：实时与观众互动，包括弹幕评论、点赞、送礼物等
（4）分享功能：方便观众将直播内容分享到社交媒体平台
（5）数据统计：提供直播的观看人数、互动情况等数据分析
（6）录播功能：将直播录制下来，方便后期编辑和分享
（7）社区功能：建立直播主播和粉丝之间的社区互动平台
操作流程：
（1）登录直播平台账号并进入直播管理页面
（2）进行直播设置，包括设置直播标题、封面、标签等
（3）进行预热引流活动，发布直播预告和倒计时
（4）点击开始直播按钮，进入直播间
（5）在直播间中进行内容展示和与观众的互动
（6）结束直播后，进行总结和感谢观众
（7）查看数据统计，分析观看人数和互动情况

3. 直播中常见的问题和应对措施有哪些？
（1）网络不稳定。应对措施：使用稳定的网络环境，确保带宽和信号良好
（2）设备故障。应对措施：提前进行设备测试，备用设备准备齐全
（3）直播卡顿。应对措施：降低直播码率，调整画面质量，减少视频压缩
（4）音视频不同步。应对措施：调整音视频同步参数，尽量避免网络延迟
（5）弹幕过快或过慢。应对措施：适当调整弹幕速度和显示时间，保证主播和观众能够正常阅读
（6）观众互动不活跃。应对措施：积极与观众互动，提问引导，鼓励点赞和评论
（7）直播内容不吸引人。应对措施：提前进行策划和准备，确保内容有足够的吸引力和亮点
（8）直播平台问题。应对措施：联系直播平台的技术支持，解决平台相关的问题

4. 直播有哪些细节和注意事项？
（1）设备准备：摄像设备、麦克风、灯光等，确保设备良好且正常工作
（2）网络状况：使用稳定的网络环境，保证带宽和信号强度良好
（3）直播背景：选择合适的直播背景，创造吸引人的观看环境
（4）音频设置：调整麦克风的音量和灵敏度，确保音频清晰
（5）直播道具：根据直播内容准备所需的道具，提升观看体验
（6）素材准备：准备好需要展示的图片、视频、PPT 等素材
（7）直播时间安排：合理安排直播的时间，考虑观众的可观看时间段
（8）预热引流活动：提前进行直播预告和倒计时，吸引观众的关注

任务笔记

学习评价

表 5.50　“策划直播流程”学习评价表

一、任务布置					
班级：		学号：		姓名：	
第5章　直播前开播准备	任务2：策划直播流程				
任务目标	策划一个完整的直播流程，确保直播主题明确，观众互动活跃，内容吸引人，并在直播平台上顺利进行。通过合理的时间安排和准备工作，提高直播的成功率和观众参与度				
任务要求	按照完整的直播流程，围绕具体活动进行直播流程策划： 1. 确定直播的主题和目标受众，明确直播的目的和定位 2. 准备直播所需的设备、素材和道具，确保直播的顺利进行 3. 设置直播场景和布置，创造吸引观众的环境 4. 登录直播平台并设置相关信息，包括直播标题、封面、标签等 5. 进行直播测试，确保设备和网络的正常运行 6. 进行直播前的预热引流活动，提高直播的曝光度和观众参与度 7. 开始直播，展示内容和进行互动，保持活跃和吸引力 8. 结束直播，感谢观众的支持并进行总结，收集反馈和改进意见				
二、任务实施					
三、任务评价					
评价内容		评价标准	分值	得分	
自我评价	工作态度	态度端正、工作认真、按时完成	20		
	操作技能	工作完成程度、操作技能掌握程度	30		
	工作效果	可视化图表的准确度与美观度	20		
	分析结论	分析结论的全面性与准确度	20		
	职业素养	知识与技能的灵活应用	10		
合计			100		
自我分析	遇到的难点及解决方法				
	不足之处				
综合评价	自我评价（20%）	小组互评（30%）	教师评价（50%）	综合得分	

知识测试

一、选择题

1. 直播流程中，开场准备包括（　　）。[单选]
   A. 检查设备　　B. 测试音视频
   C. 布置场景　　D. 以上都是
2. 直播活动的主持人或演播人员被称为（　　）。[单选]
   A. 观众　　B. 团队成员
   C. 主播　　D. 摄像师
3. 直播流程中的主题确定是为了（　　）。[单选]
   A. 增加直播的时长　　B. 吸引目标受众
   C. 提高直播平台的收益　　D. 减少直播准备时间
4. 直播流程中预热引流活动的目的是（　　）。[单选]
   A. 提高直播的曝光度和观众参与度　　B. 缩短直播时间
   C. 延长直播的持续时间　　D. 减少观众的互动
5. 直播流程中的直播测试的目的是（　　）。[单选]
   A. 确保设备和网络的正常运行　　B. 增加直播的时长
   C. 提高直播的曝光度　　D. 引导观众进行互动
6. 直播流程中的直播结束后的总结和反馈收集是为了（　　）。[多选]
   A. 表达对观众的感谢　　B. 收集观众的改进意见
   C. 评估直播的成功与否　　D. 增加直播的时长
7. 直播流程中的直播平台设置包括（　　）。[多选]
   A. 直播标题　　B. 直播时长
   C. 直播封面　　D. 标签选择

二、名词解释

主题策划

三、简答题

1. 直播流程的重要性是什么？
2. 直播流程文档的作用是什么？

任务 3　撰写话术脚本

学习目标

知识目标	1. 了解撰写话术脚本的基本原则和技巧 2. 熟悉直播中常用的话术模板和句式 3. 了解不同直播主题和产品类型所需的话术风格和语言表达方式
技能目标	1. 能够根据直播主题和目标受众撰写恰当的话术脚本 2. 能够组织清晰、流畅且引人入胜的口头表达 3. 能够运用声音、节奏和语气来增强话术效果 4. 能够即兴应变和调整话术，以应对观众的反馈和问题
素质目标	1. 具备良好的语言表达能力和沟通能力 2. 具备洞察力，能够准确捕捉观众的需求和情绪变化 3. 具备自信心和亲和力，能够与观众建立良好的互动和关系

思政园地

直播为媒，传递美丽与责任并重的价值观

小红是一个美妆达人，经常通过直播平台分享化妆技巧和产品推荐。她准备了一个直播话术脚本，并开始直播。

话术误区："大家好，我是小红。今天我要为大家介绍一款新的粉底液，它的遮瑕力很好，适合各种肤质。我先给自己上个妆，然后我会详细介绍这款产品的功效和使用方法。"

这个话术脚本存在误区：缺乏准备、忽略观众互动、没有价值观引领。

解决方案示范："大家好，我是小红。今天我们要来谈谈美妆，我会向大家介绍一款新的粉底液。这款粉底液质地清透，持妆力和遮瑕力也很好，但我更想和大家分享的是，这个品牌秉承着环保与可持续发展的理念，在产品生产过程中尽量减少对环境的影响。作为消费者，我们不仅仅要追求美丽，也要关注产品背后的价值观。选择环保和可持续发展的品牌，就是在为社会的可持续发展出一份力。如果你对这款产品感兴趣，可以在下方留言或私信我，我会告诉你更多关于产品背后的故事。让我们一起以更加负责的态度来进行消费，共同营造一个更加美好的环境。"

直播话术不仅仅牵涉到商品销售，同时也在传递正确的价值观和产品信息。在直播中主播不仅可以向观众展示产品的外观和使用效果，还可以分享产品背后的理念和价值观，可以从强调产品的环保特性、社会责任和可持续发展等方面，让观众了解推广产品背后的故事和意义，在销售产品的同时，传递正确的价值观和理念，引导消费者做出更加理性和负责任的消费决策。

学以助农

一场好的农产品直播离不开一个设计严谨的脚本。直播脚本可以让我们把控直播的节奏、规范流

程、达到预期的目标、让直播效益最大化。

以下为直播脚本案例：

（开场）主播："大家好，欢迎来到本次助农直播！今天，我们将为大家介绍优质农产品 ×× 大米！大米是我们日常饮食中不可或缺的主食之一，含有丰富的营养价值。在接下来的直播中，我们将为大家详细介绍 ×× 大米的品种、产地、种植技术等，直播间还有互动优惠活动。"

（引入话题）主播："在今天的直播中，我们特别邀请到了小明，他是一位经验丰富的大米种植专家。他将与我们分享他多年的种植经验和对大米品质的追求。小明，请问大米的种植过程中需要特别关注哪些关键点呢？"

（专家分享）小明："谢谢主播！大米的种植需要注意以下几个关键点：首先是土壤的选择和准备，合适的土壤可以保证大米的品质和产量。其次是种子的选择，选用适合当地气候和土壤条件的优质种子。还有就是种植技术，包括浇水、施肥、病虫害防治等方面的技巧。只有在这些方面都做到位，才能种出高品质的大米。"

（产品介绍）主播："非常感谢小明的分享！现在，我们将为大家介绍几个优质的大米品牌。第一个品牌是来自南方的'品牌A'大米，它以优质的产地、严格的种植标准和良好的口碑而受到消费者的喜爱。接下来，我们还将介绍'品牌B'和'品牌C'等其他几个值得推荐的大米品牌。"

（用户体验分享）主播："除了我们的推荐，我们也邀请了一些消费者来分享他们对这些品牌大米的试吃体验。请听听他们的故事。"

（观众互动及呼吁行动）主播："在直播的最后，我想和大家互动一下。如果你对我们今天推荐的大米品牌感兴趣，或者对种植 ×× 大米有任何问题，请在评论区留言。同时，也希望大家能够通过购买这些农产品来支持农民朋友们！"

（总结）主播："在本次的直播中，我们为大家介绍了 ×× 大米的种植过程并推荐了一些优质大米品牌，希望能够帮助大家更好地了解并选择 ×× 大米。感谢专家小明的分享和观众们的参与。我们下次再见！记得关注我们的频道，参与更多的助农直播节目！"

任务实施

任务描述：

根据直播选品，制定某一个具体的产品进行产品话术脚本的撰写，了解产品目标客户的特点、需求和购买偏好。调研相关市场数据、消费行为和心理需求，以及竞争对手的产品和销售策略。分析产品的特点和优势，包括功能、品质、价格、服务等方面，以提升销售效果和客户满意度。

操作条件：

1. 设备：电脑、网络
2. 工具：产品话术脚本范本
3. 分组：学生分组按步骤完成相应的实践任务

实操步骤：

步骤1：请以小组为单位，选定一个产品，准备为该产品撰写5~10分钟的话术脚本。

步骤2：在各大平台搜索该产品的资料，并构建初步话术框架。

如淘宝：最好的话术脚本藏在卖家的产品详情页中，学会查看产品详情页，梳理出详情页的逻辑大纲，从中抽取出产品的消费人群、使用场景、核心卖点与价值、重要购买信息等。

如其他平台：可以在抖音、小红书、百度、知乎等平台查找产品的相关评测、体验分享等，从这些信息中抽取出吸睛的“好词好句”加入话术。

步骤3：按以下模板，梳理信息逻辑，形成产品话术脚本。

（1）经典逻辑

场景描述，描述一个与产品相关的场景或问题，引起消费者的共鸣。

卖点介绍，详细介绍产品的核心卖点和特点，说明如何解决消费者的问题或提供更优质的体验。

细节展示，提供具体的案例、数据或证据，支持产品卖点，并展示产品的实际效果或效益。

权益展示，强调购买产品所能获得的权益和好处，如提高效率、节省成本、增加收益等。

表 5.51　经典逻辑话术脚本

	解释场景	举　例	填入内容
场　景			
卖　点			
细节展示			
权益展示			

（2）调整逻辑

若产品属于消费者比较熟悉的产品，或者比较高价的产品，可以调整讲解逻辑，优先抛出直播间优惠权益。

优惠权益，先突出产品的优惠权益，引起消费者的兴趣和好奇心。

场景描述，描述与产品相关的具体场景，让消费者能够将产品与自身需求关联起来。

卖点介绍，详细介绍产品的核心卖点和特点，解释产品如何满足消费者的需求。

权益展示，强调购买产品所能获得的权益和好处，让消费者意识到购买产品的价值。

表 5.52　调整逻辑话术脚本

	解　释	举　例	填入内容
场　景			
卖　点			
卖点介绍			
权益展示			

（3）FABE 话术逻辑

F（Feature）— 产品的特性：突出产品的独特特性或创新点。

A（Advantage）— 产品的独特优势：说明产品相比竞争对手产品的优势和独特之处。

B（Benefit）— 产品能给顾客带来的好处：详细介绍购买该产品可以带来的具体好处和价值。

E（Evidence）— 证据：提供客户评价、案例或实际数据等证据，展示产品的实际效果和成果。

表 5.53 FABE 话术逻辑脚本

	解　释	举　例	填入内容
F			
A			
B			
E			
权益展示			

（4）挖掘产品本身价值和附加价值，提炼最核心卖点

表 5.54 核心卖点

	卖　点	详　细
消费者利益点	提供高效解决方案	这个产品能够解决消费者面临的问题，带来便利和高效的解决方案
	增强生活品质	购买这个产品可以提升消费者的生活品质，带来更好的体验和享受
	节省成本和资源	使用这个产品能够节省消费者的成本和资源
产品卖点	独特技术或设计	这个产品拥有独特的技术或设计，具备更好的性能和功能
	高品质和可靠性	品牌注重产品的质量控制和生产流程管理，确保产品的高品质和可靠性
	客户满意度和口碑	拥有众多满意的客户和良好的口碑，证明该产品的优势和价值
产品使用预期	提高工作效率	使用这个产品能够提高工作效率，节省时间和精力
	提供舒适体验	购买这个产品可以提供舒适的使用体验，让消费者感受到愉悦和舒适
	增强安全性和保护	使用这个产品能够增强安全性和保护，保障消费者的利益和安全

（5）产品信任背书

① 公司实力：介绍公司的背景和实力，包括公司的历史、规模、市场地位等，以证明公司的可靠性和信誉。

② 服务承诺：强调公司对产品质量和客户服务的承诺，例如提供售后支持、质量保证、客户满意度等，以表明公司对消费者的关注和承诺。

③ 客户评价：引用客户的正面评价和反馈，可以是用户的口碑、评分、评论等，以证明消费者对产品的认可和信任。

④ 行业认可：如果公司获得过行业奖项、认证或合作伙伴的认可，可以加以强调，以证明公司在行业中的信誉和地位。

⑤ 保障措施：介绍公司的保障措施，例如退换货政策、隐私保护、安全支付等，以保证消费者的利益和安全。

步骤4：在产品脚本的基础上，添加开场话术、互动话术以及结束话术。多产品的情况下，需要设置过渡话术，见表5.55。

表5.55　营销话术

	解　释	举　例	填 入 内 容
开场话术			
产品话术			
互动话术			
结束话术			

步骤5：

根据直播选品的结果，针对具体产品撰写话术脚本。示例如下：

主播："大家好，欢迎来到今天的直播节目。我是××，今天我要为大家介绍的是我们的新产品。我们的产品采用了独特的创新设计，旨在为你带来卓越的使用体验。不仅外观时尚，还具备实用性，让生活更加便捷（卖点1创新设计）。产品还采用了高品质的材料，确保产品的耐用性和安全性。无论是外观还是内部结构，都经过精心设计和制作，让你用得放心（卖点2高品质材料）。产品具备多种附加功能，满足不同人群的需求，能够让用户得到更好的体验（卖点3多功能性）。产品还具备超高的性价比。相比其他同类产品，我们的产品价格更实惠，让你物超所值（卖点4性价比高）。我们提供完善的售后服务，产品使用过程中遇到任何问题，我们都会尽力为您解决，让你更加放心（卖点5完善的售后服务）。相信大家对我们的产品有了更深入的了解。如果你对我们的产品有兴趣，欢迎在评论区留言或私信咨询，我们的工作人员会尽快为你解答。感谢大家的收看，我们下期节目再见！"

步骤6：选取一个具体的直播产品，了解产品目标客户的特点、需求和购买偏好。分析产品的特点和优势，包括功能、品质、价格、服务等方面。以智能手环为例，示例见表5.56。

表5.56　智能手环产品示例

目标客户特点	
健康意识强	重视健康、注重锻炼和身体管理的人群
数字时代追随者	喜欢科技和智能设备，乐于尝试和使用新科技产品的用户
社交互动需求	喜欢参与社交活动、追求与他人互动和分享的用户
目标客户需求和购买偏好	
健康监测功能	关注个人健康状态，希望通过手环实时监测心率、步数、睡眠质量等健康指标
运动追踪能力	希望记录运动轨迹、卡路里消耗、运动时长等数据，了解运动情况并进行分析
智能提醒功能	需要手环能够提醒接收来电、短信、社交媒体通知等消息，方便日常生活和工作
设计时尚感	追求手环外观时尚、简约、轻便，能够与不同装扮搭配，符合个人审美和时尚趋势
续航能力强	对于长时间使用的需求，期望手环电池续航能力强

（续 表）

产品特点和优势	
多功能性	智能手环集合了健康监测、运动追踪、社交互动等多种功能于一体，满足用户全方位健康管理和社交互动的需求
高品质材料	采用优质材料制造，手环具备舒适度和耐用性，适合长时间佩戴，同时符合用户对品质和安全性的要求
友好的用户界面	手环配备了直观易用的用户界面，操作简单便捷，用户可以轻松查看各项数据
定制化提醒功能	用户可以根据自己的需求自定义提醒设置，包括来电提醒、短信提醒、社交媒体提醒等，满足个性化需求
续航能力强	采用高效节能技术，手环电池续航能力强，减少频繁充电的困扰
完善的售后服务	提供专业的售后服务，包括产品问题解答、保修服务等，为用户提供安心的购买保障
价格和服务	产品价格相对合理，具有较高的性价比，适合不同消费群体。同时，产品提供完善的售后服务，包括7天无理由退换货、一年质保等，确保用户的购买体验和权益

步骤7：选取一个具体的直播产品，进行产品话术/产品脚本撰写，内容涉及产品卖点挖掘与话术表达。

（1）挖掘产品本身的价值，举例说明：

主播：大家好！欢迎参加我们的直播。今天我要向大家推荐的是××公司最新推出的护肤品——美白精华液。

首先，我想和大家分享一下这款美白精华液的成本差异化。产品采用来自自然矿泉的独特成分，经过精心筛选和提炼，确保了产品的高效功效。此外，产品还注重包装设计，使产品外观简约大方，符合现代美学观念。这些差异化的成本因素，使产品在品质上有了明显的优势。【成本差异化（包装、原产地、成分/配料、体积大小、外观设计、制作工艺、重量）】

除了成本差异化，美白精华液还具备功能差异化。××公司采用了最新的美白技术，通过高效的护肤成分深入渗透皮肤，减少黑色素的生成，均匀肤色，提亮肤色。同时，它还具有保湿和抗氧化的功效，能够滋润肌肤，减少细纹和皱纹的出现，让您拥有水润光滑的肌肤。这些功能差异化的优势，使产品在市场上脱颖而出。【功能差异化（新技术、功能、功效、细分品类、感官体验）】

主播：所以，如果您想要拥有明亮白皙的肌肤，同时享受到高品质的产品体验，这款美白精华液绝对是您的首选。

观众：听起来很不错！请问这款美白精华液适用于什么肤质？

主播：这款美白精华液适用于各种肤质，包括干性、油性、混合性和敏感性肤质。产品经过严格的测试和验证，非常温和，不会引起过敏或刺激。所以，您完全可以放心使用。

观众：我还想了解一下这款产品的使用方法和效果。

主播：使用方法非常简单。您只需要取适量的美白精华液，涂抹在清洁后的脸部肌肤上轻轻按摩至吸收即可。建议每天早晚使用，持续使用一段时间，您就会发现肌肤逐渐变得明亮均匀，细致光滑。

观众：这款美白精华液的价格是多少呢？

主播：这款美白精华液价格非常实惠，具有良好的性价比。××公司一直秉持着以合理的价格提供高质量的产品的原则，让更多的消费者拥有健康美丽的肌肤。

主播：如果您对这款美白精华液感兴趣或有任何其他问题，都可以随时与××公司联系。非常感谢大家的关注和支持！祝愿您拥有健康美丽的肌肤！

（2）挖掘产品附加的价值，举例说明：

主播：在介绍我们的直播产品时，除了产品本身的成本和功能差异化之外，我还想向大家展示一些产品附加的价值。这些价值将进一步突出我们产品的优势和与众不同之处。

我们的产品具备强大的营销差异化。我们拥有一个知名的品牌，多年来积累了良好的口碑和信誉。我们的品牌故事充满情感和激情，能够引起消费者的共鸣和兴趣。此外，我们的产品也有同款系列，让消费者可以选择适合自己的不同款式和风格。我们的产品还寓意深远，能够传递积极向上的价值观和生活态度。所有这些营销差异化的因素将让消费者对我们的产品产生更多的兴趣和好感。【营销差异化（品牌、故事、同款、寓意、安全背书、公司实力、权威背书、服务口碑、服务承诺）】

除了营销差异化，我们的产品还得到了安全背书和权威背书。我们的产品经过了严格的质量检测和认证，符合国际安全标准。我们的公司实力雄厚，拥有先进的生产设备和专业的研发团队，能够确保产品的质量和性能。此外，我们还得到了权威机构的认可和推荐，证明了我们产品的优秀品质和效果。这些安全背书和权威背书将让消费者对我们的产品更加放心和信任。

我们还非常重视服务口碑和服务承诺。我们提供优质的售后服务，包括产品的保修和退换货政策。我们的客服团队随时候命，为消费者解答问题和提供帮助。我们的服务口碑良好，得到了消费者的高度评价和认可。我们还承诺提供100%的满意度保证，让消费者在购买和使用过程中拥有优质的产品和服务体验。这些服务口碑和服务承诺将让消费者对我们的产品产生更强的购买欲望和忠诚度。

主播：我们的直播产品不仅具备产品本身的成本和功能差异化，还拥有强大的营销差异化、安全背书和权威背书，以及良好的服务口碑和服务承诺。相信这些附加的价值将使我们的产品在市场上更加突出和有竞争力。

观众：听起来非常不错！我对这款产品产生了浓厚的兴趣。请问我该如何购买？

主播：非常感谢您对我们产品的关注和支持！您可以通过我们的官方网站或线上商城进行购买，也可以联系我们的客服团队获取更多购买信息。我们会尽快为您提供方便快捷的购买服务。

主播：如果您对我们的直播产品还有其他问题或需求，都可以随时与我联系。再次感谢您的支持，祝愿您拥有愉快的购物体验！

（3）核心卖点的提炼角度

① 核心卖点，举例说明：

主播：我再向大家强调一下我们产品的核心价值。（消费者的购买理由，也是与竞品相比最有差异化和竞争力的卖点）

首先，我们产品的核心卖点是创新的直播功能。与其他直播产品相比，我们的产品具有更先进、更多样化的直播功能。我们提供高清的视频直播功能，让消费者可以随时随地观看和分享精彩的直播内容。我们还拥有独特的互动功能，包括弹幕评论、点赞、送礼物等，让观众与主播之间有更多的互动和参与感。这些创新的直播功能使得我们的产品在市场上具有巨大的差异化和竞争力。

其次，我们产品的核心卖点是优质的内容资源。我们与多个知名的内容供应商合作，拥有丰富多样的内容资源，包括音乐、体育、时尚、游戏等各类热门领域的资源。我们的内容资源覆盖面广泛，能够满足消费者不同的兴趣和需求。与竞品相比，我们提供更多、更优质的内容资源，使得消费者更愿意选择我们的产品。

最后，我们产品的核心卖点是用户友好的界面和操作体验。我们注重用户体验，致力于提供简洁、直观、易用的界面和操作方式。我们的产品界面设计美观、布局合理，让消费者能够轻松找到所需的功能和信息。我们的操作流程简单明了，不需要复杂的设置和操作步骤。这种用户友好的界面和操作体验是我们与竞品最明显的差异化和竞争力。

主播：我们产品的核心卖点包括创新的直播功能、优质的内容资源和用户友好的界面和操作体验。这些特点使得我们的产品在市场上具有较大的差异化和竞争力，为消费者提供了更好的购买理由。

观众：听起来非常吸引人！我对这些核心卖点非常感兴趣。请问我可以在哪里了解更多关于这些特点的信息呢？

主播：非常感谢您的兴趣和支持！您可以通过我们的官方网站、社交媒体或联系我们的客服团队获取更多关于这些核心卖点的详细信息。我们会竭诚为您提供所需的信息和支持。

主播：如果您对我们的产品还有其他问题或需求，都可以随时与公司客服联系。再次感谢您的支持，祝愿您拥有愉快的购物体验！

② 功能维度的核心卖点，举例说明：

主播：介绍一下产品在功能维度的核心卖点。【解决为什么要买的问题（好处、感受、效用）】

首先，我们产品提供便捷的使用体验。我们注重产品的易用性和用户友好性，致力于为消费者提供简单直观的操作界面和流畅的使用体验。购买我们的产品意味着可以省去复杂的操作步骤，能够快速高效地完成各种任务。这种便捷的使用体验带来的好处是节省时间和精力，更专注于其他重要的事务。

其次，产品提供高品质的功能和性能。经过精心设计和研发，确保产品具有卓越的功能和可靠的性能。购买这款产品意味着可以享受到先进的技术和创新的功能，满足日常需求和期望。高品质的功能和性能带来的好处是提升工作效率、提供更好的娱乐体验，以及满足个人需求和目标。

最后，产品提供个性化的定制服务。我们理解大家的需求和偏好都是独特的，因此提供个性化的定制服务，以确保产品能够最大程度地满足消费者的个性化需求。购买这款的产品意味着您可以享受到定制化的服务和专属的使用体验。个性化的定制服务带来的好处是让您感受到被重视和尊重，满足独特的需求和品位。

主播：产品在功能维度的核心卖点为提供便捷的使用体验、高品质的功能和性能，以及个性化的定制服务。购买我们的产品可以节省时间和精力、提高工作效率、优化娱乐体验，以及满足个体需求。

观众：非常感谢解答！这些核心卖点使我对产品的价值和好处有了更清晰的认识。我对购买您的产品更加有信心了。

主播：非常感谢您的支持和信任！如果您对我们产品还有其他问题或需求，都可以随时与公司客服联系。我们会尽快为您提供所需的信息和支持。再次感谢您的关注，祝愿您在使用我们的产品时获得更多的好处和满意的感受！

③ 成本维度的核心卖点，举例说明：

主播：让我介绍一下产品的成本维度方面的核心卖点。【解决为什么要买这款产品的问题（质价比）】

首先，我们的产品拥有卓越的性能和质量，与合理的价格相匹配。我们注重产品质量的同时控制成本管理，通过科学的生产和供应链管理，以及优化的生产流程，实现了高质量产品的制造和提供。购买我们的产品意味着您可以享受到与高端品牌相媲美的性能和质量，而且价格更合理。让您在购买产品时获得更高的性价比，得到物超所值的购物体验。

其次，我们的产品提供多种选择。不仅提供高品质的产品，还注重满足不同消费者的预算需求。通过产品线的设计和定价策略的制定，我们提供了多种不同价格区间的产品选项，以满足消费者的不同需求和购买能力。购买我们的产品意味着您可以在经济实惠的前提下，获得高品质的产品。

最后，我们提供可靠的售后服务。我们重视客户的售后体验，建立了完善的售后服务体系。购买我们的产品意味着您可以享受到专业、高效和友好的售后服务。无论是产品使用中的问题，维修保养，还是售后咨询，我们都会提供及时的帮助和支持。可靠的售后服务带来的好处是让您在使用产品时更加安心和放心，同时也增强了产品的价值和可靠性。

主播：购买我们的产品可以让您获得高性价比的体验，节约开支并满足需求，同时还能享受到专业友好的售后服务。

观众：我对产品的价值和优势有了更好的了解。我对购买您的产品更有信心了。

主播：非常感谢您的支持和信任！如果您对我们的产品还有其他问题或需求，都可以随时与公司客服联系。我们会尽快为您提供所需的信息和支持。再次感谢您的关注，祝愿您在使用我们的产品时获得更多的好处和满意的体验！

④ 营销维度的核心卖点，解决“客户为什么现在找我买”（信任背书+附加价值+不购买损失）的问题，举例说明：

主播：让我向您介绍一下产品在营销维度的核心卖点（解决“客户为什么现在找我买”的问题，主要包括信任背书、附加价值和同行对比）。

首先，我们产品的核心卖点是得到了广泛的信任背书。我们拥有一大批忠实的客户和合作伙伴，他们对我们的产品和服务给予了高度评价和推荐。这种信任背书的好处是让您在购买产品时更加放心和安心，知道自己选择的是一个可靠和受欢迎的品牌。

其次，我们产品的核心卖点是提供附加价值。除了产品本身的功能和性能，我们还提供额外的附加价值，以提升用户体验和满足更多的需求。这可能包括免费的附加服务、增值的功能扩展、专业的咨询和培训等。购买我们的产品意味着您可以享受到超出产品本身的附加价值，从而获得更多的好处和满意的体验。这种附加价值的好处是让您感受到更加个性化和贴心的服务，让您的购买更有价值和意义。

最后，我们产品的核心卖点是同类产品对比后不购买的损失。我们强调产品的独特优势和解决方案，让您明白如果不购买我们的产品，可能会失去一些重要的好处和机会。让您认识到购买我们的产品是明智的决策，能够为您带来更大的价值和利益。

我们产品得到广泛的信任背书、提供附加价值，以及同类产品对比后的益处。购买我们的产品可以让您获得认可和支持、享受到超出产品本身的附加价值，同时避免错过重要的优惠和机会。

观众：我对产品的价值和优势有了更好的了解。我对购买您的产品更加有信心了。

主播：非常感谢您的支持和信任！如果您对我们产品还有其他问题或需求，都可以随时与公司客服联系。我们会尽快为您提供所需的信息和支持。再次感谢您的关注，祝愿您在使用我们的产品时获得更多的好处和满意的体验！

步骤8：核心卖点梳理

产品名称有时代表了一款产品的类型以及其核心卖点如下。

核心卖点1：耐久性强、使用寿命长、高效节能等特点。

核心卖点2：功能多样性、易操作、提供定制化等特点。

核心卖点3：独特设计、时尚外观、符合人体工学等特点。

核心卖点4：提供优质服务、售后保障、价格实惠等特点。

上述内容只是示例，具体梳理时需要根据产品的实际特点和卖点进行调整和补充。

假设有一款“智能手表”产品，其核心卖点如下：

- 具备多种健康监测功能，如监测心率、血压、睡眠等。
- 支持智能通知、电话接听和拍照等多种便捷功能。
- 时尚外观设计，可更换表带，适合多种场合佩戴 。
- 提供一流的售后服务，价格实惠。

相关知识

一、产品话术与直播脚本的定义

1. 产品话术

产品话术是在销售和推广产品过程中使用的一套指导性的语言和表达方式。它包括对产品特点、功能、优势等方面的描述，以便能够清晰、有说服力地向潜在客户传达产品的价值和优势。产品话术是为了能够有效地吸引潜在客户的兴趣，为其提供所需的信息，并最终促使他们做出购买决策。通过准备好产品话术，销售人员可以更加自信地向客户推销产品，并回答客户可能有的疑问和异议。好的产品话术能够帮助销售人员在销售过程中更加专业和有条理地进行沟通，从而提高销售效果。

2. 直播脚本

直播脚本指使用特定的描述性语言，依据规定的格式编写的可执行文件。电商直播脚本是卖货的计划和规划，主播和相关人员可按照这个内容进行直播。当然，脚本的设计需要结合用户的需求。其主要内容见表5.57。

表 5.57　直播脚本的主要内容

<table>
<tr><th>主要内容</th><th colspan="4">具体详情</th></tr>
<tr><td>明确直播主题</td><td colspan="4">主题就是核心，整场直播的内容需要围绕中心主题进行拓展，比如配合品牌上新、店庆活动或回馈客户等</td></tr>
<tr><td>把控直播节奏</td><td colspan="4">（1）根据直播的内容设计海报和软文，并进行多渠道宣传
（2）直播中要反复明确直播的目的</td></tr>
<tr><td rowspan="9">直播分工的调度</td><td>角色</td><td>任务</td><td>工作时间</td><td>场地/位置</td></tr>
<tr><td>主播</td><td>导向直播流程，与观众互动</td><td>每次直播活动的时间段</td><td>直播间/舞台</td></tr>
<tr><td>摄像师</td><td>拍摄主持人和重要场景</td><td>每次直播活动的时间段</td><td>直播间/舞台</td></tr>
<tr><td>摄影师</td><td>拍摄静态照片和特写镜头</td><td>每次直播活动的时间段</td><td>直播间/舞台</td></tr>
<tr><td>剪辑师</td><td>剪辑和编辑直播录像</td><td>每次直播活动后</td><td>后期制作室/工作室</td></tr>
<tr><td>灯光师</td><td>调整和控制灯光效果</td><td>每次直播活动的时间段</td><td>直播间/舞台</td></tr>
<tr><td>音效师</td><td>调节和设置音频效果</td><td>每次直播活动的时间段</td><td>直播间/舞台</td></tr>
<tr><td>技术支持人员</td><td>设置和调试直播设备</td><td>每次直播活动前后</td><td>直播间/后台</td></tr>
<tr><td>宣传和推广团队</td><td>制定宣传策略，管理社交媒体账号</td><td>每次直播活动前后</td><td>办公室/社交媒体平台</td></tr>
<tr><td rowspan="8">直播互动的引导</td><td>引导内容</td><td colspan="3">描述</td></tr>
<tr><td>欢迎和介绍</td><td colspan="3">对观众进行欢迎和简要介绍，提及直播的主题、目的和重点内容</td></tr>
<tr><td>观众互动</td><td colspan="3">鼓励观众参与互动，例如发表评论、提问、投票或点赞等</td></tr>
<tr><td>问题回答</td><td colspan="3">关注并回答观众在评论区提出的问题，提高观众的参与感</td></tr>
<tr><td>礼物和道具</td><td colspan="3">引导观众赠送虚拟礼物和道具，提高观众的积极性和参与度</td></tr>
<tr><td>抽奖和互动游戏</td><td colspan="3">设置抽奖环节或互动游戏，提高互动的趣味性和观众的参与度</td></tr>
<tr><td>互动时间段安排</td><td colspan="3">设置专门的互动时间段，让观众有机会提问、评论或参与互动活动</td></tr>
<tr><td>吸引注意力的手段</td><td colspan="3">利用展示精彩的图片、播放音乐或进行小游戏等吸引观众注意</td></tr>
</table>

二、直播脚本的分类

直播脚本分为单品脚本和整场脚本两大类。

表5.58 单品脚本

脚本内容	描述
单品名称	简要介绍单品名称
产品功效	介绍单品的主要功效和特点
利益点强调	强调单品的利益和优势
使用方法	介绍单品的正确使用方法和注意事项
用户评价	可以引用一些用户的真实评价和使用心得
购买方式	提供购买渠道和方式，例如购买链接或优惠码
套餐推荐	如果有套餐可选，则进行套餐推荐
直播间注意点	引导观众留言、评论和参与互动的注意事项

表5.59 整场脚本

脚本内容	描述
开场白	主持人进行开场白，欢迎观众并介绍直播的主题和目的
品牌介绍	介绍品牌的背景、特点和产品线
引入游戏环节	设计互动游戏环节，吸引观众参与，留住观众的注意力
产品介绍	逐个介绍各个单品的特点、功效和优势
利益点强调	强调单品的利益和效果，与观众建立共鸣
礼物赠送和互动	引导观众赠送虚拟礼物、互动评论等
引导转化和购买	引导观众点击链接进行购买
问答环节	回答观众提出的问题，解决观众疑虑或提供更多产品信息
引入特别嘉宾或合作伙伴	可以邀请特别嘉宾或合作伙伴加入直播，提高观众的兴趣和互动性
总结和结束	对直播过程进行总结，感谢观众的支持和参与

三、直播脚本的写作手法

1. 单品脚本写作

单品脚本指以单个商品为对象编写的脚本，包含商品解说、品牌介绍、功能展示等内容。在一场2~6小时的直播中，主播会推荐多款商品，其中每一款商品应当有一份对应的单品直播脚本，以表格的形式将商品的卖点和优惠活动标注清楚。这样可以避免主播在介绍商品时手忙脚乱、混淆不清。

2. 整场脚本写作

整场直播脚本包含时间、地点、商品数量、直播主题、主播、预告文案、场控、直播流程（时间段）等要素。直播流程包括详细的时间节点以及在该时间节点主播要做的事和具体话术。直播流程包括开场预热、话题引入、商品介绍、用户互动、结束预告5项。

整场直播脚本示例

时间：××月××日　星期×　　时间：××点　　地点：××直播间

商品数量：×款商品　　直播主题：2024年春装新款推荐　　　主播：×××（主播名字）

预告文案：大家好，我是×××，本周×晚上××点，××直播间将为大家带来2024年春装新款的推荐。我们精心挑选了多款时尚新品，包括T恤、裙子、外套等，让你在春季焕发新的时尚魅力。敬请期待这场精彩的直播！

场控：场控1：×××（场控1姓名）　　　　场控2：×××（场控2姓名）

直播流程：

（1）开场预热（××：××）

主播和场控欢迎观众，感谢观众的关注和支持

介绍今天的直播主题和商品数量

提醒观众可以在评论区留言，与主播互动

（2）话题引入（××：××）

主播简要介绍2024年春装的设计理念和风格

引出本次直播的主题和目标受众

（3）商品介绍（××：××）

主播逐一介绍每款商品，包括款式、颜色、面料、特点等

强调每款商品的亮点和适用场合

展示穿搭效果和细节，向观众展示商品的质感和风格

（4）用户互动（××：××）

主播邀请观众在评论区留言，回答观众的问题

提醒观众可以点击链接购买商品

针对观众的留言进行回复和互动

（5）结束预告（××：××）

主播总结本次直播的亮点和重点商品

提前预告下一场直播的时间和主题

鼓励观众关注××官网和社交媒体，获取更多时尚资讯和优惠信息

3. 直播脚本的写作手法

整场直播脚本的具体写作流程如下：

（1）第1~5分钟，近景直播，互动并展示本场直播的1~2款爆款，互动建议选择签到打卡抽奖，不断强调每天定点开播，等待大流量进入直播间。

（2）第5~10分钟，讲解并展示当日新款和主推款商品。

（3）第10~20分钟，将当天所有的商品全部简略展示一遍，潜在爆款可以重点推荐。

（4）开播半小时后逐个推荐商品。根据用户对于商品的需求有重点地进行介绍。

（5）直播中，场控根据同时在线人数和每个商品的点击转化销售数据，引导主播进行重点推荐的调整。

（6）下播前1小时，为呼声较高的商品进行返场。

（7）下播前10分钟，主播剧透下次直播的新款，助理见缝插针回复问题。

（8）最后1分钟，强调关注主播，确认下次开播的时间，剧透下次直播福利，建议感兴趣的用户下播后去看宝贝讲解。

常见疑问

1. 什么是话术脚本？

话术脚本是在销售、客服、市场推广等领域中使用的一种书面指导，用于规范和指导人们在特定场景中与他人的交流。它包含了预先准备的对话内容、问题和回答，旨在帮助人们有效地传达信息、解决问题或推销产品。

2. 如何撰写一个有效的话术脚本？

撰写有效的话术脚本需要考虑以下几个方面。

（1）了解你的受众是谁，他们的需求和关注点是什么，然后根据这些信息来编写话术。

（2）使用简洁明了的语言，避免过于专业化的术语，并确保话术流畅。

（3）在话术中强调产品或服务的核心卖点，突出其价值和优势。

（4）包含一些问题和回答，以促进与对方的互动。

（5）不断收集客户反馈，根据实际情况进行调整和改进。

3. 如何确保话术脚本的灵活性？

话术脚本应该是一种指导，而非僵化的规则，因此允许个性化，给予执行者一定的自由度，根据自身风格和口才调整话术；实时反馈，鼓励执行者根据对方的反应和需求作出调整，以适应不同的情况；不断改进，定期收集和分析话术使用的结果和效果，进行优化和改善。

学习评价

表 5.60　任务 3："撰写话术脚本"学习评价表

一、任务布置					
班级：		学号：		姓名：	
第5章　直播前开播准备	任务3：撰写话术脚本				
任务目标	熟悉电商直播脚本设计的基本流程，掌握电商直播脚本设计的基本要素，能够完整设计创作一个电商直播脚本				
任务要求	按照电商直播脚本设计的基本要求，围绕某一件具体的商品，设计一个完整的脚本： 1. 包含电商直播脚本的基本要素 2. 清晰提炼商品的卖点 3. 深度挖掘商品的附加值 4. 设计主播的话术 5. 设计直播期间的互动机制				
二、任务实施					
三、任务评价					
评　价　内　容		评　价　标　准		分　值	得　分
自我评价	工作态度	态度端正、工作认真、按时完成		20	
	操作技能	工作完成程度、操作技能掌握程度		30	
	工作效果	可视化图表的准确度与美观度		20	
	分析结论	分析结论的全面性与准确度		20	
	职业素养	知识与技能的灵活应用		10	
合　计				100	
自我分析	遇到的难点及解决方法				
	不足之处				
综合评价	自我评价（20%）	小组互评（30%）	教师评价（50%）	综合得分	

知识测试

一、单选题

1. 直播脚本中的开场白主要用于（　　）。[单选]

A. 自我介绍　　B. 吸引观众注意

C. 介绍活动内容　　D. 与观众互动

2. 直播脚本中的互动环节包括（　　）。[单选]

A. 提问观众问题　　B. 回答观众问题

C. 进行抽奖活动　　D. 以上都是

3. 直播脚本中的推广环节用于（　　）。[单选]

A. 介绍直播活动　　B. 推广产品或服务

C. 进行抽奖活动　　D. 回答观众问题

4. 直播脚本中的讲解环节主要用于（　　）。[单选]

A. 叙述事实　　B. 分享个人经历

C. 展示产品特点　　D. 提问观众问题

5. 直播脚本中的讲解环节可以包括以下哪些内容？（　　）[多选]

A. 叙述产品功能　　B. 分享个人经历

C. 展示产品使用方法　　D. 推广其他相关产品

6. 直播脚本中的总结环节可以包括以下哪些内容？（　　）[多选]

A. 再次介绍产品　　B. 感谢观众参与

C. 提供联系方式　　D. 宣传下一场直播

二、简答题

1. 直播脚本策划的基本要素有哪些？

2. 怎样把控直播节奏？

三、论述题

请分解一场电商直播的节奏，并复制一份直播流程。

任务 4　培养主播表现力

学习目标

知识目标	1. 理解主播表现力的内涵、核心要素及其重要性 2. 掌握主播表现力的构成要素，包括主播人设、形象、镜头表现力、声音表现力等
技能目标	1. 能打造主播人设、设计适合主播的形象妆造 2. 能运用训练技巧，提升主播的表现力 3. 能运用实际演练机会，实操并应用表现力的相关技巧
素质目标	1. 通过表现力的提升，主播增强自信心，在直播中更加从容自信 2. 通过表现力的精进，主播与观众建立紧密的情感连接，提升直播互动性 3. 培养主播对观众的责任感，主播表现力是直播内容质量和用户体验的重要保障

思政园地

直播带货“反面教材”

2023年10月，某主播因带货某大牌美妆时的低俗表现引发争议，成为带货反面教材。在直播中，该主播披头散发，表情狰狞，以过于大胆的姿势和言辞，迎合低级趣味，让人质疑其专业度。观众纷纷批评其过于庸俗，不符合美妆产品的形象。其低俗言行不仅对品牌形象构成了负面影响，也损害了观众对该主播的信任。

这一事件提醒我们，在直播带货中，主播需要注意言行举止，保持专业的形象，以提升产品的美誉度。低俗的镜头表现不仅会影响自身形象，还可能损害所代言品牌的声誉，给观众留下不好的印象。在竞争激烈的直播市场中，专业的形象才能真正吸引更多观众。

学 以 助 农

政府出台了一系列政策和措施，鼓励农户运用新兴的直播电商平台，进行农产品的宣传和销售。然而，农户面临一个共同的困扰，他们缺乏正式的直播培训和镜头表现力培养。为了解决这一问题，我们需要为这些农户提供专业的培训，以帮助他们更好地展示农产品，提升销售技能。在学习完本任务后，请同学们撰写一份培训农户销售农产品的镜头表现力课件，以服务属地农业从业者。这份课件将包括如何正确使用镜头展示农产品的细节，如何吸引观众的注意力。光线的利用、摄影角度的选择和声音的处理等细节都将是培训的重点。通过课件，农户将学会在直播中更自如地展示产品特色，提高销售效果。这样的培训不仅有助于提升农产品的市场竞争力，也能够为农户创造更多的经济机会，助力农村经济发展。

任务实施

任务描述：

主播在直播中扮演着核心角色，其表现力直接影响着整体直播效果。为了提高主播的表现力水平，现将任务划分为三个步骤。首先，明确定位主播的表现方向，确立其个性人设。其次，塑造主播的外在形象，打造符合人设的形象装扮。最后，也是至关重要的一步，对主播在镜头前的画面表现力和声音表现力进行有针对性的训练。通过以上三步，可以全面提升主播的综合表现力，使其在直播中更加吸引眼球，提升观众的观看体验。

操作条件：

1. 设备：电脑、网络、手机、手机支架
2. 工具：Office办公软件、手机相机、手机直播APP
3. 分组：学生分组按步骤完成相应的实践任务

实操步骤：

步骤1：确定主播人设定位。人设定位是指导主播展现其表现力的方向，请认真思考并完成以下表格，共同为主播确定合适的人设，主播人设定位实操见表5.61。

表5.61 主播人设定位实操表

	定位维度	说明	举例	对应人设
找到人设确认方向	我是谁	确定身份和形象，使身份与形象统一，直播间的名字要信息明确	服装店店主，擅长穿搭，待人热情诚恳，个人形象简洁优雅，平时喜欢研究服饰搭配和化妆	
	面对谁	计划吸引的粉丝群体，地域、年龄、性格、偏好、收入状况、消费能力	面对喜欢时尚，追求质感的中青年中高端/职业人士	
	能提供什么产品或者服务	核心竞争力，如特有商品、质优价廉	提供有品质感的设计师服饰，性价比高，畅销款	
	什么地方	电商类，如淘宝、京东、拼多多等 短视频类，如抖音、快手等 线下类，如供应链基地、实体店、特色乡村等	在服装店内直播，推荐的产品在各大电商平台和线下同步销售	
	能解决用户什么问题	解决用户的痛点和需求	满足中青年群体对美和质感的追求，同时兼顾性价比	
细化人设 打造记忆锤点	记忆标签维度	说明	举例	对应人设
	外表	形象特征、穿着风格	某主播总是穿一件白衬衣，穿衣风格固定，可以制造联想记忆点	
	性格	语言风格、情绪状态	某主播开播前3秒表现为嘶吼状，为的是抓住观众的眼球	
	兴趣	兴趣特长，特殊偏好	美妆、体育、音乐、影视、非遗文化技艺等	
	职业	个人专业、工作行业	化妆师、房屋装修设计师、高职教师、专柜导购员、非遗文化传承者等	
	语言	口头禅、语调语速	具有个人特色的直播话术，直播开头、中间、结尾的金句等都可以在粉丝心里增加语言记忆点	
	品类	产品偏好、产品价格	专注美妆领域、性价比高	

（续 表）

	巩固维度	说　明	举　例	对应人设
巩固人设 多维度加深记忆	选　品	直播间选品匹配主播定位	“某主播的小超市”选择日常用品为主	
	话　术	在主播话术中不断强化自己的定位	某主播的口头禅“阿文的小超市”	
	妆容打扮	利用装扮加深人设记忆	“暴躁的某某”，为了加强性格特征，头戴辣椒发箍	
	直播场景	直播间场景搭建，强化主播人设	某主播经常称呼粉丝为“同学”，在背景装饰上，用小黑板和小超市作为背景板	
	多渠道曝光	通过表情包、评论区、采访、口头禅、短视频等加强记忆	某主播的经典表情包	

根据以上信息，参照所属领域前十名的主播人设，归纳提炼出呈现自身人设的元素。

（1）主播定位：根据前两点，提炼出最有亮点的关键词，并形成主播定位。

（2）账号名称：通俗易记，清楚明白“你是谁，做什么，有什么记忆点”。

（3）头像：主题突出，与定位呼应，确定后不要轻易更换，固定头像可以增强用户记忆。

（4）账号简介：体现主播定位、细分领域业务、侧重方向。

（5）粉丝昵称：设定一个主播对粉丝的专有称呼。

（6）其他：设计有特色的自我介绍、欢迎语、口头禅等。

步骤2：主播形象设计。主播形象是主播表现力的具象化体现，请依据步骤一的人设定位，参考表5.62判断主播的五官、身材、肤色以及个人特点等，设计适合主播的妆容与造型。

表5.62　主播形象设计参考表

项　目	自我评价	设　计　建　议
五官	突出眼睛和嘴巴	眼妆：强调眼部轮廓，使用眼线和眼影突出眼睛 唇妆：选择适合肤色的唇膏，突出嘴巴轮廓，使嘴唇更加分明
身材	贴近播品	服装：选择合身的服装，突出身材优势，避免过于紧身或过于宽松 姿态：保持自信挺拔的站姿，增强整体形象
肤色	贴近播品	底妆：选择与肤色相符的粉底，打造自然妆感，避免过分浓重的妆容 眼影和腮红：选择适合皮肤色调的眼影和腮红，搭配服装色调，整体搭配更和谐
个人特点	活泼开朗，喜爱互动	发型：选择易打理的发型，突出个性，符合活泼开朗的形象 互动元素：在妆容和服装中融入个性元素，如喜爱的颜色或图案，增强与观众的互动感
服装	喜欢时尚潮流，活泼风格	服装：可选择时尚潮流的服装，突显个性，符合人物形象 配件：搭配合适的配件，提升整体造型的时尚感

每个主播的风格和喜好各异，需根据个人特征进行调整。同时，保持真实和自然的形象，不要过分追求完美，展现真实的一面更容易赢得观众的喜爱。

步骤3：主播镜头表现力培养

录制一段自己的直播，依据表5.63，逐一实践主播镜头感的训练和提升方法，录屏并分析优化自己的镜头表现力。

表5.63 主播表现力提升实操表

目的	做法	技巧
画面判断	静音播放一段自己的直播画面，去掉声音后，只看画面。	观察主播的面部表情及肢体语言能否给观众传递情绪，总结主播画面表现力的优缺点
声音判断	播放一段无画面的直播音频，判断主播无画面的声音是否具有感染力。引导主播学会运用声音来传达情感。	细心聆听主播的直播音频，能否通过声音想象直播画面，并且判断主播声音传递的是何种情绪，给出关键词，总结主播声音表现力的优缺点
镜头认知	了解基础摄影的镜头知识。主播应了解摄影基础，包括镜头角度、光线利用、画面构图等基本概念。学习摄影设备的使用，如相机、灯光、音频设备等，以便灵活配合镜头。	确认机位 （1）近景 用途：主要用于展示主播的面部表情、手势和一些小道具，能够让观众更加亲近主播，感受到更多的情感，适合小物件直播 布置：手机架于支架上，主播向前伸出手臂，手指指向手机镜头，人与镜头约一臂距离，摄像头不摆太近，留出主播站位及放产品的地方。摄像头平视，或者前倾30~45°自拍角度俯视主播，忌仰视主播。机位定好后，主播坐或站在中央，上半身占据画面约三分之二，头顶背景占据画面约三分之一，切忌主播头顶空间过多 （2）中景 用途：中景适用于演示大型产品和展示主播全身动态，如展示服装、行李箱、空调家电等。中景镜头中，主播可以进行站立、走动、展示产品等活动 布置：中景应包括主播全身，镜头距离主播2~3米，主播位于中央，视镜头画面灵活调整距离和站位。确保背景不过于杂乱而分散观众注意力，注意添加脚灯，打亮主播下半身范围
画面优化（着重训练）	身体语言和面部表情训练，增强上镜感染力。主播要学习如何运用身体语言，包括姿势、手势等，来增强表现力。强调面部表情的重要性，主播要能够在不同场景中展现出恰当的表情。 该部分最主要是打破主播的羞涩感，培养镜头自信和专业素养。思想构建：进入镜头，你将不是你，你是一名专业主播，必须有专业素养。	（1）打开手机原相机，定机位，开始录屏 （2）选取一段新闻/书稿/直播话术，练习1分钟。因为镜头是一个放大器，既可放大平淡，也可放大夸张。因此，练习时注意把自己的情绪推至最大化，表情稍微张扬和夸张一点，配合肢体动作，但切忌整体浮夸。注意眼睛看摄像头的小黑点，而非手机屏幕。看摄像头时要想象成看着观众的眼睛，镜头后面是一个人，而非机器。另外，眼神不要飘向镜头旁边或后面的其他工作人员，专注在镜头前，但要多看弹幕区 （3）反复练习，对比录屏结果，不断优化身体语言和面部表情
声音优化（着重训练）	声音表现力训练，提高声音感染力。主播要学会利用语速快慢变化来调动观众情绪。	（1）梳理话术稿，划出重点词。可以是关于产品卖点、优势、主播对产品的感受等有利于营销的关键词 （2）对关键词进行“一停二慢三加重”的处理，即说到关键词时，稍微停顿，放慢语速和加重语气 （3）注重使用腹部（丹田）运气说话，减少嗓子消耗
状态提升（着重训练）	情感表达练习，精细化表情运用。主播要能够在摄像头前真实地表达各种情感。	（1）进行情感表达的角色扮演。主播模仿一个荧幕角色，尝试运用眼神和表情来传达角色的喜怒哀乐，并进行录屏优化 （2）对着镜头，保持一边微笑，一边说话1分钟，练习笑容。主播讲解过于认真时，容易忽略笑容，给人一种严肃感，可能导致直播间点开率低 （3）练习不同场景中的表情 （4）调整心态，放松心情，开心直播。本身越是松弛，画面感越好
货品展示	货品展示训练。因为消费者触摸不到产品，主播要学会如何在镜头前，清晰地、动态地展示货品，把消费者缺失的触觉转化为视觉与听觉。	（1）手机架好机位，指尖指向手机镜头，在距离镜头一个手掌的位置找到镜头对焦点。开播前尽量找到镜头的最佳对焦位置 （2）展示产品时，需要定住3~5秒以上。镜头需要时间对焦，观众需要时间观看细节 （3）设计展示产品的角度。不同的产品需要设计不同的展示角度和方法。例如，要展示运动鞋的透气性可以使用手电筒照入鞋子，能透光即可透气，把触觉感受转化为视觉

（续 表）

目的	做　　法	技　　巧
综合训练	实际演播环境模拟	选取一个产品，结合以上技能，完整训练10分钟以上
实战对比	选取某成熟直播间的5分钟录屏片段，进行模拟重现	搜索并录屏某成熟直播间的5分钟直播片段，从“人”“货”“场”三方面进行直播间还原，并进行比较分析，总结提炼优化建议

相关知识

一、主播的职责与能力

一位合格的主播需要具备多方面的综合能力。其中主播的基础能力包括形象管理能力、语言表达能力、强大的心理素质和灵活应变的能力。而主播最核心能力是直播能力，包括产品卖点提炼与营销的能力、商品讲解的能力、粉丝维护与互动的能力以及直播控场的能力等。

二、主播人设

1. 人设的定义

每个人都是自己最好的产品，打造个人品牌就是最好的“护城河”，一旦打造出来就不容易被复制。如果消费者能够马上说出一位主播的标签词语，或者根据标签提问，能够马上想到某位主播，说明这位主播的人设拥有记忆点。

人设，即人物设定的简称，例如某些明星或者博主的爱美人设、贪吃人设、暴躁人设等。在直播电商中，主播人设主要指的是主播的形象设定和角色定位，人设需要有记忆点和辨识度。

2. 主播人设作用

（1）吸引目标粉丝

人设可以吸引目标粉丝，增强互动黏性，提高直播间的转化率。在同质化的直播间中，鲜明的人设能够在短时间内让观众产生记忆点，留住粉丝，提高信任度和粉丝黏性。

（2）提升商业价值

人设是个人品牌资产，拥有记忆点的主播即使换了账号，只要形象不变，依然自带流量。优秀的人设有利于累积粉丝认可度，形成品牌资产，可以裂变账号，获得更大的流量变现，提升整体商业价值。

（3）满足观众的情感投射

主播的人格魅力可以让粉丝产生感情共鸣，除了带来利益优惠外，也成为粉丝情感寄托的角色。主播可以是朋友、家人、导师等，满足粉丝的情感需求，与粉丝建立更为深厚的互动关系。

3. 主播的人设分类

按类目分，适合做直播的主流类目包括服装类目、美妆类目、母婴类目、美食类目以及家居类目等。主播可根据自身定位及个人能力深耕对应类目。此外，亦有综合性极强的主播，可带货全品类。主播可根据不同类目确定好自己的人设。此外，按主播身份，有导购促销型主播、明星网红型主播、技能专家型主播、企业领导型主播等。主播需要在开播前设定好自己的身份特征。

4. 主播的人设维粉

主播要让人设深入人心，要做到定期维护粉丝。通过固定的开播时间、足够的直播时长、人设权威、主播的理念、情怀、价值、宠粉措施以及购物政策、注意事项等巩固人设。另外，可以通过完成亲密度任务来维护老粉丝，如每天直播签到等。也可仅针对关注直播间的粉丝，策划直播间抽奖、秒杀、拍卖、免单等活动。

三、主播形象搭配五要素

1. 身材

测量身材，根据测量结果选择合身的服装。

身材种类大致分为以下几种：

苹果形身材测量法：腰围＞臀围＞肩围

沙漏形身材测量法：肩围＝臀围（误差1~3 cm）腰围＜肩/臀围20 cm以上

H形身材测量法：肩围＝臀围，腰围＜肩/臀围20 cm以内

倒三角形身材测量法：肩围＞臀围5 cm以上

梨形身材测量法：臀围＞腰围＞肩围5 cm以上

2. 服装

清楚自己的身材后，需要了解自己的穿衣风格，因为风格能体现一个人的性格。整体穿衣的色彩最好不超过三种颜色，可以使用同色系、相近色或者对比色的搭配方法。常见的主播穿衣风格见表5.64。

表5.64 常见主播穿衣风格

风格类型	特征
甜美风格	给人一种平易近人、甜美可爱的感觉
精致风格	给人一种精致、可靠的感觉
干练风格	重义气，果断干练
古典风格	古典主播类型
时尚风格	时尚的风向标，分享时尚服饰和美妆
休闲风格	给人一种轻松质朴、活泼的感觉
专业风格	特定工作服，给人专业的感觉

3. 妆容

妆容是主播脸部的门面，主播需要学会化出适合自己的妆容。学习更多课程，从护肤、底妆、眼妆、眉毛、修容等步骤提升化妆能力。

4. 发型

不同发型能够营造不同风格和气质。选择发型前首先要判断主播脸型，根据脸型修剪合适的发型。

5. 配饰

根据服装风格搭配配饰。配饰包括手表、帽子、丝巾、耳饰、项链、腰带、包包等。根据具体的直播类目，选择合适的配饰，例如食物类吃播就不适合配带过多的配饰。

四、主播镜头表现力要素

1. 场景

主播与场景的匹配度决定了观众在刷到直播间的前3秒是否会进入。因此，直播场景的搭建是影响

主播镜头表现力的门面担当。

场景需要注意三大因素。第一是背景与前景。必须精心设计与布置适合主播及产品的背景和前景。很多直播间往往忽略前景的设计和背景的小细节。必须重视和利用好直播间画面的每个角落，因为它们都可能是信息加载点。第二是灯光，重视灯光与主播、灯光与背景前景的适配度。灯光可以增加直播间的空间感、层次感和立体感。第三是合适的道具，例如手写板、小白板等。可以用道具写下产品的特点、卖点、打折信息、物流信息等，制造视觉化效果。

2. 人物

主播掌控直播间，主播的镜头表现力尤为重要。主播培养镜头感时需要注意以下几点。

（1）穿着：尽量穿浅色、白色的衣服，这会提升主播气色，突出产品。

（2）眼神：眼神要有温度。看镜头时，不要把镜头当成机器，要当成人来交流。眼神要有镜头感，保持正脸面对镜头，切忌低头看手机、眼神飘忽不定或者看向外场，眼睛余光懂得捕捉机位，借助美颜灯、补光灯的光线和距离来呈现自己。

（3）肢体语言：表情要自然，动作要积极。

（4）上镜礼仪：妆容要得体，穿戴整齐。

（5）台风训练：保持自信，在镜头的后面放一面镜子，多看镜子督促自己。克服紧张、恐惧的心情，上镜之前多进行模拟练习。

（6）心态：放松，稳定情绪，保持平常心态。

（7）形体：提升形体气质，可以按照上镜的形体和姿态来锻炼自己。

3. 产品

主播的核心任务是向观众清晰地展示产品，促进销售转化。展示产品时，主播可以遵循以下逻辑顺序：产品整体展现、产品细节呈现、产品搭配呈现、产品论证呈现。按照实操步骤，多练习，多设计。另外，产品在镜头前容易显得暗淡。可以使用LED灯照亮前景产品，让产品显得更加突出、美观。

五、主播声音表现力要素

1. 主播声音训练

声音是有情绪的，可以通过轻重、高低、快慢来传递情绪。主播的声音情绪要有激情、有感染力、生动有活力、有节奏感、松弛有度，能传递积极情绪为佳，可按实操步骤多训练。若在户外直播，要测试声音。户外噪声大，配合话筒或者领夹麦为宜。

2. 主播话术表现力

主播的话术通过声音传达。要增强表现力，话术要做到口语化、场景化。增强话术表现力的两大技巧是“五觉画面式语言”和“场景故事化语言”。

（1）五觉画面式语言

视觉语言包括颜色、形状、图案、纹理光泽等。听觉语言包括声音大小、节奏、悦耳度等。触觉语言包括干湿、轻重、软硬等。味觉语言包括酸、甜、苦、辣等。嗅觉语言包括幽香、清香、花香等。直播主要体现的是视觉和听觉，主播需要把消费者缺失的触觉、味觉和嗅觉转化为话术进行表达。

话术示例：“这款星空口红，上唇显白。涂到嘴巴上就变成了水，滋润不黏腻，像一个小精灵在唇上跳舞。”

（2）场景故事化语言

场景故事的构建逻辑为：构建产品的使用场景，场景中有哪些人物，正在做什么事情。

主播的产品经历分享也是很好的故事展示机会。但故事要精彩，能烘托产品价值。节奏在30秒以内，简短生动，与产品相关。

话术示例："用了这款口红，你就是聚会里的女王，全场的焦点"。

常见疑问

1. 什么是"3秒看场，30秒看主播，3分钟看货"？

3秒看场：在直播开始最初的黄金3秒内，观众会迅速浏览直播间，观察布局、背景、主播外貌等。精心设计的场景和形象会更容易吸引观众的注意力，让他们愿意停留观看直播。

30秒看主播：一旦观众被吸引点入直播间，在这个阶段，主播要有超强的综合表现力，吸引观众继续停留更长的时间。

3分钟看货：主播需要迅速切入主题，介绍产品、售后服务等内容，激发观众的购买欲望，使观众在短时间内对所推广的货物有一个清晰的了解。

2. 如何在直播中保持自然的镜头表现力而不显得刻意?

自然的镜头表现力是通过练习和自我观察来培养的。首先，要关注自己的身体语言，尽量保持轻松和自信的姿态。其次，在镜头前进行录像，观察自己的表现，纠正不自然或过度夸张的动作。最重要的是，放松心态，将自己真实的一面展示给观众，与他们建立更亲近的连接。

学习评价

表 5.65　“培养主播表现力”学习评价表

班级：____________　　　学号：____________

姓名（小组成员）：____

序　号	考 核 点	考 核 标 准			考 核 分 数		
		不太符合 0~12	基本符合 13~19	完全符合 20~25	自评	第三方评	教师评分
1	主播人设	能挖掘主播特点，打造符合主播的人设					
2	主播形象	能根据主播人设及特点，设计主播的形象					
3	主播镜头感	能掌握镜头画面，呈现合格的场景、人物、货品					
4	主播声音	声音清晰，能感染观众					
综合得分（自评 30%+ 第三方评 30%+ 教师评分 40%）							
学生学习评价剖析与应用（学生填写）							
自我比较：☐进步　☐退步　　教师比较：☐进步　☐退步　　企业比较：☐进步　☐退步							
改进措施与安排							

知识测试

一、选择题

1. 在直播中，主播应该注意哪个方面来提高镜头表现力？（ ）[单选]
   A. 身体语言　　B. 背景音乐
   C. 文字滚动条　　D. 背景板
2. 下面哪项不是提高镜头表现力的有效手段？（ ）[单选]
   A. 保持眼神交流　　B. 使用丰富的面部表情
   C. 避免变化和创新　　D. 适时调整镜头角度
3. 主播镜头表现力的门面担当是什么？（ ）[单选]
   A. 主播的穿搭　　B. 直播场景的搭建
   C. 主播的声音表现力　　D. 产品的核心任务
4. 主播培养镜头感时，以下哪项不是重要注意点？（ ）[单选]
   A. 穿衣　　B. 眼神
   C. 肢体语言　　D. 手机型号
5. 主播在镜头前应该注意哪些方面？（ ）[多选]
   A. 姿势和动作　　B. 良好的言辞表达
   C. 恰当的眼神交流　　D. 忽略观众互动
   E. 适当的服装搭配
6. 以下哪些因素可能影响主播的镜头表现力？（ ）[多选]
   A. 紧张和焦虑　　B. 背景选择
   C. 使用合适的道具　　D. 无视观众反馈
7. 展示产品时，主播可以遵循以下哪些逻辑？（ ）[多选]
   A. 产品整体展现　　B. 产品使用心得分享
   C. 产品细节呈现　　D. 产品搭配呈现
   E. 产品论证呈现
8. 主播声音情绪传达的要素包括哪些？（ ）[多选]
   A. 轻重　　B. 快慢
   C. 高低　　D. 味觉语言
   E. 触觉语言

二、判断题

1. 主播在直播中应该避免使用任何手势和面部表情，以保持专业形象。（ ）
2. 良好的镜头表现力有助于提高观众的观看体验和互动程度。（ ）
3. 主播话术表现力的两大技巧是五觉画面式语言和场景故事化语言。（ ）

三、简答题

1. 请列举三个主播在直播中可以使用的道具，以增强其镜头表现力。
2. 主播在面对技术故障或其他意外情况时，应该如何维持镜头表现力？
3. 请简要描述主播如何提升形体气质，以增强其镜头表现力。

第6章
直播过程

任务1 直播中控场

学习目标

知识目标	1. 了解直播过程中团队各岗位的具体分工与高效协作模式 2. 掌握直播过程中控场的相关知识，包括节奏控制、话术合作、氛围营造等
技能目标	1. 能明确团队的职责分工并高效协作，共同控制直播现场 2. 能把控整场直播节奏，营造直播间氛围，处理直播中的危机
素质目标	1. 培养团结协作的精神，能团结个人与集体的力量，打造成功的直播间 2. 培养学生面对困境与危机时，冷静分析、沉着应对的职业素养

思政园地

某直播中控人员上错链接，大牌直播间险翻车？

某直播间进行了一场“半价补贴”的营销活动。在首个半价产品开售时，负责上架商品的技术人员犯了一个错误，导致某大牌平板电脑改价失败，许多人按产品原价下单。为弥补这个失误，主播承诺将返还半价部分金额。这一事件突显了在直播过程中每个团队成员的重要性，强调了团队协作的必要性。带货主播需要具备专业的“硬核带货实力”，中控需要熟悉后台操作和直播策划，而场控则在解决用户留言纷争等方面发挥着关键作用。此外，运营和助理除了要协助主播外，还需要了解直播的禁忌，熟悉平台规则，以避免在直播中出现违规语言和行为。总而言之，一个成功的直播团队需要协调一致，各司其职，以确保直播顺利进行。

学 以 助 农

小型农户直播缺乏团队，往往单打独斗。中小型农产品企业则稍有规模，部分可以实现团队化运营。无论是个人还是团队，在直播过程中都需了解各岗位的职责，相互配合，营造直播间氛围，把控直播间节奏，提高整体直播效果。请同学们围绕“农户和农产品企业直播团队如何把控直播间节奏、氛围、话术”，撰写一份培训方案，帮助农业直播从业者做好直播控场，提高直播效果。这样的培训不仅有助于提升农业直播间的市场竞争力，也能够为农户和农产品企业创造更多的收入，促进农村经济发展。

任务实施

任务描述：

一场好的直播并非主播独自表演，而是团队协作的结果。为培养团队在直播中的协作能力，本工作任务首先明确团队各岗位在直播实施中的分工，其次锻炼团队话术配合的默契度，再模拟如何处理实训直播中可能出现的危机，最后综合实操完成一场30分钟左右的直播，从而提升整个团队的直播控场能力。

操作条件：

1. 设备：电脑、网络、手机、手机支架、室内直播间、直播样品
2. 工具：Office办公软件、手机直播APP、电脑直播平台网页端/手机端
3. 分组：学生分组按步骤完成相应的实践任务

实操步骤：

步骤1：请4~5人分为一组，按表6.1明确团队人员在直播过程中的分工。

表6.1　直播中岗位分工表

角　色	直播中的职责与分工
主　播	1. 进行产品介绍和推广，带货过程中保持活跃的表现 2. 与观众互动，回答提问，引导购物行为 3. 主持整个直播，保持流畅的节奏
助　理	1. 提前准备好直播所需的资料和道具 2. 协助主播回复评论和提问 3. 处理直播中的突发状况，提供实时支持
中　控	1. 确保产品按时上架，价格、库存等信息正确 2. 监控直播过程，处理技术故障，保障直播的顺利进行 3. 协助主播切换画面，调整音视频效果
场　控	1. 调整镜头，保持画面清晰，确保观众能够清楚看到展示的商品 2. 营造氛围，协助主播引导观众互动 3. 处理用户留言纷争，保持直播秩序
运　营	1. 策划并执行直播营销活动，确保活动流程顺畅 2. 监控观众互动情况，提供及时的反馈 3. 管理直播间，确保直播符合平台规则

步骤2：请各小组使用直播平台，自备实物产品，按表6.2中的脚本进行演绎，请根据情况灵活补充划线处话术。小组亦可自行撰写一份产品脚本，配合演练。要求各成员明确分工，话术交替，灵活补位，团队协作，增强配合默契度。

表 6.2　直播中团队配合话术示例

<table>
<tr><th>主　播</th><th>助　理</th><th>中　控</th><th>场　控</th><th>运　营</th></tr>
<tr><td>大家好，欢迎来到今天的直播！我是主播 × × ×</td><td>大家好，欢迎欢迎！我是小助理 × ×</td><td>飘屏“欢迎”</td><td>注意镜头，保持画面清晰</td><td rowspan="9">运营观察全场，哪一个环节做得不到位，进行及时调整，并记录以备复盘。例如，氛围不够，可更换音乐；监督中控是否上对链接；用自己的手机进入直播间，带动评论节奏，下单检验链接的信息及价格是否正确；等等</td></tr>
<tr><td>开场的必备环节，当然是宠粉啦！</td><td>是的！________</td><td>是的！________</td><td>是的！</td></tr>
<tr><td>来！上一款无论夏天冬天宝子们都需要的防晒。今天宠粉力度很大，大牌 × × 防晒霜，今天我不打什么折扣，不发什么优惠券了，直接限时买一送一！</td><td>哇！买一送一呀！拍一就发二！宝子们，准备好手速！</td><td>哇！________</td><td>哇！________</td></tr>
<tr><td>但只有粉丝才可以哦，路过的宝子们，还没有加入粉丝团的，点亮小灯牌，加入粉丝团，就可以到手两支防晒。原价一支 × × 元，今天拍一发二，相当于一支只要 × × 元。（展示原价图）</td><td>对的！来，宝子们，看这里（道具），点击这里，选择加入粉丝团就可以了哈</td><td>是的！________
飘屏“宠粉拍一发二”</td><td>是的！________
给主播原价图，给助理加入粉丝团流程展示板道具。</td></tr>
<tr><td>宝子们，你们知道吗？不涂防晒，很容易晒黑和晒伤。看看咱们这款防晒，防晒指数很高，SPF50+ PA+++（展示包装信息），今天宠粉福利拍一发二。</td><td>哇，是的！________</td><td>哇！________</td><td>提醒主播拿起产品展示。</td></tr>
<tr><td>而且上手很轻薄、很清爽，你看（配合动作展示），一下子就推开，非常服帖，抹完后皮肤都有光泽</td><td>哇，是的！________</td><td>哇！________</td><td>哇！________</td></tr>
<tr><td>而且这款防晒清洗时不用卸妆油，直接用洗面奶就可以洗干净，非常方便！</td><td>哇，好方便哦！直接洗脸就可以！</td><td>哇！________</td><td>哇！________</td></tr>
<tr><td>还没有加入粉丝团的宝子们，抓紧了。来，看看多少宝子想要，想要的评论区扣“要”，多少个“要”就上多少库存！</td><td>是的，把“要”扣起来！</td><td>哇，主播，后台已经收到 × × 个“要”了！</td><td>可参与评论，带动节奏</td></tr>
<tr><td>好，这么多呀，那后台准备一下，限时1分钟，拍一发二！开链接！</td><td></td><td>注意上架链接，防止失误</td><td>播放激动人心的音乐，带动节奏</td></tr>
</table>

步骤3：处理直播事故。请各小组在表6.3的直播情景中，选择一个情景进行模拟实操训练。

步骤4：请各小组基于步骤2的单品训练和步骤3的危机处理训练，团队配合完成一场30分钟的完整直播。要求选品数量4~6个，脚本清晰明确，团队协作分工，完成直播中的产品讲解、产品间的转场、营造直播间氛围感、掌控直播现场、灵活处理直播中出现的突发问题。

表6.3 直播事故模拟情景与应对方案

危机情景	模拟筹备	参考方案
言论不当引发公众不满	1. A组团队在直播中，主播销售79.9元一支的唇釉 2. 其他组别同学模拟粉丝留言，表示产品太贵 3. A组主播回复粉丝，79.9元的唇釉都用不起，应该好好反思自己 4. 其他组别同学自由发挥留言 5. A组做出处理回应 6. 讨论优化处理方式	1. 主播接受专业口播培训，避免使用敏感言辞 2. 运营人员负责监管主播的发言，及时提醒注意用词 3. 出现问题时，主播立即道歉，并通过公开渠道向受众致歉 4. 随后进行危机公关，澄清误会
恶意留言扰乱直播节奏	1. B组团队直播讲解产品 2. 其他组别同学模拟恶意留言。评论区出现不文明用语、人身攻击主播、贬低主播带货的产品等言辞 3. B组团队做出应对处理 4. 其他组观察B组同学在受到恶意评论时，主播表情是否发生变化，并思考是否有更好的处理方案	1. 场控和运营及时屏蔽不友好评论，保持直播秩序 2. 若有观众持续发表恶意言论，及时报告平台客服，请求处理 3. 主播不要过度关注恶意留言，保持冷静，避免陷入口角。在直播中注意自己的情绪，不要受到负面评论影响 4. 主播不应进行攻击性回应，可通过幽默或巧妙的方式化解尴尬场面，保持专业形象。分析具体情况，可以偶尔对抗一两个恶意留言，吸引观众停留 5. 鼓励观众留下积极评论，转移注意力
主播突发健康问题或意外事故	1. C组团队在直播讲解产品中，突然主播咳嗽不停，嗓子发不出声音，需要离开直播间 2. 其他组同学模拟粉丝留言，给C组团队增加压力 3. C组团队做出应对处理 4. 讨论优化处理方式	1. 设定应急预案，例如启用备用主播或事先录制好的视频 2. 在直播中突发状况时，向观众做出真诚解释 3. 马上启用助理或其他主播（此时直播脚本发挥作用，补位主播可快速浏览直播脚本，明晰剩余流程）
直播中不可抗因素导致直播中断	1. D组团队正在使用手机直播 2. 其他组员拨打D组手机号码或者微信电话 3. D组团队做出处理，挂掉或者不小心接通，观察直播画面出现何种结果 4. 讨论这种情况的危害及如何防止此类状况发生	1. 提前设置勿扰模式：在进行手机直播前，确保手机设置了勿扰模式，以防止来电或消息通知打扰到直播。这有助于主播保持专注和直播过程的流畅 2. 合理安排时间，遇到来电可切为静音或震动，事后回拨说明情况 3. 避免接听电话，专注产品介绍，确保观众流畅的观看体验

相关知识

一、直播团队配合

1. 团队配合的作用

简单而言，团队配合度越高，直播销售的成功率越高。主播负责展示产品，挖掘与讲解产品痛点、卖点并引导购买；助播或场控负责营造气氛，带动节奏；运营或中控负责上下架产品，配合营造气氛。团队协作才能呈现一场高质量的、流畅的直播。

整体来看，直播团队协作可以确保专业分工、流程优化、实时支持、紧密互动与风险防范。团队成员密切合作，充分发挥各自专业优势，可突破直播间流量层级，提高直播质量，创造愉悦的观看体验，防范潜在风险，确保直播活动顺利高效进行。

2. 专业团队的高效配合

直播团队的配合由直播前开始，贯穿直播中和直播后。表6.4通过直播前和直播中的团队分工对比，明晰团队高效配合的模式。

表6.4 直播团队直播前及直播中岗位分工表

岗位	直播前	直播中
运营	进行前期规划，制定直播方案，活动策划，设备准备等，并告知场控、主播、助播和助理	实时分析数据，遇到突发问题及时解决，监测整场直播的流量情况和投流情况的效果并及时调整
场控	前期进行设备软件部分调试，更新和学习公告和违禁词，并告知运营、主播、助播和助理。场控交代直播规划后，与运营、主播和助理商讨具体实施方案	数据监测（实时在线人数峰值，商品点击率等），配合主播进行直播间活动，协助助播和助理带动节奏和公屏互动等
主播	主播和助理前期做好违禁词和公告的更新和学习。做好直播前准备，熟悉直播脚本和产品等。在运营交代直播规划后，共同商讨具体实施方案	介绍产品，活跃直播间氛围，重点关注互动、点赞、停留、转化率等，带领直播间用户参与活动
助理/助播		协助主播完成产品介绍，直播间用户互动，引导用户点赞、评论、关注、加粉丝团

3. 直播协调员：不可忽视的中控、助理与场控

在直播团队中，主播是“引擎”，运营是“方向盘”，而中控、助理、场控则是不可或缺的“润滑剂”。很多人忽视中控、助理、场控在保持团队协调性上的重要性，或有时因中控、助理、场控对自己角色的轻视，导致他们在直播中出现沉默、不配合、造成冷场的情况，甚至对整个直播流程产生负面影响。因此，了解中控、助理与场控在直播中的职责与作用非常必要。

（1）调节气氛

在直播中，协调员可以通过巧妙运用声音、问答、评论互动，以及背景音乐的切换，有效地调动主播的情绪，进而激发粉丝的情感共鸣。声音的造势、问答的附和，以及评论区带有节奏感的互动，都是创造良好氛围的重要元素。

（2）把控节奏

在直播中，协调员需要引导观众互动、点赞，鼓励加入粉丝团，通过塑造产品的价值，回复尺码等产品问题，控制评价的正面和负面情绪。此外，实物福袋、虚拟福袋和红包的发放，也都是协调员有效引导节奏的手段。

（3）现场运营

有效的现场运营需要及时为主播提供话术支持，将优质评论置顶展示，进行飘屏宣传。团队要协助主播在直播过程中顺畅运营。

（4）抓住卖点

协调员需关注后台人气流量走势，适时引导主播和粉丝的关注点，抓住卖点，涨高人气，促进转化。若直播出现可能降低人气的情况，可及时打断主播的卖点讲解，快速过渡，避免冷场。

（5）沟通桥梁

在直播中，协调员是主播与观众之间的沟通桥梁。通过灵活运用话术，为主播提供短暂休息时间。

同时，关注和发现直播间的评论需求，及时提醒主播回复评论。协调员要主动调整主播状态和心理，实现更好的互动。

协调员中，场控是最容易被忽视却必不可少的角色。场控是拥有主动权的角色，是让线上卖场拥有号召力、销售力，提升购买气氛的“门面大管家”。该岗位把握整个直播间的带货节奏，帮助主播活跃直播间的氛围，引导粉丝进行互动。

场控要做到：第一，熟知脉络。熟知产品及脚本流程，熟知上播产品，了解直播间整体节奏。第二，做好数据监控。要熟悉直播间数据大屏，及时根据数据把控直播间节奏气氛。第三，营造直播间氛围。把控直播间氛围，配合主播营造气氛，避免直播间冷场。第四，把控进程，掌控直播间节奏。把控主播的节奏，避免主播过于忘我，实时配合主播调整讲品策略。第五，推动转化，直播间促单。协助主播推动用户下单并付款，推动直播间最终成交额。

4. 直播协调员话术

直播协调员作为沟通桥梁，话术不能机械化。切忌全场只是简单的“好的”“是的”“想要”等话术，而应该针对主播抛出的问题进行适当延伸，可以肯定问题或者答案，或者适当使用先否定再肯定的话术。协调员的话术类型见表6.5。

表6.5 直播协调员话术类型

话 术	说 明 举 例
回应话术	主播：这件衣服不挑年龄，不挑身材，上身效果超级好看的，是不是? 协调员：是的。衣服版型好，主播的小肚子都被遮起来了，非常显瘦。 主播：今天直播间，主播身上这件衣服 × × 元给大家炸了，够不够福利? 协调员：这也太贵了吧，质量是不错，但为了宠粉，能不能再给粉丝一些优惠?
提问话术	与产品的痛点、卖点相对应 在主播讲解隔离霜的过程中，协调员提问：主播，这款隔离霜油皮可以用吗? 在主播讲解冰丝防晒衣过程中，协调员提问：主播，天气这么热，穿我们的衣服会不会热啊?
报单话术	营造商品成交现象，呈现多人抢购的紧迫感，同时强调今天的优惠活动 协调员：库存有限，最后 × × 单，还没抢到的兄弟姐妹赶紧点击小黄车一号链接去拍。 协调员：还剩下 × × 单，今天 × × × 优惠，拍完就恢复日常价了。 协调员：最后 × × 单了，拍到的兄弟姐妹回来扣“已拍”，加急发货，送运费险。
配合话术	需要灵活应变，可以利用“第三人称”增加信任感 协调员：主播，有粉丝说有什么福利? 有粉丝问裤子今天上架吗? 协调员：主播，老板说这双鞋子不能再优惠了，已经在亏本了。
下播话术	配合主播，拉动一轮人气再下播 协调员：主播，为了感谢一直陪伴我们的粉丝，给大家抽一波奖/炸一波 × × 商品行不行?

二、直播节奏把控

1. 控场的原则

首先，整场直播时间需要合理分配。确保所有产品都能讲完，确认哪些是重点讲解产品，哪些是次要讲解产品。并且要设计高人气时的销售品及低人气时的销售品。

其次，直播间节奏考验的是主播的控场能力。主播的讲解需要紧凑、主次分明。单品的节奏大约是1分钟产品引入+3分钟产品讲解和演示+2分钟促进成交。产品与产品之间自然切换，有一些过渡话题，但也不宜前奏太长。讲解完产品，在客户的购买欲望被激发起来后，该上架时就要快速上架。促单不能草率结束，至少要有3轮成交话术，从不同的角度刺激客户购买。

最后，直播间要保持互动，避免冷场。做好粉丝互动，调动主播状态，现场人员默契配合。

2. 单品节奏的把控

单品节奏控制好，并且控场技巧用得对，可以在直播时突破不同的流量层级，拔高直播间数据。单品节奏把控可以参考表6.6。

表6.6 单品讲解节奏把控

流程	时间	内容
自我介绍和人设定位	1分钟	自我介绍、福利、关注、福袋
互动 （提问句式）	2分钟	是不是、有没有、为什么、福利发放
产品讲解 （场景—卖点—优惠三个模块）	3分钟	粉丝需求，放大问题，产品痛点，3~5个卖点
憋单，上链接 （报价、优惠力度、售后服务等）	1分钟	报价、优惠力度、售后服务（3~5句）
逼单 （价格优势、库存、倒计时等）	2分钟	塑造产品价值、再次重复价格、优惠
结束 （关单、转场、过款）	1分钟	库存已没、互动过款、转下一款

3. 整场节奏的把控

新手直播团队在直播中容易犯的错误之一是在开播时过于兴奋，对每个产品的讲解过于详细导致超时，使整场节奏拖拉，最终导致后期时间不足，需要抢进度快速讲解剩余产品。为了避免此种情况，团队在直播前必须精心准备直播脚本，事先规划好每个环节和每个产品的时间分配。主播在直播中拥有一定的时间控制的能力，但幕后的运营与中控同样需要密切关注直播脚本并根据脚本来控制整场直播，协助主播把握节奏。在宏观节奏的把握上，可参考以下建议：

（1）前30分钟：流量蓄水+密集成交

在这个阶段，主播要通过控场技巧来确保直播的开场阶段流畅有序。开播3~5分钟，打招呼，介绍自己，介绍今天直播内容和主题，并与粉丝进行互动。主要介绍活动、礼物、福利、优惠券、秒杀品等。开播10分钟左右，进行秒杀或抽奖活动，拉升人气，福利款产品做权重活动。为了引起观众的关注和兴趣，需要在这段时间内吸引流量、提前揭示一些优质产品，以促进成交。前面的活动介绍要生动有趣，以激发观众兴趣。礼物和福利的引入需要具有吸引力，能够吸引观众留下。优惠券和秒杀品的讲解应简洁明了，不占用过多时间。开播15分钟左右，引入利润款产品，正常卖货。

（2）直播中期：循环拉流+拔高GMV

开播半小时以后，正常卖货或进行好物分享，根据人气情况中间穿插活动互动。因此，开场过后的直播中期，需要不断循环拉动流量，提高GMV。控场技巧包括：注意福利品与主推品人群的匹配度。注重福利品与主推品的搭配，以保持观众兴奋度。福利品的讲解时间要短，中间穿插其他货品的讲解。产品之间的价格落差不可过大，要保持平衡。组合排品时需要注意过渡款。中间配合福袋等活动拉长观众停留时间。

（3）下播前30分钟：流量维稳+补单冲刺

在直播即将结束的时候，需要稳定流量的同时进行补单冲刺。控场技巧包括：通过秒杀品、福利品提高人气和互动，做密集成交。福利品和主推品快速循环，实现密集成交和拔高GMV。在流量和成交峰值有所回落时下播。

4. 周期式循环节奏

按照某些直播平台的算法维度，以10分钟为一个周期，循环式直播。在每个周期内，考虑到消费者心理及注意力问题，预设好关键环节的内容和时间分配，层层推进。同时，直播过程中根据平台算法的特点，调整直播节奏，以获得更好的曝光和推广效果。

三、直播风险控制与处理

在直播过程中，难免会面临各种潜在的风险，因此对直播风险的合理应对显得尤为重要。妥善处理这些风险，主播及其团队能够更好地应对各种复杂情况，确保直播活动的顺利进行，同时维护品牌形象和粉丝满意度，直播风险类型见表6.7。

表6.7 直播风险类型

风险类型	处理方法	后果
技术故障	提前进行设备检测，备用设备齐全，如遇问题迅速切换设备	直播中断，观众流失，品牌形象受损
产品信息错误	直播前核实产品信息，发现错误时立即纠正	误导观众，信任丧失，品牌信誉受损
质量问题	提前了解产品质量，预先使用和测试产品，避免介绍有争议和低质量的商品，避免现场展示失败	观众投诉，信任度下降，品牌形象受损
直播违规	深入了解平台政策，及时调整运营策略。与平台保持良好沟通	直播受限或被封，影响品牌，销售额下降
评论攻击	直播中监测评论，设置屏蔽词、及时屏蔽恶意评论。主播灵活处理，冷静应对评论攻击	引起观众负面情绪，危害品牌声誉
社会舆论风险	保持沟通，回应负面评论。建立危机公关预案	观众怀疑，销售额下降，品牌声誉受损

常见疑问

1. 场控与控场有什么区别？

场控是指控制直播间所有人员调配以及直播间产品的一个职位。控场是指把控直播中主播的话术节奏、话题以及评论区的内容。

2. 什么叫憋单？

从开始拉新用户到放出产品量，这个时间叫憋单时间。憋单的本质就是拉长用户的停留时间，成功的憋单可以借势突破流量层级。憋单就是给用户下一个有诱惑力的钩子。钩子款、钩子场景、钩子主播都可以是钩子。

憋单的目的是用相对高“性价比”的产品话术拉升直播间人气、停留时长、互动率、商品点击率等。可以使用垫价值、锁身份、抛主题、讲福利、贬金钱的策略，通过报库存、报价格、讲活动、加单、送福利、拉互动、讲售后、倒数等话术引导，提高销售量。

3. 什么叫逼单？

逼单是指让想买的人抓紧时间去付款，让犹豫不决的人下定决心去付款，最终是为了实现高转化。逼单是让直播间观望的、理性的用户去下单购买，提高转化率、商品点击率、销售额。可以使用踢单、报库存、教学下单、加单、少量放单、戳痛点送福利、优惠理由、以退为进等话术引导，提高销售量。

任务笔记

学习评价

表6.8 “直播中控场”学习评价表

班级：__________　　　　学号：__________

姓名（小组成员）：______________________________

序　号	考 核 点	考　核　标　准			考　核　分　数		
		不太符合 0~12	基本符合 13~19	完全符合 20~25	自　评	第三 方评	教师 评分
1	团队分工明确	团队中主播、中控、运营、场控、助理都能明确各自职责					
2	团队话术配合	直播中，主播与其他岗位能灵活配合话术，营造氛围					
3	直播节奏把控	直播中，主播能把控好整场直播及单品的节奏，使之紧凑而分明					
4	直播事故处理	直播时遇到临时事故能灵活处理					
综合得分（自评30%+第三方评30%+教师评分40%）							
学生学习评价剖析与应用（学生填写）							
自我比较：□进步　□退步　　教师比较：□进步　□退步　　企业比较：□进步　□退步							
改进措施与安排							

知识测试

一、选择题

1. 团队配合度对直播销售的成功率有何影响？（　　）[单选]

A. 高配合度可提高成功率　　B. 高配合度对成功率无影响

C. 低配合度可提高成功率　　D. 配合度与成功率无关

2. 场控在直播中的职责包括以下哪项？（　　）[单选]

A. 保持沉默，只在必要时介入直播流程

B. 营造直播间氛围，协助主播制造气氛，避免直播间冷场

C. 仅关注产品的卖点，忽略观众的互动

D. 为主播提供话术支持，将优质评论置顶展示

3. 在直播中期阶段，为了提高GMV和循环拉流，应注意的控场技巧有（　　）。[单选]

A. 详细讲解福利品，拉升人气

B. 保持福利品与主推品的搭配，保持观众兴奋度

C. 长时间讲解福利品，增加观众的停留时间

D. 产品之间的价格落差要过大，以吸引更多观众购买

4. 团队协作可以确保以下哪些方面的优势？（　　）[多选]

A. 专业分工　　B. 流程优化

C. 实时支持　　D. 风险防范

5. 在整场节奏把控中，如何有效提高流量？（　　）[多选]

A. 提前揭示优质产品　　B. 引导观众互动

C. 高价推销产品　　D. 长时间介绍福利品

6. 在直播风险处理中，以下哪些属于技术故障的后果？（　　）[多选]

A. 直播中断　　B. 观众流失

C. 品牌形象受损　　D. 产品信息错误

7. 直播风险类型包括哪些？（　　）[多选]

A. 技术故障　　B. 产品信息错误

C. 产品质量问题　　D. 直播时触犯平台政策

E. 缺乏互动评论

二、判断题

1. 助理、场控在直播中的作用容易被忽视。（　　）

2. 周期式循环节奏的优势在于能够根据直播平台的算法特点，调整直播节奏以获得更好的曝光和推广效果。（　　）

三、简答题

1. 请简要描述直播团队中协调员的角色，以及协调员在直播中如何有效执行调节气氛、把控节奏、现场运营等任务。

2. 在直播中，为什么对直播节奏的把控至关重要？请详细说明直播节奏对直播销售的影响，并提出保持节奏流畅有序的方法。

任务2　拉动直播间流量

学习目标

知识目标	1. 知晓直播间流量的形成与变化原理 2. 了解拉动直播间流量的不同技巧
技能目标	1. 能分析直播中的数据走势，并依据数据制定营销策略 2. 能依据数据预判消费者行为，团队各司其职配合拉动直播间流量
素质目标	1. 培养数据思维，以理性思维融合消费者群体分析，做好直播工作 2. 培养团队协作能力

思政园地

“吸粉引流”是假，诈骗钱财是真

徐女士在某直播平台直播时认识王某，王某承诺帮助徐女士提升直播间人气并吸粉，答应每天都能确保有一两万粉丝来徐女士直播间。徐女士非常心动，并支付了6 000元培训费。但徐女士在实践中发现并未获得预期效果，且事后联系不到王某。警方介入调查后发现此为王某的骗局，目前已成功追回徐女士损失，并对嫌疑人进行了刑事处罚。

直播行业发展迅速，导致网络直播诈骗频发，不法分子以“包装引流”为饵骗取钱财。小白主播需警惕，莫信快速成功言，保护好自己的利益。切记，主播并非一夜成名，直播也不是一朝一夕就能成功，切勿轻信他人“吸粉引流”之言。

学以助农

农户直播往往缺乏数据思维，他们不熟悉如何运用数据分析来优化直播内容，提升与观众的互动。在直播间流量运营上，他们往往缺乏依据数据进行策略调整的能力，这限制了直播间的发展和观众黏性的提升。在学习完本任务后，请同学们思考如何帮助农户培养直播时的数据思维，让他们学会依据数据拉动直播间流量。请撰写一份培训方案及课件，帮助农业直播从业者有效拉动直播间流量，提升直播效果。

任务实施

任务描述：

直播数据并非只是屏幕上的数字，它反映的是背后观众的行为。在直播中，直播团队需要时刻留意数据，推测观众行为，预判下一步行动。本任务旨在培养直播中如何建立数据思维，拉动直播间流量，提高直播效果。本任务首先学习排品布局拉动流量的技巧。其次锻炼团队各岗位如何针对流量现状各司其职拉动流量。最后，针对流量丢失较为严重的转场环节，学习直播转场话术。

操作条件：

1. 设备：电脑、网络、手机、手机支架

2. 工具：Office办公软件、手机相机

3. 分组：学生分组按步骤完成相应的实践任务

实操步骤：

步骤1：明晰流量与排品之间的相互关系。图6.1为一场完整直播的流量曲线图，请结合你的知识及经验，在框中填入产品类别，并说明理由，并分析如何利用排品拉动直播间流量。

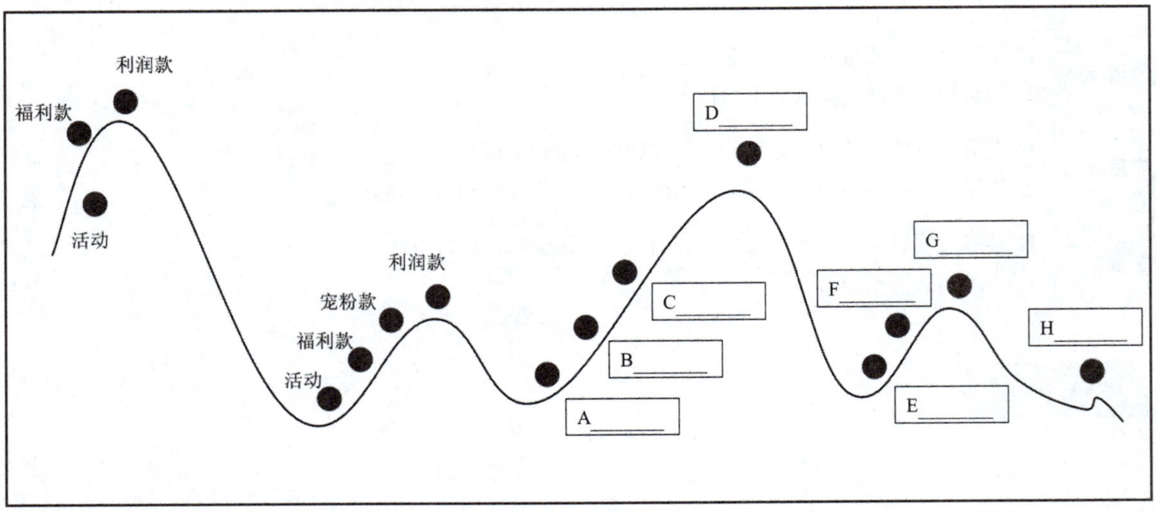

图6.1 直播流量曲线图与排品规律

步骤2：查看流量曲线图，仔细观察已生成的曲线，考虑下一步采取的措施，以促进直播间的流量增长。

举例情景：

情景图6.2为某服装直播间的局部流量曲线图，目前已直播2小时，但17:03时出现了离开直播间人数大于进入直播间人数的情况。

中控/运营：在用户高流失的阶段，采取发红包的策略，流量流失大的时候可以使用红包留住用户。

主播/助理/场控：使用话术吸引用户，如“左上角主播给观众们准备了一个大额红包哈，今天不管是新粉姐妹还是老粉姐妹，我都不会让你们空着手离开，来我直播间我就要让你满载而归，动动你们的小手左上角去领取一下哈”。

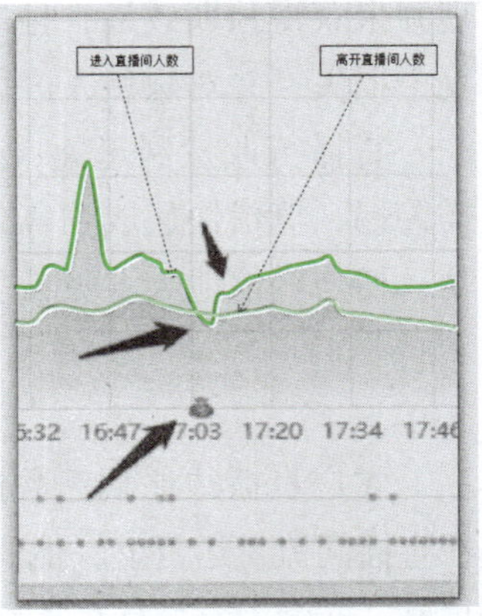

图6.2 直播间进入人数与离开人数曲线图

图6.3为某服装直播间的局部流量曲线图，晚上直播流量竞争大，前期流失人数大，一直使用红包策略拉动流量，在22:30左右出现流量峰值。请写出下一步策略。

中控/运营：当在线人数较高时发送大额红包，引导用户刷屏、点关注、提升直播间互动、活跃、转粉率。

主播/助理/场控：使用话术留住用户，参考话术：“哇，我们今天已经突破了5 000多人了，主播从来没有突破这么多人，这完全要感谢各位姐妹的支持，冲着你们这么支持我，我今天就给大家整一波大的好不好，来，把大额红包给我上上去。”

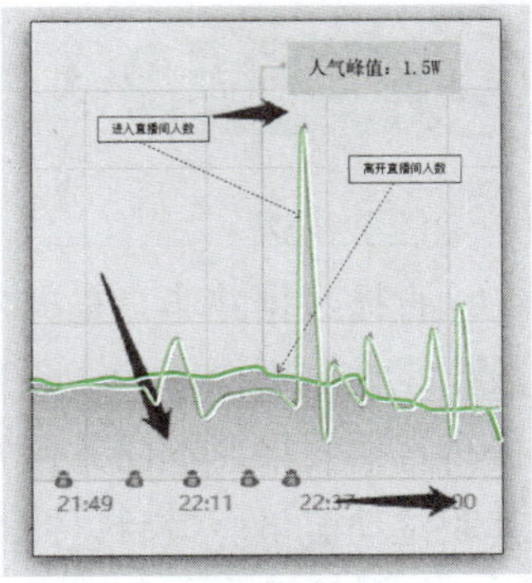

图6.3 直播间进入人数与离开人数曲线图

图6.4为某兰花直播间两场早上的直播流量曲线图。开播20分钟左

右，有大量的开播流量涌入直播间，但直播间未能接住流量，曲线开始下降走弱直至趋向平稳。请分工写出接下来为拉动流量应采取的措施。

中控/运营：______________________________

主播/助理/场控：______________________________

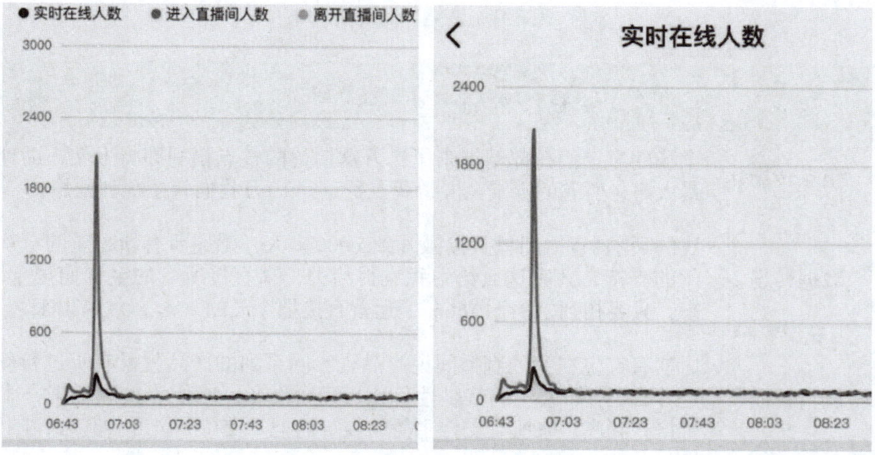

图 6.4　直播间观看人数相关数据曲线

图 6.5 为某兰花直播间一场晚上的直播流量曲线图。直播至 22：30，整体流量在缓慢下降。请分工写出接下来为拉动流量应采取的措施。

中控/运营：______________________________

____

主播/助理/场控：______________________________

____

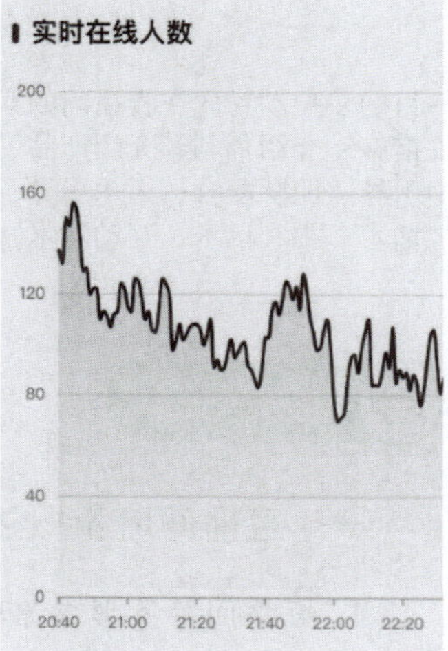

图 6.5　直播间实施在线人数

情景图 6.6：以下为某综合类产品直播间的直播流量曲线图。23：09 开播，未能接住开播流量，至 00：49 流量急剧下滑。直播间流量来源均是自然流量，无付费流量。请按分工写出接下来为拉动流量应采取的措施。

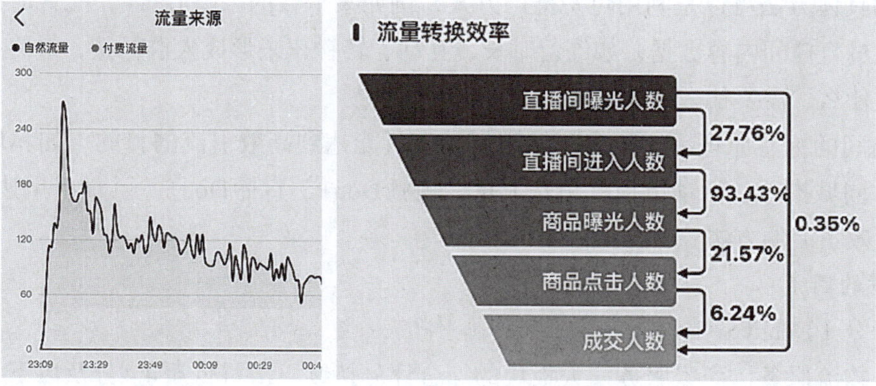

图 6.6　直播间流量来源及转换效率图

中控/运营：____________________

主播/助理/场控：____________________

步骤3：在直播过程中，通常在转场时容易流失观众。请尝试使用表6.9中的4种转场话术，进行演练并录屏，总结整体表现的优劣之处，以便进行优化提升。

表6.9 直播转场话术

转场话术演练		
转场话术1	整点转场	全场的宝宝们打起精神来了！万众期待的整点福利即将上架，助理给我把音乐调到最大声，所有的宝宝全屏帮我点赞点到10万我们直接福利开炸！
转场话术2	数据转场	我的天呐！直播间里直接飙升到5 000多人，感谢所有新粉丝的喜欢，感谢所有老粉丝的支持，大家这么给力我也得给力，来直接所有的宝宝们把全屏的“666”扣起来，只要扣到200个“666”，运营直接把今天的×××款请出来
转场话术3	剧情转场	居然有宝宝在我的直播间说产品贵？同系列的产品就没有听过粉丝说贵，咱们卖的是什么？咱们家卖的就是性价比！后台准备，咱们直接拿上来一个福利款，给我把价格打到底。来所有支持主播的宝宝们把“支持”全屏扣起来，咱们准备上链接
转场话术4	诱惑转场	宝宝们！接下来我要宣布一件大事，所有的粉丝都可以参与限量5套官方定价199的必入款，咱们只需要有50个姐妹帮我分享直播间，我直接给大家19.9元秒杀，后台来帮我做个截屏，所有分享的姐妹都可以抢×××，已经帮我分享了？感谢您的支持，太感谢了！
目的：拉动粉丝在直播间的互动，提高直播间热度、关注度、评论量、增加粉丝黏性等 措施：介绍福利、介绍产品、引导评论、引导关注 引导：团队配合、话术引导、公屏互动 话术：福利话术、互动话术、关注话术		

相关知识

一、直播间流量概述

1. 直播间标签形成原理

为什么要给直播间打标签呢？因为直播间的人群推送是需要依据的，而依据就是直播间标签。直播间的标签是基于内容而形成的，内容的两大核心数据是停留和转化。因此，要形成标签，就要基于数据。形成标签的具体方法可以是利用付费推广方式，例如某平台的“随心推”，配合对标账号，做停留和转化数据。通过直播间内容数据，如停留时长、互动、转粉率来形成人群标签，最终确定直播间的标签“你是谁、做什么、需要什么人群”。

明白了直播间的标签原理后，便能理解用何种工具能达到高效引流的目的。如私域引流、直播推荐、视频推荐、同城推荐、活动申报等免费流量，视频Dou+、直播Dou+、巨量千川达人/品牌连麦等付费流量均是高效引流的方法。

2. 影响流量的因素

（1）DSR评分（Detail Seller Rating），卖家服务评级系统

商品质量、物流服务、商家服务三大板块的综合评分持续下滑且低至4.4分及以下，则系统不予推荐，自然流量无法进入，且限制其巨量千川商流。

（2）发货问题

不发货，发不出货，预售未能按时发货，1 号店、2 号店交互发货，这些行为都会引起停止自然流量和停止商业流量等后果，更严重者直接封店。

（3）违规过多

直播间连续三次或多次存在疑似诈骗、广告极限词、诱导等行为，可能会引起购物车功能关闭、橱窗功能关闭、自然商业流量截停、账号关小黑屋24小时至永久的后果。

（4）产品更新问题

同一个店铺，超两个月不更新产品，就会失去同类竞争力。老粉失去购买力，不再复购。这会直接导致自然流量的占比持续下降，粉丝的流失率增加。

（5）直播间节奏问题

流量进来后直播间没有任何转化，会导致流量流失。直播间无任何节奏和流程章法，系统则不再进行二次推荐，并且会等量定位账号流量级别。

（6）流量扶持无效

每个新账号在开播后的前两周都会获得相应的流量推荐，来激发一些优秀的直播间快速成长。当商家的流量扶持期结束后，如果流量依旧没有明显提升，平台会减少对商家的流量分配，转而缓慢地将流量分配给新直播间，拉长商家的冷启动期。

3. 直播权重因素构成

整个权重体系的构成主要依赖于直播间数据分析平台提供的一系列数值。每个数值不仅仅是简单的数据呈现，背后也蕴含着一定的价值。直播间的互动率、UV 价值、新用户停留时长、GMV 等都会对数值产生影响。具体包括观看人数、有效观看数（观看超过一分钟）、新用户平均停留时长、直播间关注数、粉丝团数、分享数、评论数、付费人数、查看购物车数、商品点击数、商品下单数、UV、客单价、转粉率等多项数据指标。

这些数据综合起来形成一个综合数值，即直播间权重。然而，电商直播运营人员无法直接看到这个数值。运营人员需要根据经验，依据权重的基本原理，制定自然流量和付费流量的策略，从而优化直播间的运营，提高直播整体表现。

4. 直播间流量体系

直播平台上的每一份流量都会被分配给有价值的直播间。理解直播间的流量体系，方能触发流量跳跃层级。流量层级说明见表 6.10。

表 6.10　某直播平台流量层级说明

层　级	阶段流量池
第一层级	0~50 人次 / 小时，在线人数个位数
第二层级	300~500 人次 / 小时，在线人数 10+
第三层级	3 000~5 000 人次 / 小时，在线人数 50+
第四层级	1 万 ~3 万人次 / 小时，在线人数 100+
第五层级	3 万 ~10 万人次 / 小时，在线人数 1 000+
第六层级	10 万 ~30 万人次 / 小时，在线人数 3 000+
第七层级	30 万 + 人次 / 小时，在线人数 1 万 +

第一～第二层：这类账号在平台中约占70%，大多数持试验心态，不太愿意投入太多资源，其直播内容和数据表现一般。这一层次主要是对关注观众人数和支付人数的考核。如果支付数据良好，平台通常会提供一定的支持。商家可以在这一阶段投入产品活动，采用付费方式投流，增加直播时间和场次，从而迅速突破第一阶段。

第三～第五层：一般是平台上稳定的卖家，店铺基本处于盈利状态。他们有野心，希望提升店铺级别，并注重突破现状。这一层级的店铺通常具备运营和数据分析能力，拥有清晰的货品和类目定位。这一层级的店铺要注意提高观看人数、评论互动、人均看播时长、新增关注、UV值和GMV交易额。不断优化直播内容和产品，同时注意更精准地投放广告，提高转化率。

第六～第七层：已达到行业的顶级水平，拥有完善的资源和渠道，更加契合市场需求，是平台中最赚钱的店铺。这些店铺通常拥有系列产品线、低成本货源、良好的客户维护和回头客率。他们需要持续推出新款式，预防爆款衰退，以及通过多款主推产品保持爆款率。在这个阶段，店铺操作思路主要是维护现有流量和提高直播间订单金额和访客价值，不断优化直播内容和推新产品，满足客户需求。考核方面，重点关注商品点击下单数、UV价值、新人停留和GMV坑产（3天/7天/15天/30天），并针对新粉丝、老粉丝和路人进行具体分析和优化。

注意，以上每个阶段成绩及每个平台的考核重点都不尽相同，以当时具体权重为主。

5. 一项停留，三项新增

在直播间流量体系中，流量推送包括三个关键阶段。第一阶段是极速推流阶段，此时主要考核停留数据，如果停留数据表现不佳，可能会导致流量降级。第二阶段是单品转化率，着重考核转化数据，不良的数据表现可能导致流量降级。第三阶段是UV值，考核流量的经济价值贡献，不良的数据可能影响到第二天的流量。

因此，每一场直播都要看作是一次考试。平台通过“一项停留，三项新增”来评估直播间数据表现。如果四项数据表现优秀，平台将会给予更多的流量推送；反之，如果数据表现不佳，流量推送可能会减少。

这四项数据包括平均停留时长（一项停留）、转粉率（关注）、互动率（评论）、付费率（灯牌、音浪、打赏）。例如抖音的推流机制遵循“有新增就有推流，有付费新增就有精准推流”的原则。评论、付费和新增粉丝被称为“三项新增”。

具体的数据指标要求参考如下：

平均停留时长：40秒及格，90秒优秀

转粉率（关注）：3%及格，5%优秀

互动率（评论）：2%及格，3%优秀

付费率：1%及格，2%优秀

在起号阶段，若首天数据表现达到及格线，第二天可以破层级，而数据达到优秀水平的直播间则可以当场破层级。点赞虽然是一种表面数据，但可以通过巧妙的话术呈现粉丝的支持意愿。转粉率是直播的关键数据指标，代表着直播间的“人”“货”“场”综合吸引力。评论则反映主播的互动能力。付费数据意味着陌生人愿意花钱认可直播内容，对直播间产生亲密感。

二、直播间流量突破的方法

1. 内容突破流量层级

引流行为是一种技巧，而非骗取客户信任的套路。引流的核心目的是拉长用户停留时长。这个时候可以反问自己“我喜欢停留在什么样的直播间”。一般受欢迎的直播间有以下元素：主播颜值高，直播间产品的价格优惠，直播间的产品质量可靠，直播间的气氛热烈，直播间的产品正好是消费者需要的。直播间可以围绕以上方面进行布局，并遵循以下逻辑优化内容。

（1）用户观看

直播间的第一机制，只有用户进入直播间才能引发接下来的所有动作。因此，第一步需要拉高观看用户人数。增加用户观看的技巧见表6.11。

表6.11　增加用户观看的技巧

类　型	做　　法
福利秒杀	①“好货低价”一号链接，始终保持抢光的状态。等主播互动时，粉丝满足主播要求后再开秒杀链接，通过循环互动吸引新流量进入 ②“清仓特价”，利用产品价格优势，促使观众停留并触发点击购物车的动作，以此吸引精准用户进入 ③“第一次进直播间的家人们，扣一波‘666’，我看有多少人在线，马上给大家抽奖”等话术
产品预告	“这个夏天你需要的，你喜欢的衣服从头到脚我这都有，先给大家上预告”
互　动	① 福袋现金好礼送不停 ② 截图互动

（2）新用户关注评论

直播间的首个转化目标，商业属性的直播平台，用户往往不需要时间去认可主播的直播间。但对于内容属性的直播平台而言，关注的数据会影响此后直播的营业额。因此，要从话术内容上下功夫。增加用户关注评论的技巧见表6.12。

表6.12　增加用户关注评论的技巧

类　型	做　　法
粉丝专享	设置“粉丝优惠券”（如抖店-营销中心-粉丝优惠券），粉丝享受优先发货。已经下单的粉丝，再进行引导，例如：随机抽取前十名粉丝团用户顺丰发货 粉丝团抽奖，截图发口令，仅限粉丝专享
主播/助播/中控话　术	“点关注不迷路，主播带你上高速” “关注收藏，抽奖送到家”

（3）直播间气氛

把控整场节奏，上、下链接的话术氛围营造是成单转化的关键步骤。上链接的时候可通过倒计时营造紧张的氛围感。与观众巧妙互动，给观众营造出“争取到优惠”的感觉。下链接时的倒计时、报货品数量，可制造购买紧张感，促使观众冲动消费。直播间氛围提升方法见表6.13。

表6.13　提升直播间气氛的技巧

类　型	做　　法
声音造势	声音造势是抓住用户的第一次机会，可通过以下方法达成： 音乐：当产品上架以及改价时，播放节奏感更强的音乐，带动下单的氛围

（续表）

类型	做法
声音造势	特殊音效：娱乐主播经常会使用喝彩、笑声、鼓掌等音效活跃气氛，带货直播则会有订单下单声，例如“叮叮叮” 团队配合：团队配合主播喊倒计时上架链接，产品反馈及提示限量库存等 上架：“想要的扣‘×’，扣满××给优惠，改价格上链接” 下架：“3，2，1下架过品”“最后5件，最后1件，卖完了”
评论区带节奏	带节奏即强调观众利益点，可通过以下方法达成： 友军撑场：直播前期，分享直播，引导粉丝进入直播间互动 福袋：要求公屏输入关键词领取福袋 粉丝互动：询问粉丝的意见，引导公屏互动，了解粉丝需求 引导评论：直播间截屏抽奖，引导互动，直播间链接改价，激发购买热情
文字增加信息	趣味贴纸是为了增加直播间的可看性，可通过以下方法达成： 文字贴纸：文字信息提醒更醒目，可使用电子或者实物文字信息 美颜贴纸：增强直播的可看性 打印文字：提示活动重要信息
话题氛围	话题氛围是为了增强直播间的趣味性，可通过以下方法达成： 直播活动：针对观众利益点，引导观众进行点赞和评论 日常生活：社会热门新闻、生活趣事 产品故事：品牌研发以及产品背景故事、顾客的趣事等

（4）用户点击购物车下单

在直播间中，最关键的任务之一是不要忽视催单。通过即时解答观众疑问，与观众互动，可以有效地营造紧张热烈的卖场氛围，从而促使观众迅速下单。这有助于解决观众的购买疑虑，加速订单的生成。提前宣布购买特定商品的福利，同时刺激观众潜在的消费需求。及时回复观众在评论中提到的已购商品等信息，强化互动，让观众感受到被重视，提供更良好的购物体验。促使用户点击购物车下单的技巧见表6.14。

表6.14 促使用户点击购物车下单的技巧

类型	做法
配合气氛及活动，启动催单	“活动福利仅限今天” “数量有限，先到先得”
解决粉丝犹豫不决的顾虑	“你把尺码报过来，主播再跟你推荐下尺码，让咱们保证不拍错” “优惠已送到，放心去拍” “发货快，不满意可退换”
每场直播中必备的主播钟爱款	“买这款有福利” “这是主播自留款”
提高客单价法	“多买多送”
精准互动法	“感谢××的支持”

2. 免费流量

私域引流：利用已有的社交网络，通过微信、微博、朋友圈等平台，定期分享直播内容，吸引亲朋好友及已有粉丝加入直播。

直播推荐：制作直播预告，利用平台的直播推荐机制，提高直播间在推荐栏中的曝光，吸引新粉丝。

视频推荐：制作短视频进行宣传，利用短视频平台的推荐算法，吸引粉丝点击进入直播间。

同城推荐：利用同城推荐功能，定期举办本地化活动，吸引同城用户参与，提升地域性流量。

活动申报：积极参与平台的各类活动，如话题挑战、线上赛事等，提高直播间的曝光机会，吸引更多关注。

3. 付费流量

付费投放是“人”“货”“场”的试金石、是优质“人”“货”“场”的放大器，同时它还是自然流量的杠杆，可以撬动流量的滚雪球效应。

（1）小店随心推

小店随心推是电商商家在移动端推广小店商品的轻量级推广产品，尤其适合新手或中小商家使用。在直播间、短视频场景挂载“小黄车”即可投放随心推。手机端也可查看“观看人数、互动、停留、转化、ROI等数据”。100元起投，门槛低，试错成本小，无需充值，随用随投。手机端操作简单，只需几步即可完成。投放门槛不高，实名认证即可投放。若选择企业身份投放，则需要营业执照、对公验证等补充手续。

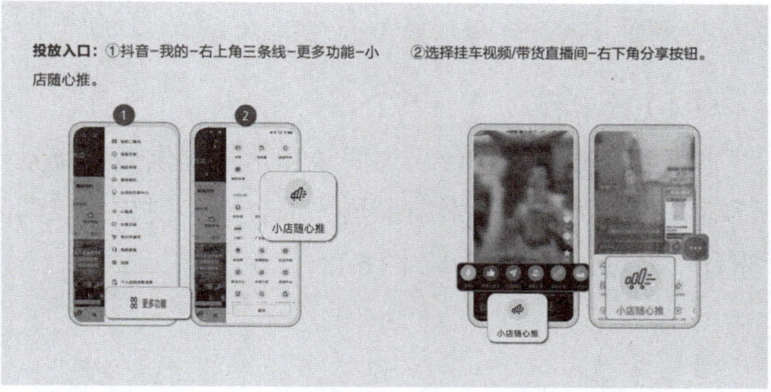

图6.7 小店随心推投放入口

（2）巨量千川

巨量千川是巨量引擎旗下针对电商场景带货推广的工具。操作入口为电脑端，小店随心推则是巨量千川的移动版。相比移动版，电脑端在功能上更专业、多元、精细。除了小店随心推的功能外，巨量千川的功能更全面，包括数据分析、广告管理、人群筛选、投放场景、智能创意等方面，能帮助商家更精细化地精准营销。营销推广场景更丰富，人群定向能力更精细（如自定义人群、官方精选人群）。300元起投，且需要提前充值，个人和企业均可以使用。投放时若推广内容涉及商标、明星肖像，需要补充授权资质。除了巨量千川官网平台外，抖店、巨量百应均有登录入口。

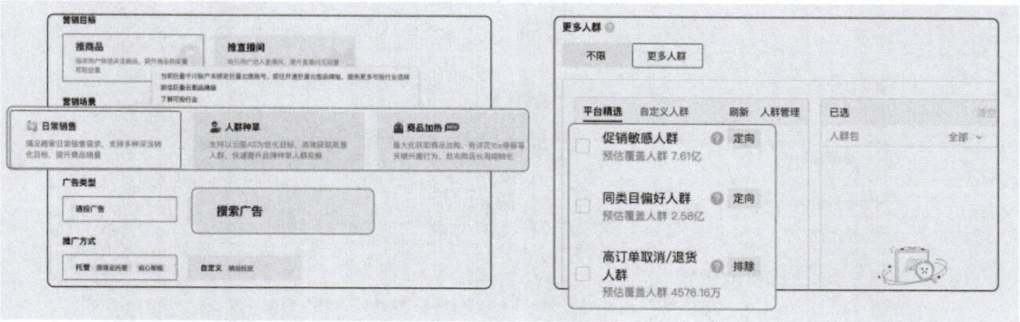

图6.8 巨量千川投放页面

（3）商品推广卡

商品推广卡，帮助商家打通人找货的场景，带来更大规模及更高的转化效率。电商达人、普通达人、百应机构（没有绑定真实店铺的千川账号）不可以投放，但个人店铺、企业店铺均可投放，投放需绑定店铺旗下商品。

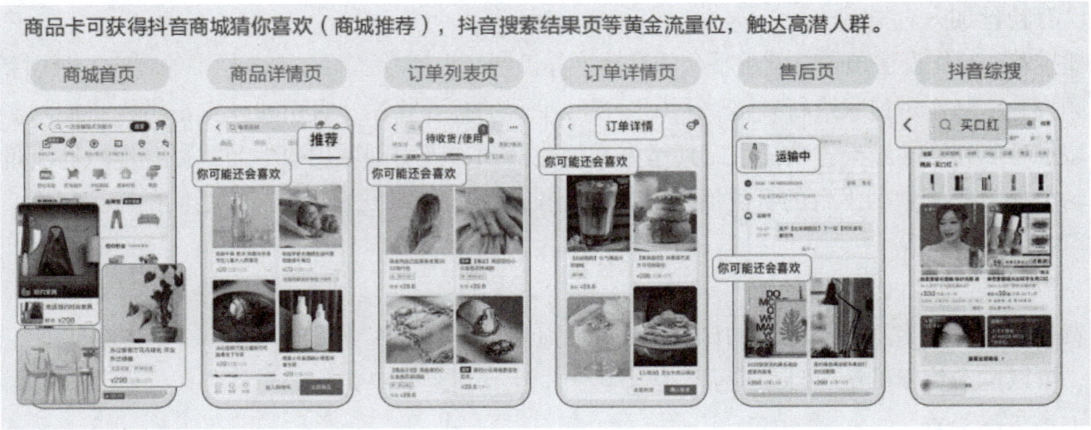

图6.9 商品推广卡显示页面

（4）搜索推广

基于巨量千川平台，为商家和达人提供搜索场景下的营销推广，通过获取更精准的搜索流量，提升营销效率。例如在搜索结果页、综合页、视频页、商品页、直播页下均有广告位，商城搜索、头条等下亦有广告位，见图6.10、图6.11。

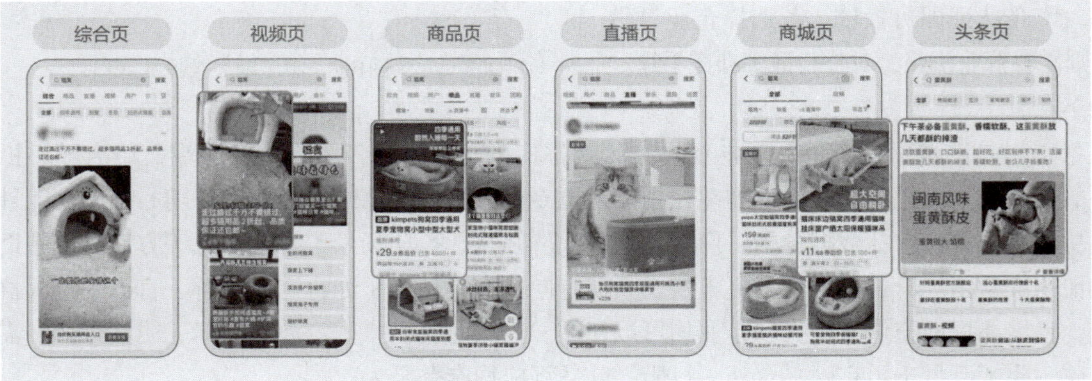

图6.10 搜索推广显示页面

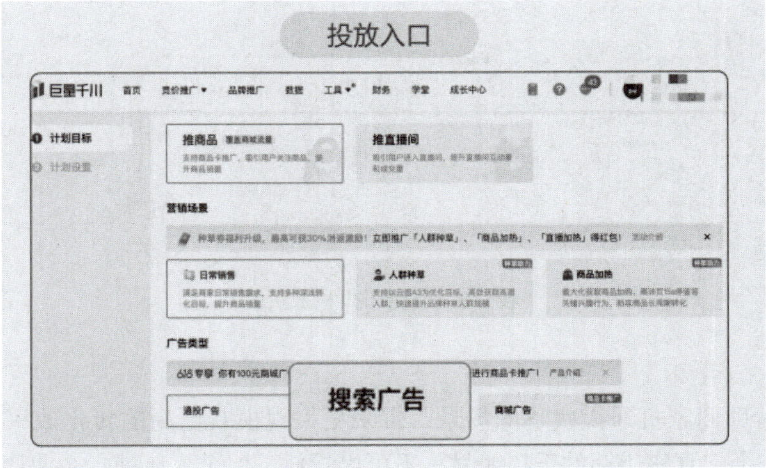

图6.11 搜索广告投放入口页面

（5）DOU+

DOU+是抖音内容加热和营销推广工具。核心优势是投放门槛低，对有内容加热需求的用户来说，不需要资质，大部分行业都可以投放，起投门槛100元，试错成本低。

直播间直播“加热”方式有两种，分别是直接“加热”直播间和选择视频“加热”直播间。视频Dou+，就是选择已经发布的流量较大的短视频，或直播预热短视频进行引流。当消费者刷到被投放Dou+的短视频时，可从主播头像显示的直播标志进入直播间，起到短视频引流的作用。直播Dou+中，选择“加热”直播间后，用户进入直播间以后无法进行上滑操作，只能点击“关闭”按钮才能返回推荐页面，提升了用户留存率。

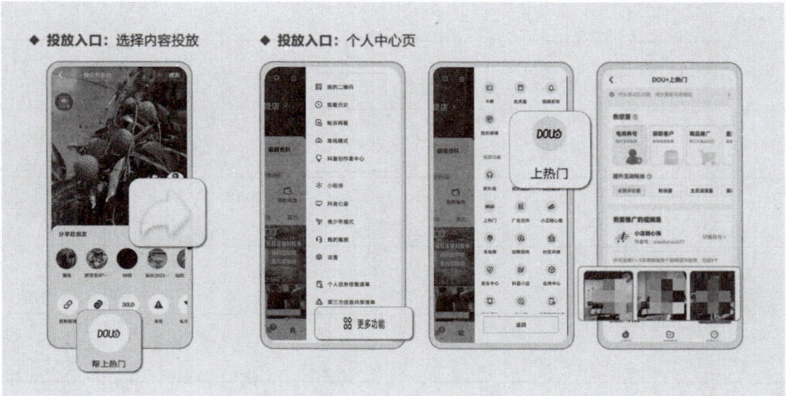

图6.12　DOU+投放入口页面

对电商商家来说，在直播/短视频不挂购物车的场景，内容以非立刻带货为目的时，则可以用DOU+先加热内容（比如：视频内容种草、人设打造、直播开场互动不挂车投DOU+预热）。

（6）达人/品牌连麦

通过与达人合作或与品牌连麦的形式，借助大号的流量助推直播间的曝光度，吸引更多关注和互动。

常见疑问

1. 什么是广告的冷启动？

直播平台投放广告的冷启动是指积累第一批种子用户的过程，广告投放后4天内成功积累20个转化，即通过冷启动。探索过程中或许会出现超成本、不起量的情况，建议对计划保持耐心，看看计划数据表现情况，以先能跑量、先有数据为主，基于数据再进行优化。

2. 付费流量会压制免费流量吗？

不会。平台通过“推荐算法”来平衡免费流量和付费流量。免费流量为用户提供了多样化的内容，付费流量则帮助广告主快速精准覆盖用户，付费流量和免费流量为协同关系，不会存在互相压制的说法。而流量协同的本质是做好内容经营，优质的内容可以放大投放效果，让付费流量和自然流量取得1+1>2的效果。

任务笔记

学习评价

表6.15 "拉动直播间流量"学习评价表

班级：＿＿＿＿＿＿　　学号：＿＿＿＿＿＿

姓名（小组成员）：＿＿＿＿＿＿＿＿＿＿＿＿＿＿＿＿＿＿＿＿＿＿＿＿

序号	考核点	考核标准			考核分数		
		不太符合 0~12	基本符合 13~19	完全符合 20~25	自评	第三方评	教师评分
1	排品与流量	能剖析排品与直播流量的关系，并依据规律排品拉动流量					
2	拉动流量技巧	能分析直播中的流量走势图，主播、中控等各司其职拉动流量					
3	转场话术	能做好转场话术的过渡，转场不掉人，保持直播间流量					
4	免费及付费流量	能基本知晓和了解如何投放免费及付费流量					
综合得分（自评30%+第三方评30%+教师评分40%）							
学生学习评价剖析与应用（学生填写）							
自我比较：□进步　□退步　　教师比较：□进步　□退步　　企业比较：□进步　□退步							
改进措施与安排							

知识测试

一、单选题

1. 直播间标签的主要形成依据是什么？（　　）[单选]

A. 主播的知名度　　B. 直播间的观众数量

C. 直播间内容的停留和转化数据　　D. 直播间的装饰风格

2. 在直播间中，增加用户点击购物车下单的关键任务之一是什么？（　　）[单选]

A. 忽视催单　　B. 及时解答观众疑问

C. 营造轻松的氛围　　D. 减少与观众的互动

3. 在直播间流量体系中，哪个阶段主要考核停留数据，不达标可能导致流量降级？（　　）[单选]

A. 极速推流阶段　　B. 单品转化率阶段

C. UV 值阶段　　D. 一项停留阶段

4. 影响直播间流量的因素有哪些？（　　）[多选]

A. DSR 评分　　B. 发货速度

C. 直播间背景音乐　　D. 产品更新频率

E. 违规操作

5. 直播间流量推送的三个阶段分别是什么？（　　）[多选]

A. 极速推流　　B. 慢速推流

C. 单品转化率考核　　D. UV 值考核

E. 粉丝数量考核

6. 直播间流量体系中，哪些层级的店铺通常具备运营和数据分析能力？（　　）[多选]

A. 第一层级　　B. 第三层级

C. 第五层级　　D. 第七层级

7. 在“一项停留，三项新增”中，哪些数据指标用于评估直播间数据表现？（　　）[多选]

A. 平均停留时长　　B. 转粉率

C. 付费率　　D. 灯牌

E. 互动率

二、判断题

1. 每个新账号在开播后的前两周都会获得大量的流量扶持，以助其快速成长。(　　)
2. 直播间只要有好的产品，就能自动吸引大量流量。(　　)
3. 直播间流量突破只需要关注内容的质量，而不需要考虑其他因素。(　　)
4. 直播间流量体系的第二阶段是单品转化率，着重考核停留数据。(　　)

三、简答题

1. 简述直播间标签的形成原理及其对直播间流量的影响。
2. 简述如何通过增加用户观看、新用户关注和评论、营造直播间气氛以及推动用户点击购物车下单等方法来突破直播间的流量层级。
3. 私域引流在直播间流量突破中起到了什么作用？请列举几种常见的私域引流方法。
4. 解释“一项停留，三项新增”中的四项数据指标分别是什么，以及它们在直播间流量体系中的作用。

第7章 直播后复盘

任务1 分析复盘数据

学习目标

知识目标	1. 了解直播复盘的必要性 2. 掌握直播复盘的维度 3. 掌握运营中各项数据指标的含义和作用
技能目标	1. 能熟练操控常用的数据平台 2. 能熟练进行直播复盘数据分析、计算出各种比率
素质目标	1. 能做到实事求是，不造假、不敷衍 2. 具备操控常用数据平台的能力，能对数据进行查看和分析

思政园地

数据治国与精准营销：大数据时代的思政启示

中国古代治国就已经有重数据的思想，如商鞅提出，“强国知十三数……欲强国，不知国十三数，地虽利，民虽众，国愈弱至削”。

对于商家来说，大数据使精准营销成为可能。大数据时代，每个人都会“自发地”提供数据。用户的各种行为，如点击网页、使用手机、刷卡消费、观看电视、地铁出行、驾驶汽车等都会生成数据并被记录下来。用户的性别、职业、喜好、消费能力等信息，都会被商家从大数据中挖掘出来，用以分析商机。

学 以 助 农

在农产品直播销售中，分析复盘数据非常关键。同学们可以通过本任务的学习，结合日常的实践与观察，为农户制作复盘表格，在主流平台的复盘工具的操作流程制作完成后，同学们可以与农户进行沟通，为他们提供必要的培训与交流。

任务实施

任务描述：

刚毕业不久的林阳经过重重面试，终于入职了心仪的零食公司，并成为该公司直播部门的一名运营助理，负责协助直播运营琪姐开展工作。琪姐告诉他，公司的零食主要通过达人直播进行销售，他目前的主要任务是每天将直播间以及电商平台的后台数据整理出来，以方便团队进行运营决策。

操作条件：

1. 设备：电脑、网络
2. 工具：品牌直播与短视频数据分析平台
3. 分组：学生分组按步骤完成相应的实践任务

实操步骤：

以“飞瓜数据抖音版”为例进行直播复盘。

步骤1：查看直播基础数据

1. 登录飞瓜数据抖音版账号，单击界面左侧的“数据监测”下拉按钮，选择“关注的直播号”选项，然后单击“添加直播达人”按钮，如图7.1所示。

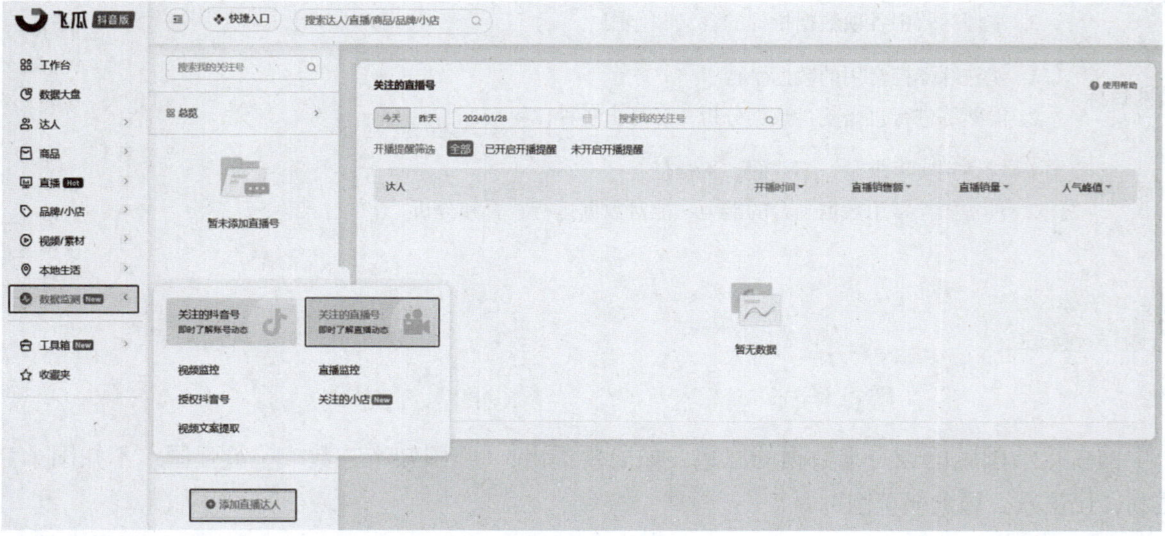

图7.1 直播数据

2. 在弹出的对话框的文本框中输入抖音账号昵称，单击“搜索”按钮，在搜索结果中选择要添加的抖音账号，单击右侧的“选择”按钮，如图7.2所示。这样即可将该抖音账号添加至自己的飞瓜数据抖音版的账号中，直播运营者可以随时关注该抖音账号的数据变动情况。

3. 添加抖音账号后，单击该账号即可进入该账号数据分析界面。在数据分析界面中单击“直播数据”选项卡，设置时间范围，系统就会搜索该时间范围内的直播，直播运营者可以在直播列表中单击想要复盘的直播。如图7.3所示。

4. 进入单场直播数据分析界面，单击“数据概览”选项卡，查看本场直播概况。如图7.4所示。由该图可以看出，该账号本场直播观众平均停留时长为4分54秒，超过90.37%的主播。直播观看人数最高达17.5万人，共上架312款商品，销售额超5 000万元，“带货”效果超过当日99.99%的达人。

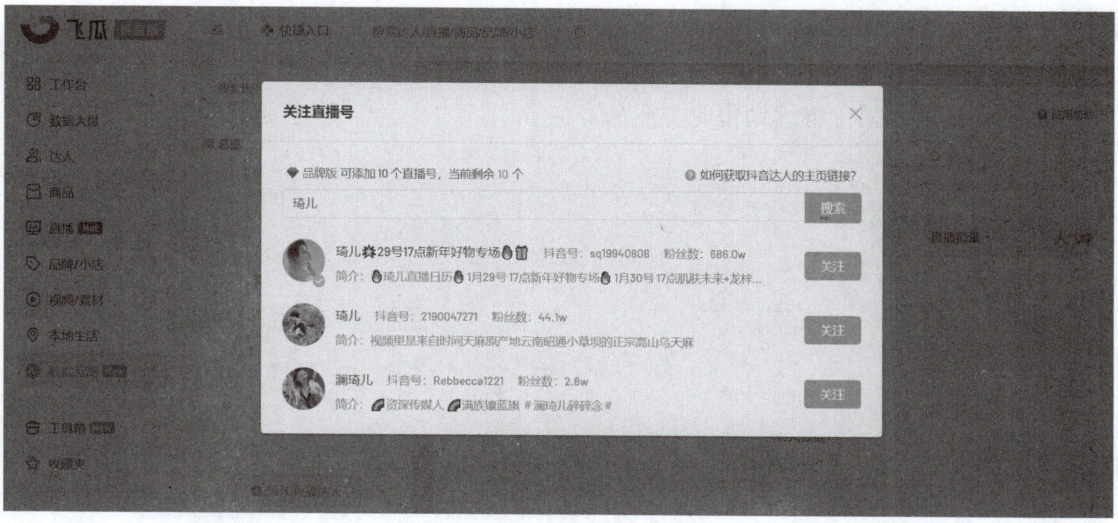

图 7.2　搜索抖音账号

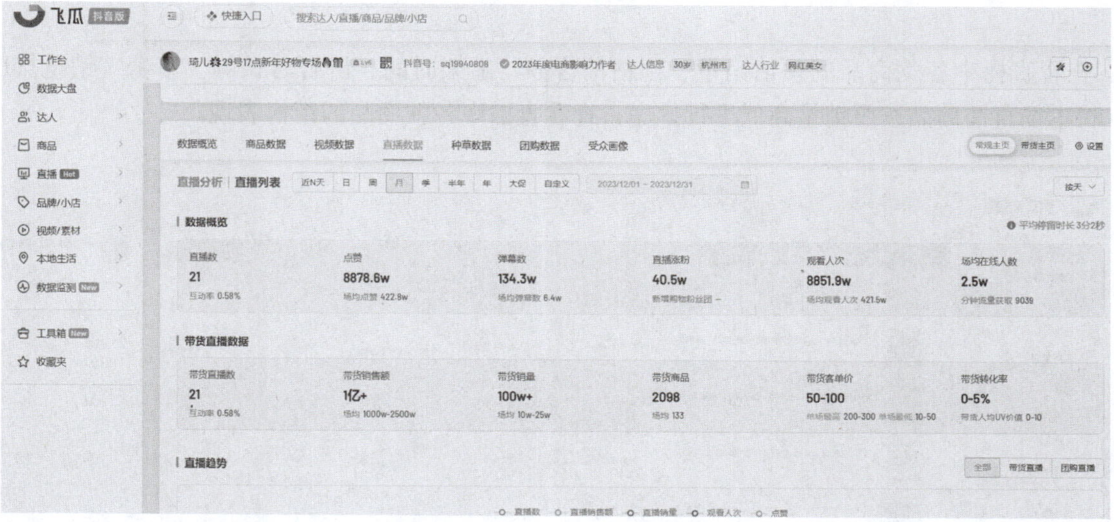

图 7.3　直播数据分析

图 7.4　单场直播数据分析

步骤2：分析直播商品数据

1. 单击“带货商品”选项卡，查看本场直播带货商品数据概况，针对用户感兴趣的货品，直播运营者可以考虑在后续的直播中继续销售此类商品。

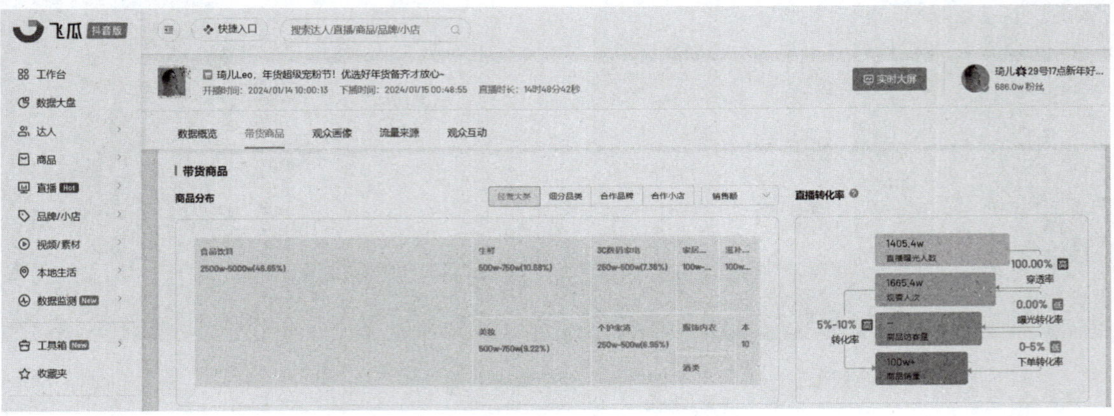

图7.5　直播带货商品数据概况

2. 查看直播中各款商品的预估销量、预估销售额、上架时间、讲解时长等。单击“销量排序”选项卡，将本场直播商品按照销量高低进行排序，查看直播中各款商品的销售表现。

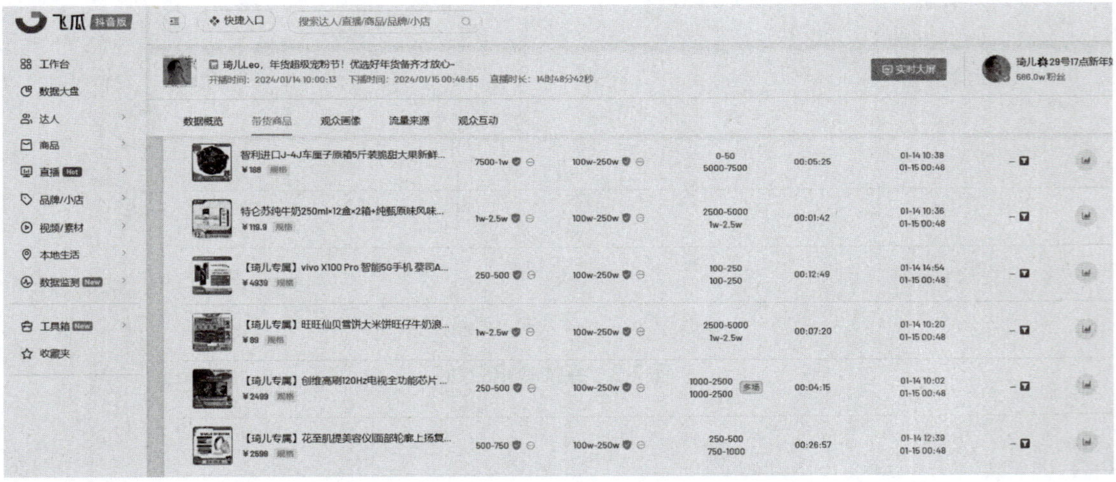

图7.6　各款商品销售表现

3. 查看商品在直播中的详细数据，如图7.7所示，当商品被讲解后，其销量呈明显增长趋势，说明主播的讲解对提高商品销量有积极作用。如果主播讲解后商品的销量没有发生明显变化，说明主播的讲解没有产生效果，主播可能需要改变讲解话术。

步骤3：分析观众感兴趣的商品

查看“正在去购买人数”趋势图，如图7.8所示。由该图可以看出，12：07的时候正在去购买的人数达到峰值，结合商品上架时间，如图7.9所示，当时这款零食处于上架状态，说明观众对这款零食比较感兴趣。直播运营者在后续选择直播商品时，可以考虑选择与该款商品相似的商品。

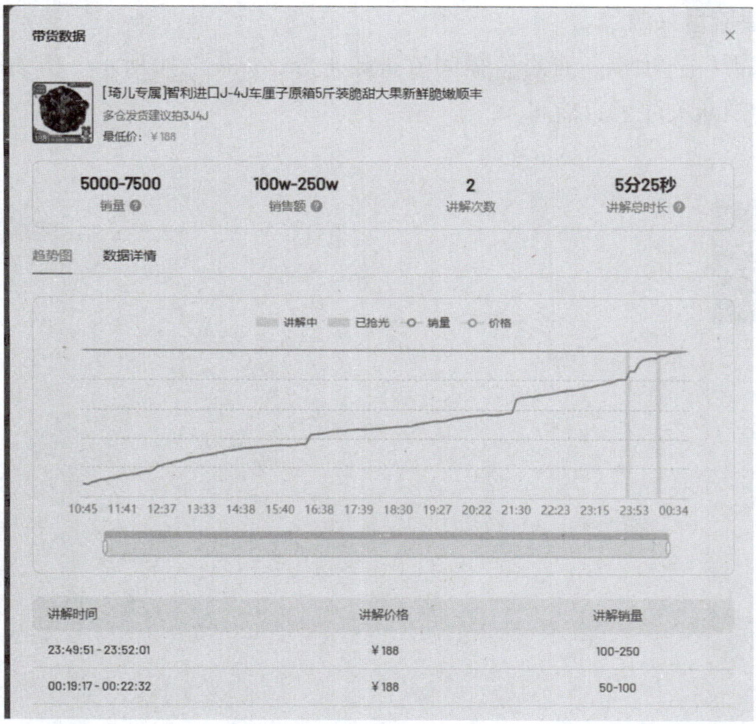

图 7.7　商品详细数据

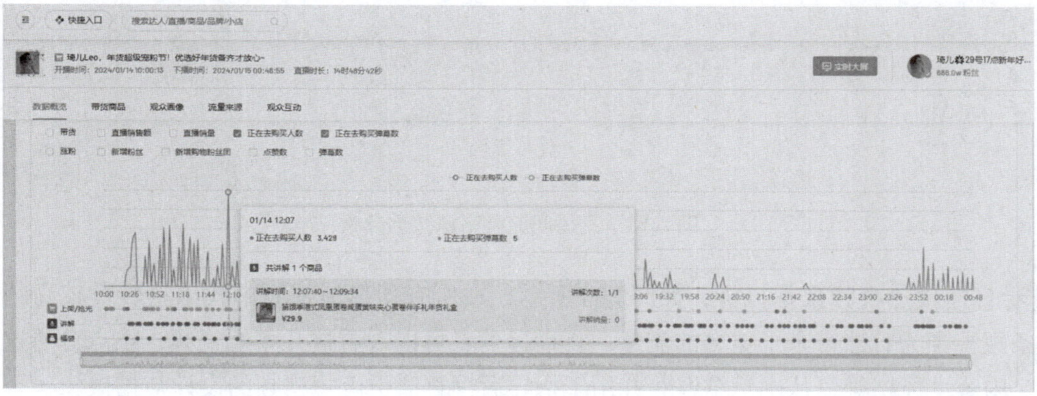

图 7.8　“正在去购买人数”趋势图

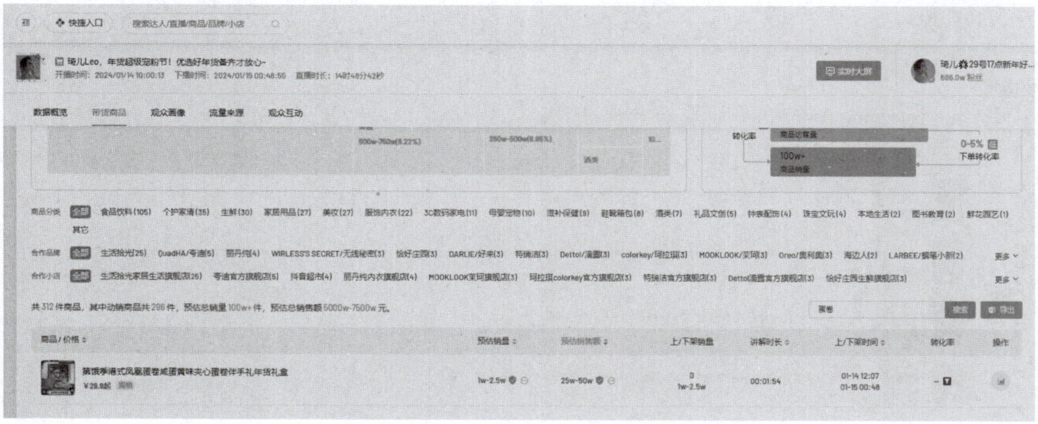

图 7.9　商品上架时间

步骤4：分析直播流量来源

1. 单击“流量来源”选项卡，查看直播间流量的来源，如图7.10所示。由该图可以看出，在本场直播中，有38.79%的观众关注了直播间。

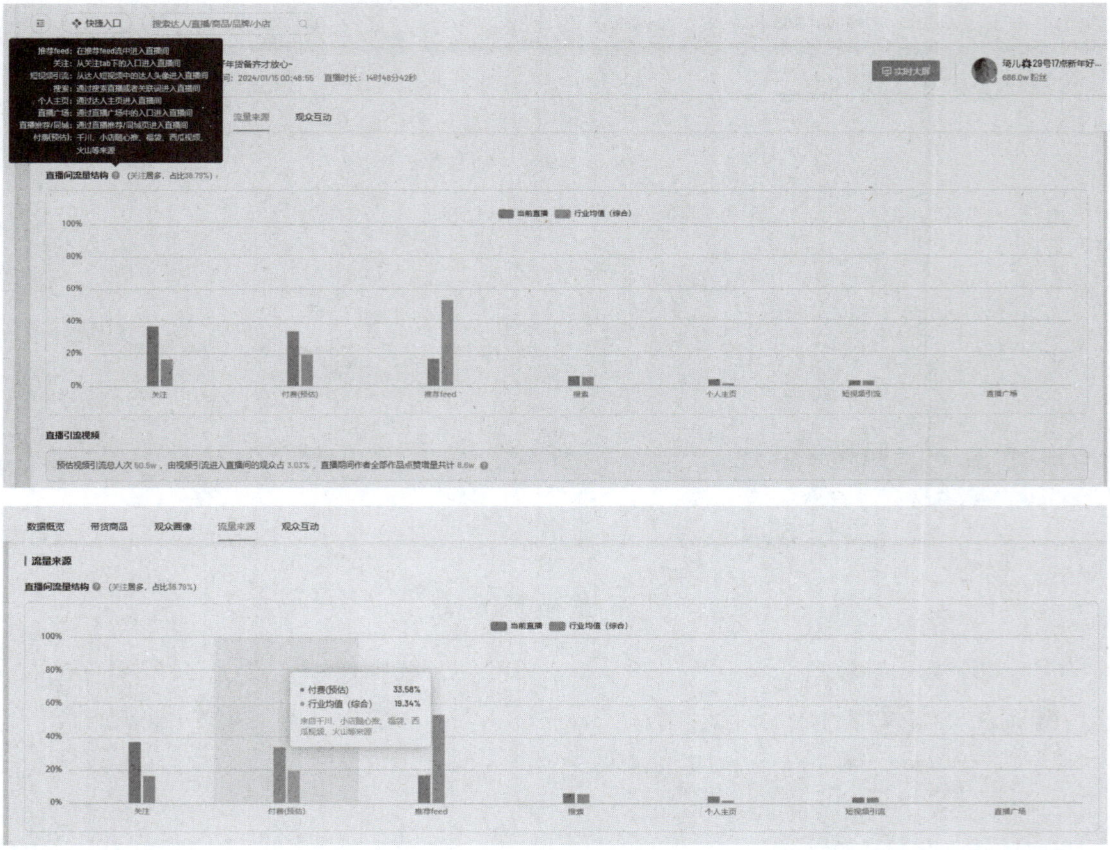

图7.10　直播间流量来源数据分析

2. 查看直播预热视频数据分析，如图7.11所示，在所有预热短视频中找出点赞量较高的几条，可能是这几条短视频为直播带来了更多的流量。直播运营者可以观看这几条短视频，重点分析这几条短视频的选题、内容、风格等，从中总结经验并用于指导后续直播引流短视频的设计与拍摄。

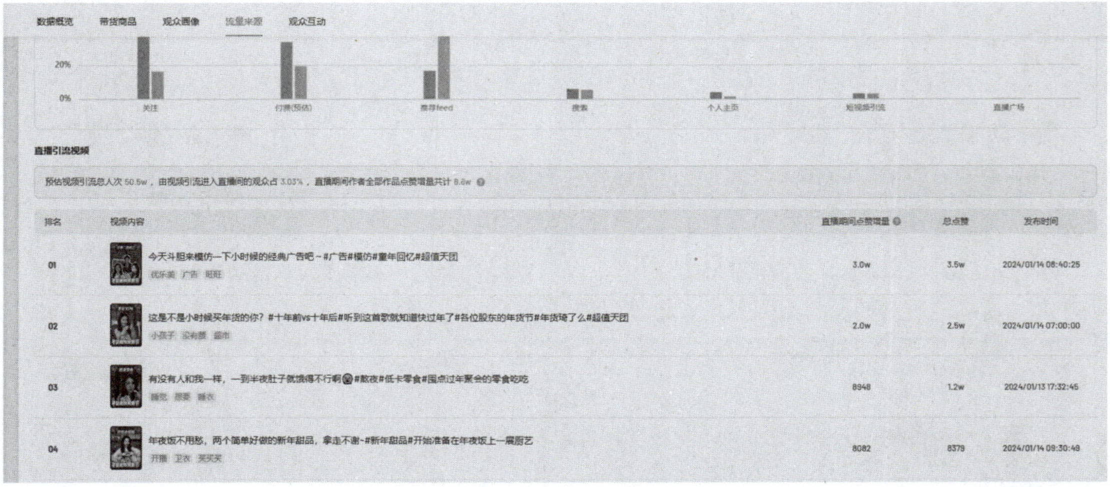

图7.11　直播预热视频数据分析

步骤5：分析直播观众画像

单击“观众画像”选项卡，查看观众属性分析，如图7.12所示，分析观看直播的观众的性别以及年龄段，精准定位。

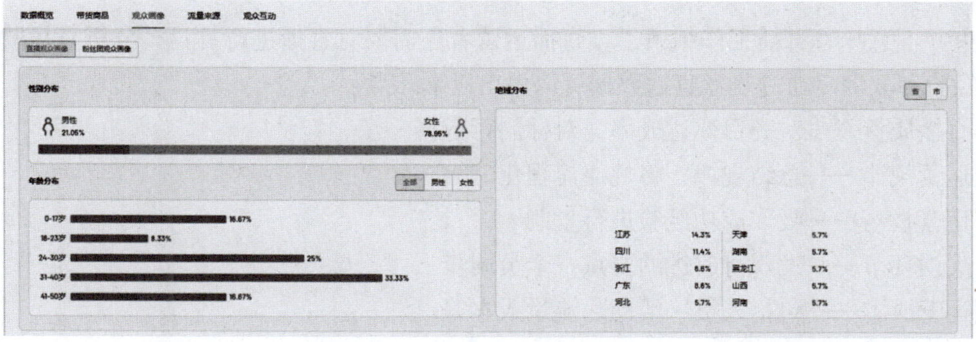

图7.12　直播间观众画像

步骤6：分析观众的购买意愿

1. 单击“观众互动”选项卡，查看直播中观众互动弹幕的相关数据，如图7.13所示，找出观众的兴趣点。

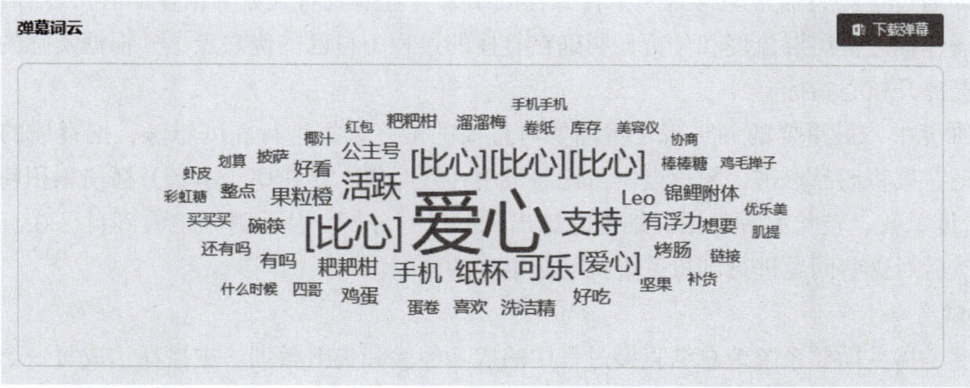

图7.13　观众互动弹幕词云

2. 通过查看“弹幕商品需求”词云，直播运营者可以详细了解观众想购买哪种商品。单击词云中的某个词，可以查看与该词相关的弹幕内容。如图7.14所示，单击关键词“保温杯”，通过分析与其相关的弹幕内容发现，观众对“保温杯”的咨询较多、直播运营者可以考虑在后续的直播中满足观众的需求。

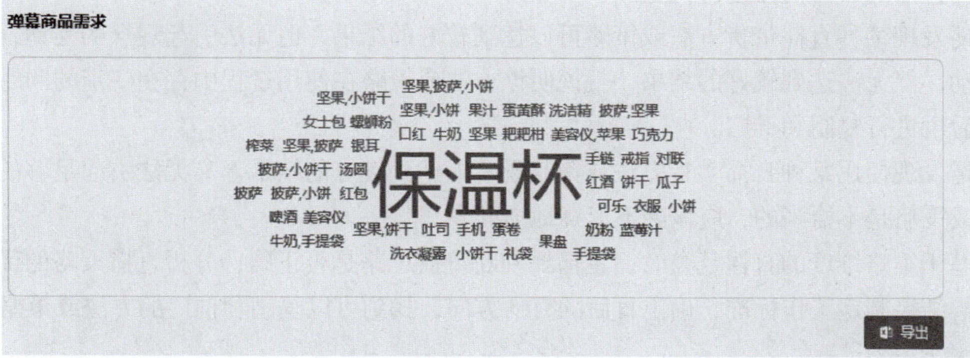

图7.14　“弹幕商品需求”词云

相关知识

一、直播复盘的必要性

直播结束并不意味着直播工作结束了，直播运营者还需要对直播进行复盘，分析直播效果，为后续的直播积累经验和教训。通过复盘直播数据可以得出以下几点：

1. 了解直播质量——对齐目标达成率，对标同行数据；
2. 发现运营规律——总结规律，将规律流程化；
3. 复制运营技巧——吸取成功经验进行复制；
4. 减少失误环节——发现待改进的要点，全员同步；
5. 控制运营成本——包括人员、活动、流量成本等。

二、直播复盘的维度

直播复盘的维度分为结果维度、策略维度和团队维度。

1. 结果维度

结果维度是指主播对整个直播过程进行完整的复盘。在复盘过程中，主播要对自己的卖货目标有清晰的认知，即通过这场直播希望得到一个什么样的结果（直播观看人数、销售额等），然后基于这个目标对整个直播过程进行层层梳理和分析，明确在直播的过程中自己的优缺点，并根据实际的“涨粉”情况和销售情况提升核心指标。

在结果维度中，最重要的一步就是主播要对直播的最终数据进行深度思考，把直播的时间段、时长、累积互动、累积商品点击、粉丝点击占比、最多在线时长、转粉率、本场开播前累积粉丝量、场间“掉粉”量、订单数、转化率等数据详细地总结出来并进行分析，从而清晰地看到自己在直播过程中存在的问题，然后对这些问题进行剖析，查找问题出现的原因。

2. 策略维度

策略维度是指主播要系统地总结直播过程中的成功经验和失败教训。主播在达成每一个直播目标的过程中，使用的直播技巧和销售策略不可能完全相同，通过基于策略维度的复盘，主播可以判断到底哪些是正确的直播技巧和销售方法，值得继续使用和推广。这种复盘对于提高主播的直播能力和带货能力至关重要。

通过复盘，如果主播发现某种直播带货方法或策略可以达到较好的结果，而且在直播过程中能够引起较高的互动，说明该方法或策略是有效的，在以后的直播带货过程中就可以进行适当的复制，当然，还要根据当场直播的具体情况进行调整。

如果主播发现某种直播带货方法或策略可以达到较好的结果，但无法引起观众的互动，或者能够引起较高的互动，但无法达到较好的结果，就说明该方法或策略在使用过程中存在一定的问题，主播要进一步改善之后再进行复制和推广。

如果主播发现使用某种直播卖货方法或策略既不能达到较好的结果，又无法引起足够的互动，就说明这种方法或策略是不恰当的，应该毫不迟疑地摒弃它。

在进行基于策略维度的直播复盘时，主播要判断直播思路是否正确，分析直播策略的优劣，然后根据实际的分析结果制定工作标准，确定日后的直播方向，找到可以复制和推广的方法或策略。

3. 团队维度

结果维度和策略维度的复盘是从主播个人的角度出发的，而现在很多主播隶属于团队，随着直播行业的规模化和商业化，由团队共同打造一场直播成为常态。团队中的不同成员会负责不同的板块，执行不同的任务。例如，有人负责选品，有人负责拍摄，有人负责寻找供应链，有人负责售后，有人负责发货等，而主播只是团队中的一个角色。

因此一场直播不仅要做基于主播层面的复盘，还要从整个团队层面进行复盘。团队中的每一个成员都要根据自己的本职工作进行复盘，向其他成员展示自己的实际工作情况，并接受团队其他成员对自己工作的评判，通过集体智慧找问题、找原因。每个人的认知都是有限的，很多时候人们在复盘时很难全面地看待问题，而通过发挥集体智慧，团队中每个成员的优缺点和在工作中做得好与不好的地方都可以更全面地呈现出来。基于团队维度的复盘还可以有效增强团队的凝聚力。

一般来说，基于团队维度的复盘分为3步。

（1）自我阐述

团队中的每个成员都要进行自我阐述，说出自己在这次直播中扮演的角色、工作目标、目标的完成情况、没有完成目标的原因，以及在完成目标的过程中使用了哪些方法，哪些方法值得借鉴，哪些方法应当改进等。

（2）深入剖析

直播团队中的所有成员要对单个团队成员的工作情况进行深入剖析，找出成员未完成目标背后的真实原因。这个步骤在整个复盘过程中尤为重要，团队成员往往会有巨大的收获。

（3）给出反馈

在找到问题及原因后，团队就要分析如何去改进，这也是团队帮助成员成长的重要手段。

三、直播复盘数据分析指标

直播营销复盘的数据分析评估指标主要有人气指标、互动指标和转化指标。

1. 人气指标

直播间的人气指标也可以称为流量指标，主要是指直播间的观看人次和最多在线人数。直播间的观看人次和最多在线人数决定了直播间的人气。

对很多头部主播的直播间来说，用户进入直播间的速度非常快，叠加的在线人数很多，观看人次增长的速度也会很快。人气高的直播间就可以获得实时的热度，从而获得更多的系统推荐，进而获取更多的曝光机会。

通常可以从以下两个维度分析直播间在线人数的峰值。

（1）在线人数的变化曲线

直播中在线人数的变化可以直观地反映直播间的内容质量。在线人数的变化曲线会出现波峰和波谷，波峰代表直播间的人气峰值，波谷代表直播间的人气低谷。一般情况下，直播间在线人数的波峰会出现在有引流活动的时间段，而波谷则会出现在引流活动结束后，通常是因为直播间内容没有留住引流进来的用户，所以才会出现用户大量流失的情况。

（2）在线人数的稳定程度

直播中在线人数的稳定程度反映的是直播间的用户黏性。在直播过程中，不断有用户离开直播间，也不断有新用户进入直播间，就会导致在线人数不断变化。如果每场直播中直播间的在线人数稳步上涨，就说明直播间既能留住新用户又能吸引老用户回流，即用户黏性较强。

2. 互动指标

直播间的互动指标主要是指直播间的用户互动行为数据。互动行为主要包括点赞、评论、分享和关注等。直播间互动指标中最重要的评估指标之一就是互动率。

互动率是指一场直播中参与互动的用户数占访问直播间用户数的比例。互动率是直播间人气活跃程度的核心指标，互动率越高，代表直播间的用户对直播内容的参与程度越高，直播间的活跃程度也就越高，反之亦然，此时，直播团队就需要考虑改进直播间的互动玩法，进一步调动直播间用户的积极性，使其尽可能多地参与互动，提高直播间的活跃度。

互动率可以从以下两个维度进行分析。

（1）新用户互动率

新用户互动率是指新用户进入直播间后，对直播中的内容产生兴趣，并积极参与其中的新用户占访问直播间用户数的比例。新用户的短暂停留可能只是猎奇，但是能参与互动的新用户，则可以定义为直播间的优质用户。新用户互动率与直播间新用户转化为老用户的转化率密切相关。

（2）老用户互动率

老用户是指非首次进入直播间的用户。老用户除了能持续地观看直播外，还能在直播过程中参与互动，基本可以视为直播间的粉丝。通常老用户的互动率更能决定直播间的氛围。互动氛围越好，直播间中新用户驻足的概率就越大，进而提升参与互动的概率。

如果直播间的互动率较低，直播团队可以初步判断其原因是商品吸引力不足或主播推荐商品的力度不足，此时需要找出短板，积极改善推荐商品的方法。

除了以上数据外，直播团队还可以根据用户在直播间的评论内容生成的“评论词云”，直观地看到用户互动频率最高的内容，以便尽快调整运营方案。

3. 转化指标

直播营销的最终目标是促成交易，因此直播间的转化数据指标主要是指引导成交数量。引导成交数量是指用户通过直播间的引导把直播商品加入购物车并且支付成功的总订单数。

转化指标与直播间的人气指标和互动指标是密切相关的，因此成交单量与在线人数和互动数量是密不可分的。

（1）成交单量与在线人数

直播间的成交单量与在线人数可以反映出直播间用户的精准程度。

直播间用户的精准程度=成交单量/在线人数 ×100%

数值越高，代表直播间用户的精准程度越高；数值越低，代表直播间用户的精准程度越低。如果直播间用户的精准程度比较低，则很难达成销售转化。通常来说，每场直播中该数值要高于3%，也就是说如果有1 000人在线，那么至少要成交30单。如果该数值低于3%，就意味着用户的精准程度偏低。

（2）成交单量与互动数量

直播间的成交单量与互动数量可以反映出直播间商品的内容策划质量。

直播间商品的内容策划质量=成交单量/互动数量 ×100%

数值越高，代表内容策划质量越高；数值越低，代表内容策划质量越低。

用户已经参与直播间互动，但没有下单，那么很可能是商品口碑、商品详情或商品定价存在问题，从而影响了用户的购买决定。直播团队需要优化选品环节，优化直播间的商品配置，或者优化商品的促销方式。

通常来说，直播间商品的内容策划质量数值应该高于5%，也就是说每1 000条互动至少要成交50单。如果每场直播中该数值都低于5%，就意味着直播间商品的内容策划质量偏低。

常见疑问

直播营销的效果是通过哪些指标进行评估的？

人气指标、互动指标和转化指标。

任务笔记

学习评价

表 7.1 "分析复盘数据"学习评价表

班级：____________　　　　学号：____________

姓名（小组成员）：____

序　号	考 核 点	考 核 标 准			考 核 分 数		
		不太符合 0~12	基本符合 13~19	完全符合 20~25	自　评	第三 方评	教师 评分
1	查看直播后台数据	能查看直播基础数据 能分析直播商品数据 能分析观众感兴趣的商品					
2	分析后台数据	能分析直播流量来源 能分析直播观众画像 能分析观众的购买意愿					
3	直播复盘的维度	能对整个直播过程进行复盘 能总结直播过程中的成功经验和失败教训 不同成员会负责不同的板块，执行不同的任务					
4	直播复盘数据分析指标	能进行人气指标评估 能进行互动指标评估 能进行转化指标评估					
综合得分（自评 30%+ 第三方评 30%+ 教师评分 40%）							
学生学习评价剖析与应用（学生填写）							
自我比较：☐进步　☐退步　　教师比较：☐进步　☐退步　　企业比较：☐进步　☐退步							
改进措施与安排							

知识测试

一、选择题

1. 下列关于人气指标的说法错误的是（　　）。[单选]

A. 直播间的人气指标也可以称为流量指标

B. 每场直播中在线人数的变化可以最直观地反映直播间的商品质量

C. 直播中在线人数的稳定程度反映的是直播间的用户黏性

D. 每场直播中在线人数的变化可以最直观地反映直播间的内容质量

2. 直播复盘的必要性包括（　　）。[多选]

A. 了解直播质量　　B. 发现运营规律

C. 复制运营技巧　　D. 减少失误环节

E. 控制运营成本

3. 直播间的转化数据指标主要是指（　　）。[单选]

A. 引导成交数量　　B. 用户互动行为

C. 直播间的观看次数　　D. 最多在线人数

二、简答题

1. 直播间商品的内容策划质量的计算公式。
2. 直播间用户的精准程度的计算公式。
3. 新用户互动率是什么？
4. 老用户是什么？
5. 人气指标评估是什么？
6. 互动指标评估是什么？
7. 转化指标评估是什么？

任务 2 优化直播效果

学习目标

知识目标	了解直播优化的具体方法
技能目标	能够结合数据分析给出直播优化建议
素质目标	1. 在选择对标账号时，能选择具备正确价值观的账号 2. 在数据分析中，能做到大胆探索、小心求证

思政园地

顺丰深耕农产品物流体系

生鲜、水果等农产品具有不同于其他产品的易损坏、易腐烂的特性，物流体验的优劣会影响消费者的复购率。顺丰在农产品领域深耕多年，搭建起了较为完善的供应链，能够为直播带货业务的推进提供重要支撑。事实上，生鲜、水果等农产品作为日常必需品一直有着很大的市场空间，但这些产品的物流运输难度较大，对于物流企业的物流速度和保鲜能力提出了更高的要求。为了给消费者带去更好的物流体验，顺丰早已开始持续深耕农产品领域，不仅搭建起了完善的供应链，还积累了大量的经验，据了解，顺丰在田间地头建设了农产品集收点、研发投入适应小批量分拨的移动分拣车、建设贴近产地的生鲜预处理中心，并在特色农产品丰收季调配专用冷藏车辆、专属全货机及多种运力资源，持续提升自身在农产品流通过程中的交付速度。而顺丰在农产品领域的布局，也将成为开展直播带货业务的基础，加快直播带货业务的发展速度。

顺丰农产品物流体系的完善不仅提升了农产品的流通效率，还为直播带货等新零售模式提供了坚实的后盾。这一案例告诉我们，优化直播效果不仅要改进直播技术和内容，更要关注整个供应链的协同和效率。大学生应认识到，在数字经济时代，单一技能已难以满足市场需求，必须培养全局思维和跨界合作的能力。通过顺丰的案例，同学们可以反思如何在学习和实践中，将专业知识与市场需求相结合，为社会的可持续发展贡献力量。

学 以 助 农

当直播间计划或正在销售农产品，为取得较好的直播效果，需遵循以下关键要点：

第一，农产品营销需注重其独特性，贴近民生，以营造有益于销售的氛围。

第二，在直播销售过程中，可以向观众介绍农作物的种植方法、注意事项等，分享农产品生产过程中的挑战及应对策略，或在介绍产品产地时穿插当地风土人情等内容，通过故事、文化及农耕知识与观众互动。

第三，直播销售并非一次性交易，售出产品后，售后服务尤为重要。特别是果蔬类产品，在运输过程中易损耗，针对此情况，可选择补发产品或以赠送优惠券等形式进行赔偿，以保障消费者权益。

同学们可以根据以上要点，通过本任务的学习与实践，观看涉农企业的直播或回放，有针对性地提出改进建议。

任务实施

任务描述：

琪姐要求林阳协助直播部门针对“年货超级宠粉节”直播进行数据复盘，提出优化直播策略，使直播更具吸引力，真正获得用户的喜爱。

操作条件：

1. 设备：电脑、网络
2. 工具：使用品牌直播与短视频数据分析平台
3. 分组：学生分组按步骤完成相应的实践任务

实操步骤：

步骤1：若进入直播间的用户不多，考虑从引流渠道、引流内容、引流时间等直播间引流方式提出优化建议。

步骤2：若用户在直播间停留时间短，考虑从直播时长、直播间嘉宾、连麦等直播策略提出优化建议。

步骤3：若商品转化率低，考虑从选品、商品售卖组合、商品价格等方面提出优化建议。

步骤4：若部分用户未付款，考虑从调整直播话术、获得用户信任、产生消费需求、进行购买行为等方面提出优化建议。

步骤5：若互动率低，考虑从活跃直播间氛围等方面提出优化建议。

相关知识

直播间的数据往往能反映出一些问题。每一场直播后，运营者都需要及时复盘直播活动，分析直播数据，并制定优化策略。根据直播间的数据，运营者可以从以下几个方面来优化直播间的运营。

一、引流方式优化

如果进入直播间的用户不多，那么运营者就需要做好直播间的引流。直播间引流方式的优化可以从以下3个角度来进行。

1. 引流渠道的优化

直播引流渠道有私域流量渠道和公域流量渠道之分。运营者可以通过在私域流量渠道和公域流量渠道同步进行直播宣传，快速提高直播活动的热度。

（1）私域流量渠道

运营者可以进行直播引流的私域流量渠道有电商平台店铺、微信公众号、微信朋友圈和社群等。

电商平台店铺：拥有抖音店铺、淘宝店铺（含天猫店铺）、京东店铺、拼多多店铺等电商平台店铺的运营者，可以在店铺首页、商品页、商品详情页等位置宣传直播信息，以便关注店铺的用户了解直播信息。

微信公众号：运营者可以在微信公众号中以长图文的形式介绍直播信息，同时插入贴片或海报，更清楚地说明直播的时间和主题。

微信朋友圈：运营者可以在微信朋友圈发布与直播相关的图文动态，作为直播预告。

社群：运营者可以创建直播账号的粉丝群、主播粉丝群、品牌的会员群或者其他社群，在直播开始前，将直播预告发布在群内，以引导社群用户到直播间观看直播。预告方式可以是短视频，也可是宣传图，还可以是文字。

（2）公域流量渠道

公域流量渠道即平台渠道。常用的公域流量渠道包括抖音、快手、视频号等短视频平台以及微博。

短视频平台：在开播前3小时，运营者可以在抖音、快手、视频号等短视频平台发布短视频来预告直播信息。利用短视频发布直播预告主要有两种方式。

第一种方式是由常规的短视频内容和直播预告信息组成的短视频，即发布含有直播预告信息的短视频。采用这种直播预告方式基本上不会削减短视频平台用户的观看乐趣，可以为主播和账号吸引更多的用户。然而这样的短视频只是预告了直播时间，并不能充分预告直播信息，不太容易做到为直播间引流。如果运营者有一定的短视频策划能力，能根据直播内容和直播主题创作出兼顾优质内容和引流目标的短视频，就可以用有趣的内容吸引短视频平台的用户观看直播，同时也能较为准确地传达直播的亮点和价值。

第二种方式是以直播预告为主要内容的短视频，即纯预告式短视频。带货直播采用这种预告方式，可以进一步强化主播的专业带货人设，也能充分展示直播带货的核心内容，能够吸引对直播间商品感兴趣的用户观看直播。从这个角度来看，这种方式可以为直播间精准引流。

微博：一些电商平台的达人直播可以在微博进行直播宣传预热，吸引微博用户到直播间观看直播。运营者也可以在微博开通名为“××（主播名字）直播官方微博”“××（主播名字）直播预告小助手”的账号，专门发布直播预告内容。这种方式可以吸引用户去直播间蹲守自己想要的“好物”。

运营者可以将直播信息发布在微博平台上。例如，某平台的“××旗舰店”在其微博账号“××”发布了直播信息，则开播时，其微博会弹出一条内容，内容来源显示“来自××直播”，内容中的配图也会显示“××直播中”，方便微博用户直接进入直播间观看。

2. 引流内容的优化

日常直播中，引流内容主要有两种：引流短视频和引流直播间本身。这两种引流内容的优化方式有所不同。

（1）引流短视频的内容优化

如果在直播过程中投放了引流短视频，运营者要注意收集引流短视频的数据，尤其是用户行为数据，据此分析用户的观看行为和点赞行为，从而找出引流短视频内容层面的不足之处和优化方法。例如，一条20秒的引流短视频，播放至第10秒时，用户只剩下40%了，这就说明引流短视频的前10秒不够吸引用户，导致超过半数的用户看不到10秒就“划”走了。而在引流短视频的第10秒，有80%的用户点赞，也就是说引流短视频的亮点在第10秒。如果将引流短视频的亮点往前移，或者增强前10秒的吸引力，引流短视频的引流效果会更好。

（2）直播间本身的推广优化

如果在直播过程中投放的引流内容是直播间本身，即直接“加热”直播间，那么影响“加热”效果的，可能是用户匹配度。如果直播间本身的引流数据不好，那么可能是因为平台为直播内容匹配的目标用户有许多是无效的。为此，运营者应该优化账号的标签或直播间的标签，以促使平台将直播间推荐给更多合适的目标用户。

3. 引流时间的优化

对于开播时间不稳定、频率不高、直播时间较长的直播间，运营者还需要注意直播预告信息的发布时间。直播预告信息的发布时间应该与平台用户活跃时间一致，且要与开播时间有一定的间隔。

一般情况下，19：00~21：00 是大多数上班族的休息时间，他们更可能在这个时间段观看直播，因此这个时间段直播间用户往往最多，也是很多主播首选的开播时间。由于发布直播预告信息的目的是引流，运营者需要在开播前就让目标用户看到直播预告信息。所以直播预告信息不能在这个时间段发出。

运营者发布直播预告信息的时间不能距离开播时间太远，否则用户很容易遗忘。但也不能距离开播时间太近，否则可能会影响预热效果。运营者可以在正式直播前1~3天发布直播预告信息，为直播间引流。采用这样的节奏，一方面是由于网络热门信息的发酵期是2~3 天，在这段时间内，看到直播预告信息的用户数量会达到顶峰。在直播预告信息发布1~3天后开播，可以避免直播预告信息热度衰减。另一方面，运营者提前1~3天发布直播预告信息，可以给主播及其团队一些时间来准备应对突发情况的预案。运营者可以在此期间了解用户对直播的期待程度，及时调整直播方案。也可以避免直播预告信息被突然爆发的其他网络热点完全掩盖，同时给用户一个缓冲期。在提前做好直播预热的前提下，直播前即使发生一些突发状况，运营者调整直播计划中的小部分内容即可从容应对。

由于短视频平台、微博、微信公众号、微信朋友圈等都可以成为主要的直播预告平台，因此，运营者需要了解这些平台的用户活跃时间，并在用户活跃时间发布直播预告信息。根据经验，最适合发布直播预告信息的时间是用户活跃峰值前的半小时，这样既不会因平台的审核而影响用户观看，又能给目标用户更多的反应和转发时间。此外运营者还需要注意，直播预告信息的发布时间一般不宜选在周末，因为这是很多平台的内容发布高峰期。例如，微信朋友圈、微信公众号、微博等平台上的用户会在周末发布较多的动态。运营者发布直播预告信息要注意避开这一内容发布高峰期，以免直播预告信息被其他信息淹没。

二、直播策略优化

如果用户在直播间停留的时间很短，那么，运营者就要考虑优化直播策略，以增强直播间的吸引力。具体可以从以下3个方面着手。

1. 直播时长

直播时长会影响直播效果。做公域直播，一场直播的时长越长，就越容易获得平台的推荐，有的直播间为了长期抢占推荐位而每天直播24小时。而做私域直播，比如为付费用户开设的专场直播，不需要抢占公域流量，直播时长不宜太长，直播不宜太频繁，以免打扰用户的正常生活。一般一场私域直播的时长最好在1小时左右，不要超过2小时。也不必每天直播，每周进行1场直播即可，最多进行2场直播，且应有间隔。

2. 直播间嘉宾

主播及其团队可以凭借自己的人际关系邀请各个领域的名人担任直播间嘉宾。请名人担任直播间嘉宾有诸多好处。

第一，这些名人往往拥有很大的粉丝基础，自带流量。名人担任直播间嘉宾，名人的粉丝也会到直播间观看直播。

第二，让原本普通的直播带货内容因为增加了与名人的互动而变得更为丰富，让直播间的带货内容更有看点。

第三，直播结束后，主播的名字可能会和名人的名字一起登上“话题讨论”，有助于增强主播和直播间的影响力。

第四，直播结束后，运营者可以把直播间的互动内容做成短视频在短视频平台传播，进一步提升主播的知名度。

3. 与其他主播“连麦”

目前，“连麦”已经成为一种常见的直播方式。直播前选择合适的“连麦”对象，直播时进行“连麦”，有助于提高直播间的人气。在与其他主播“连麦”的直播间，用户进入其中一位主播的直播间后，可根据自己的喜好切换“连麦”直播间其他主播，而且在任何一位主播的直播间都可以同时收看所有“连麦”直播内容。因此主播可以引导进入直播间的用户关注自己的账号，也可以主动引导用户关注其他“连麦”主播。这是一种互惠互利的交流方式，可以提高直播间的热度。

三、商品优化

商品优化包括商品选品优化、商品售卖组合优化，以及商品价格优化。

1. 商品选品优化

任何一场直播的选品，都要保证商品的质量。在直播间销售商品，主播、直播间甚至是平台都需要为商品的质量负责。在为商品设计介绍话术时，也应实事求是，不可虚报功能、夸大效果或者弄虚作假。主播在直播间说的话是对用户的承诺，主播需要对自己说的话负责任。

不管是过去传统的营销方式，还是现在新媒体时代的短视频营销、直播营销、社群营销，营销的关键都在于用户对销售者的信任。不管是“达人”直播、品牌自播还是店铺自播，都需要凭借商品的好品质和准确的商品介绍建立信任，这样才有机会促成交易。如果直播间有欺骗行为，信任破裂后，用户就会迅速流失，更有甚者，直播间会被处罚。

2. 商品售卖组合优化

直播间的商品售卖组合策略包括3种：单品销售策略、套装销售策略，以及买赠组合销售策略。

（1）单品销售策略

使用单品销售策略的商品通常是一个时期的主推商品，也是支撑直播间利润的商品。主推商品一般是持续热销的商品，时效性不强，在全年都有不错的销量。运营者可以选择销量高、用户评价好、符合主播人设、符合直播间风格的商品作为主推商品，同时将其定位为代表主播和直播间形象的商品。

（2）套装销售策略

使用套装销售策略的商品可以是支撑直播间销量的畅销商品。畅销商品一般是有时效性的，往往只能给直播间带来短期的突出销量。当其他商品变得火爆之后，该商品销量就会下滑，甚至成为滞销商品。例如，春节前，春联、红包、窗花都是非常畅销的商品，但是等过了这个时期，这些商品的销量可能就会锐减，也就不再适合销售了。因此，在这些商品销量最高的时间段，趁很多用户都有购买需求的时候，直播间可以将这些商品组合成套装，以较为实惠的套装价格进行销售。

（3）买赠组合销售策略

买赠组合销售策略即为所销售的商品设定一个价格，同时赠送一个其他商品的策略。一般合适的赠品都是用户使用购买的商品时会用到的附属商品。例如，主播在直播间销售卸妆水，就可以将卸妆棉作为赠品。采用这样的销售策略，可以给用户带来一种贴心的感觉。因此，即使买赠组合销售策略下商品价格偏高，用户一般也能接受。当然，与单品相比，买赠组合销售策略的“差价”不能超过赠品的平常购买价格。此外还需要注意的是，采用买赠组合销售策略时，赠品应该在直播过程中多次出镜，由主播亲自示范使用，以增强用户对赠品的记忆及对赠品价值的认可。

3. 商品价格优化

运营者要注意收集同品牌同款商品和其他品牌同类商品在其他直播间、其他平台的实际销售价格，然后根据成本和预期利润制定本直播间的价格。在没有获得足够的用户信任和支持时，应该设定稍低于主要竞争直播间的价格，这样既能吸引用户的注意力，又能在用户购买使用后提高用户的信任度并增强用户黏性。

而对于品牌方搭建的官方直播间，由于其已经通过数年甚至数十年的运营得到了大量用户的信任和一定的市场知名度，就可以通过“打折促销”“超多福利”等有吸引力的优惠策略，快速吸引目标用户。

任何一款商品都是有生命周期的。直播间今天的“爆款”，明天可能就会被市场淘汰。今天发现的独特新品，明天可能会被其他直播间跟风模仿。运营者不仅需要为直播间的商品做好选品，优化售卖组合和定价，还需要及时为直播间进行品类升级。

四、直播话术优化

主播需要使用合适的直播话术，以获取用户的信任，让用户意识到自己的消费需求，从而产生购买行为。直播话术优化可参考以下 5 个要点。

1. 话术风格应符合主播人设

主播的人设不同，话术风格也应有所差别。例如，专家或导师型的主播，要干练、理性，话术风格应简洁明了，不过多重复，不拖泥带水。邻家哥哥/姐姐型的主播，在直播过程中尽量不使用华丽的词语，但需要把平淡的话语说出深意，以突出人设的特点。

需要注意的是，有的主播喜欢用一些口头禅来塑造自己的独特风格。然而有些口头禅是会影响用户体验的，比如“我说清楚了吗？”“大家听明白了吗？”这些质疑用户理解能力的话语，是不宜重复出现在直播间的。

2. 介绍商品特点时简明扼要

在直播时，如果主播直接念品牌方撰写的商品文案，用户可能记不住商品的特点，而如果主播能将品牌方的文案内容用更贴合日常交流情景的话语表达出来，可能更容易让用户了解商品，记住商品。

例如，某品牌智能摄像头的文案是“无惧黑夜，高清红外夜视，采用 8 颗 OSRAM 专业纳米环保 LED 红外补光灯，在夜间全黑环境下也能呈现高清画质”。在直播时，主播不必念文案，而是可以用更通俗的话语将商品特点说清楚，并为这段文案描述一个使用场景。参考话术：“这款摄像头，因为有红外夜视功能，晚上即使关了灯，拍的视频也是很清楚的。”这样一段浅显易懂的日常话语，加上直播现场的操作演示，就能让用户更直观地了解商品的使用价值，更容易产生购买行为。

3. 话术需要搭配合适的情绪

直播就像表演节目，主播就如表演节目的演员，演绎到位才能吸引用户。演绎到位意味着，主播不仅要说好“台词”，还需要为“台词”配上能打动用户的面部表情和丰富的肢体动作，以表现相应的情绪。试想一下，如果主播平淡地说着商品的某些特点，那么用户可能会对商品毫无记忆点。如果主播在介绍商品时面露兴奋，语调欢快，言语间尽是赞美之词，那么用户就会被主播的情绪感染，将注意力放在商品的特点上，更容易对商品产生共鸣。

换言之，主播在直播间介绍商品时表现出的情绪远比“台词”本身更有感染力。因此主播要尽可能站在用户的角度去看待商品，去发现商品的独特价值。

4. 不同的直播内容需要搭配不同语速

主播在直播间推荐商品时，语速不能太慢，过慢的语速满足不了用户对于短时间内获取更多信息的需求，也容易给用户留下无精打采、懈怠、拖沓的印象。但语速也不宜过快，过快的语速会让用户听不清内容，来不及理解，影响用户对信息的接收。

一般对于日常生活中非常熟悉的语言，如果讲述的内容不多，听者对信息的接受程度可以达到每秒 7~8 字。而对于不易理解的内容，听者对信息的接受程度是每秒 4~5 字，即每分钟 240~300 字。不同年龄、不同文化程度、不同职业的用户，对语言的理解能力都有差别。因此如果根据照顾大多数用户的原则，主播在直播间使用每分钟 250~260 字的语速是比较合适的。在此范围内，主播还可以根据直播内容灵活切换语速。例如，在催促用户下单时，语速可以适当快一些，提高到每分钟 280 字左右，以营造紧张的氛围。如果要讲专业性较强的知识，语速可以稍微慢一些，降低到每分钟240字左右，以体现内容的权威性。讲到关键之处时，可以突然放慢语速或增加停顿，以提醒用户注意倾听。

语速还应根据直播间的风格而定。有的用户喜欢快速的、热烈的氛围，那么快语速是合适的。而有的用户喜欢安静，喜欢思考，他们更容易被缓缓讲述的场景吸引。以后者为目标用户的直播间，主播并不适合使用快语速，讲述时慢一些，营造娓娓道来的温暖氛围，不去营造督促购买的氛围，反而更容易留住用户、促成交易。

5. 不同直播阶段需要不同的话术

一场直播从开始到结束，从氛围的角度来看，可分为开端期、舒缓期、提神期、释放期4个阶段，每个阶段话术的具体作用依次是吸引用户观看、舒缓用户情绪、刺激用户下单、触发用户期待，各个阶段的话术设计要点如下。

（1）开端期

为了营造用户对直播间良好的第一印象，主播需要用热情的话语欢迎进入直播间的用户，用有互动感的话语来活跃气氛，用直播亮点预告等方法吸引用户留在直播间内观看。

（2）舒缓期

在一个环节结束后，比如介绍完一款商品后，主播可以通过讲笑话、唱歌、聊天等形式，缩短自己和用户之间的心理距离。

（3）提神期

当直播间用户较多时，主播可以用兴奋、激动的语气和话语进行抽奖送福利、惊喜促销、“宠粉”促销等活动，再次活跃直播间气氛，吸引更多用户进入直播间，促成直播间的营销转化。

（4）释放期

在一场直播的尾声，主播需要真诚地向用户和工作人员表示感谢，提高用户的满意度，并重点介绍下一场直播中有吸引力的商品和活动，让用户对下场直播产生期待。

五、互动环节优化

要想让用户在直播间停留，与主播互动，活跃直播间的气氛，发红包和抽奖等环节必不可少。

1. 发红包

主播在直播间发红包，可以让用户看到具体可见的利益，是聚集人气、营造热烈互动氛围的有效方式。主播发红包时应注意以下要点。

（1）发红包的节点

约定发红包的节点，即在正式派发红包之前，主播需要告诉用户将在什么情况下发红包，并建议用户邀请更多的伙伴进入直播间，参与抢红包活动。这样的预告话术，一方面可以活跃直播间的气氛，另一方面可以快速增加直播间的流量。

发红包的节点应选在流量节点或者互动节点，如点赞或转发数达到一定量时发红包。这样的发红包节点会激发用户点赞或转发的积极性，能够更快地提升直播间的人气。需要说明的是，不宜提前确认具体发红包的时间节点，以免用户只在指定时间进入直播间抢红包，抢完红包就离开直播间。

（2）发红包的场合

一般而言，发红包的场合可以是直播间，也可以是社群。选择在直播间发红包，到约定节点时，主播可以与助理一起为发红包环节进行倒计时，以活跃直播间的气氛，同时也可以让用户产生抢红包的紧张感。

如果想要获得更多的私域流量，则可以选择在社群内发红包。在社群内发红包的具体操作方法是主播先推荐一款商品，待感兴趣的用户下单后，邀请用户加入专门的粉丝群，或者直接邀请所有感兴趣的用户加入在直播平台上搭建的粉丝群。参考话术："现在又要开始我们的发红包环节了，我们马上就会在粉丝群发放大额红包，没有进群的朋友们赶紧进群了。进群方法是，点击直播间……朋友们快点入群主播马上就要发放大额红包了！"在介绍进群方法时，主播或助理可以拿着手机，对着镜头演示如何加入粉丝群。随后，主播进行10秒倒计时，让粉丝群里的用户做好准备，倒计时结束即开始发红包。发完红包后，主播或助理也可以在镜头前展示抢红包的画面和抢红包的人数。

2. 抽奖

抽奖主要有两个目标，一是活跃直播间的互动气氛；二是吸引用户关注直播间并产生购买行为。基于这两个目标，主播可以在直播间发起3种抽奖活动：一键评论参与抽奖、回答问题参与抽奖、下单自动抽奖。

（1）一键评论参与抽奖

若直播间有抽奖活动，用户进入直播间，可以选择是否参与直播间的抽奖。如果要参与抽奖，用户就需要在评论区发布指定内容。为了降低用户参与门槛，主播可以设计"一键评论参与抽奖"的方式，用户只需要点击"一键评论参与抽奖"按钮，即可自动评论指定内容，自动参与抽奖。这样的抽奖方式门槛低，用户参与度会更高。

（2）回答问题参与抽奖

回答问题参与抽奖即主播可以根据商品详情页的内容提出一个问题，让用户到商品详情页中找答案，然后在评论区给出答案。主播或助理随机抽取回答正确的用户，被抽中的用户可以得到一份奖品。

这是一种高门槛的抽奖方式，有3个方面的好处。首先，用户需要查看商品详情页以寻找答案，这样可以提高商品详情页的点击量；其次，用户在寻找答案的过程中需要详细查看商品详情页，从而加深对商品的了解，提升用户购买的可能性；最后，用户通过评论与主播互动，也会提升直播间的互动热度。

（3）下单自动抽奖

下单自动抽奖是主播给下单用户的福利，可以提高下单用户的满意度。这是3种抽奖活动中参与门槛最高的一种。

这3种抽奖方式的参与门槛是不同的，奖品的设置也应有所不同。参与门槛低的抽奖方式，可选销售价格较低的商品作为奖品，多次少量。参与门槛高的抽奖方式，应选择主播推荐过的商品，可以是新品，也可以是前期的"爆品"，少次多量，以激发用户的参与兴趣。

? 常见疑问

商品转化率低，是不是单一原因造成的呢？

不是，商品转化率低的原因要从引流方式、直播策略、商品、直播话术、互动环节等方面综合考虑。

学习评价

表 7.2　“优化直播效果”学习评价表

班级：____________　　学号：____________

姓名（小组成员）：________________________________

序号	考核点	考核标准			考核分数		
		不太符合 0~9	基本符合 10~14	完全符合 15~20	自评	第三方评	教师评分
1	引流方式优化	引流渠道的优化 引流内容的优化 引流时间的优化					
2	直播策略优化	合理安排直播时长 邀请直播间嘉宾 与其他主播“连麦”					
3	商品优化	商品选品优化 商品售卖组合优化 商品价格优化					
4	直播话术优化	话术风格应符合主播的人设 介绍商品特点时简明扼要 话术能搭配合适的情绪 不同的直播内容需要搭配不同语速 不同直播阶段需要不同的话术					
5	互动环节优化	能正确发红包 合理安排抽奖环节					
综合得分（自评 30%+ 第三方评 30%+ 教师评分 40%）							
学生学习评价剖析与应用（学生填写）							
自我比较：□进步　□退步			教师比较：□进步　□退步		企业比较：□进步　□退步		
改进措施与安排							

知识测试

一、选择题

1. 以下哪个不属于私域流量渠道？（　　）[单选]

A. 社群　　B. 微信公众号

C. 朋友圈　　D. 抖音

2. 以下哪个不属于公域流量渠道？（　　）[单选]

A. 抖音　　B. 视频号

C. 朋友圈　　D. 快手

3. 一场直播从开始到结束，从氛围的角度来看，可以分为（　　）。[多选]

A. 开端期　　B. 舒缓期

C. 提神期　　D. 释放期

4. 直播间选品，一般包括（　　）。[多选]

A. 引流款商品　　B. 印象款商品

C. 利润款商品　　D. “宠粉”款商品

二、简答题

1. 什么是下单自动抽奖？
2. 什么是开端期？
3. 什么是买赠组合销售策略？
4. 直播过程中，应该在什么时候发红包？
5. 简述直播运营的优化策略。
6. 主播在直播间介绍商品时表现出的情绪包括哪些？

任务 3 直播后推广

学习目标

知识目标	1. 了解二次传播的作用 2. 掌握二次传播的常见形式 3. 掌握二次传播的渠道选择
技能目标	1. 能够制作高质量的视频 2. 能够撰写直播相关软文 3. 能够进行二次传播渠道选择
素质目标	1. 具备良好的用户思维和创新意识 2. 培养规则意识和持之以恒的精神

思政园地

推广需谨慎：避免“翻车”

在直播后二次宣传中，谨慎使用宣传词，不怕没人看，就怕推广“翻车”，不怕漏说，就怕胡说乱说，不该说的瞎说。一不小心构成虚假广告，除了要对消费者“退一赔三”，还会面临行政处罚，情节严重还可能涉及刑事犯罪。

常见“翻车区”：绝对化表述。

直播后为了对商品的使用效果再次进行推荐和宣传，能让观众有更好的代入感，在介绍时往往会掺杂个人喜好、夸张描述，例如“最好的”“性价比第一”“全网最低价”等等。这类语句触犯了两个雷区，一是极限词，二是虚假广告。

为维护市场的正常竞争，避免消费者被误导，《中华人民共和国广告法》规定广告中不得使用“国家级”“最高级”“最佳”等表示绝对化、极限的用语。原则上只要商家对商品的宣传与实际相符，不存在欺骗消费者的行为即不属于虚假宣传，但基本上为避免其他不必要的麻烦，电商平台会要求商家避免此类词语。这种绝对化的表述一旦被发现有例外，或者描述的产品信息与链接图文不符，购买后收到的产品与主播表述不符，都会构成虚假广告，主播、平台、商家都需承担法律责任。

大学生作为未来的商业主力军，更应重视商业道德和法律责任，培养法律意识，确保在直播推广等商业活动中不越雷池，为社会的诚信建设贡献力量。

学 以 助 农

针对直播后的农产品推广，同学们可以发挥短视频剪辑技能，助力农业发展。首先，制作高质量的农产品介绍视频，突出产品特色与优势，吸引消费者关注。其次，撰写直播软文，结合农产品故事与文化背景，提升产品附加值。在渠道选择上，可以与社交媒体平台、农业电商平台或地方电视台等合作，确保信息准确传达给目标受众。通过这些具体行动，大学生不仅能够实践所学技能，还能为农户拓宽销售渠道，促进农业发展。

任务实施

任务描述：

琪姐要求林阳将直播过程中的高光时刻进行编辑，审核通过后进行二次传播推广。

操作条件：

1. 设备：电脑、网络
2. 工具：剪映、素材编辑器
3. 分组：学生分组按步骤完成相应的实践任务

实操步骤：

步骤1：请各小组在不同的直播平台搜索和分析直播切片的案例。

步骤2：从本组的直播回放中，选择某一个直播产品的高光视频，进行切片剪辑。时间要求控制在30秒至1分钟内，有节奏感、音乐、音效、字幕、花字，突出产品卖点，吸引观众购买。

步骤3：选择某一平台进行发布，条件允许的情况下，附上销售链接，并观测数据。

步骤4：使用素材编辑器，撰写和排版一篇推广软文。并发布在不同的网络渠道，提高本班级直播实操的影响力和社会知名度。

相关知识

一场直播的好坏，不仅在于单场直播效果，更重要的是能为后续营销活动做铺垫。直播前期的物料、直播过程中积累的素材，也能用作后续内容营销的物料，通过后期剪辑生成精彩内容看点，进行二次传播和推广，使直播效果最大化。

一、二次传播的作用

1. 扩大影响力

直播结束后，将现场图片、精彩画面或片段、平台数据整理后发给媒体，让媒体做好宣传报道。如果直播效果很好，直播活动本身就会形成热点话题，被各类媒体主动报道。但如果直播团队没有充分准备素材，就可能会丢失宣传机会。对那些无法回放的直播，更是要在直播前做好传播计划，提前准备好宣传文案，活动结束后应第一时间把现场照片、直播视频截图或直播片段整理成软文、短视频发布在社交媒体上，用碎片化传播方式扩大直播活动的影响力。

2. 延长生命周期

直播结束后，运营团队需要对直播过程中的现场照片、浓缩片段等素材进行整理，制作成图文、视频等形式，在短视频平台、直播平台等渠道进行二次传播，使直播成交价值最大化，延长直播生命周期。

3. 挖掘潜在消费者

二次传播就是针对不同的受众群体，对现有资源进行再次加工，充分挖掘直播间的潜在消费者。在第一次现场直播之后，直播内容不可能被所有观众接受，第一次传输的到达率非常低，需要使用多种渠道进行二次传播。直播间的目标受众可能不是关注直播间的粉丝，但却会通过某些渠道知道直播间的存在和优惠活动，从而产生进入直播间观看并购买的冲动。对于以盈利为目的的直播带货而言，直播团队更需要针对不同类型的潜在消费者策划不同的二次传播活动。

4. 吸引粉丝参与

粉丝不仅是直播内容、产品的积极提供者，也是直播后的忠实阅读者、传播活动接力者。粉丝通过自己的社交圈，在线上线下进行自发的二次传播，既有助于增强粉丝黏性，也是对直播间传播渠道的有益补充和极大拓展。

二、二次传播的常见形式

1. 制作高质量视频，吸引流量

直播结束后，可以浓缩摘要或截取核心片段在各大平台配以文案再次推出，通过碎片化传播吸引更多的流量。直播活动后的视频推广有直播回放和片段截取两种思路。直播团队需要在视频传播前确定视频推广思路，以便进行相应的操作。

截取提炼直播中好玩、温暖或有意义的片段，进行加工剪辑后作为短视频进行发布，这是常见的二次传播形式。

直播回放是将直播的全程录像作为视频主体，除此之外还需要对直播名称、参与人员等进行简要的文字介绍。直播回放可以使观众在直播结束之后仍然能够观看直播内容，将成交价值的影响力无限放大。

2. 撰写直播相关软文，增加曝光量

直播软文推广可以撰写直播资讯、直播核心观点，讲述主播个人感悟和粉丝观看体验，分享直播背后的故事，覆盖各类目标受众，增加直播活动的曝光量和热度。

三、二次传播的渠道选择

1. 传播渠道类型

传播渠道是直播团队向受众传递或受众获取直播信息的通道，主要分为四大类：移动社交媒体、传统电商平台、门户网站、直播平台和短视频平台。直播团队可以通过这些渠道进行二次传播，扩大用户市场。

2. 视频推广渠道

为了使直播活动效果持续发酵，需要进行视频推广。用户主要通过视频网站、移动社交媒体平台、短视频平台三种渠道观看视频。视频的推广也是围绕这三种渠道开展。在选择视频推广渠道时，我们要对用户画像、平台特点进行分析，从而找到合适的渠道或渠道组合。

3. 软文推广渠道

软文推广渠道可以根据内容的多样性灵活选择发布平台，目前做软文推广的渠道主要有以下几类：

（1）门户网站（新浪、网易、搜狐、腾讯、凤凰网等）

（2）社交媒体平台（微信公众号、微博、今日头条等）

（3）内容社区（知乎、豆瓣、简书等）

（4）内容电商平台（小红书、马蜂窝等）

? 常见疑问

怎么扩大直播过程中高光时刻的影响力？

制作高质量视频，吸引更多流量；撰写直播相关软文，增加曝光量。

任务笔记

学习评价

表 7.3 "直播后推广"学习评价表

班级：__________　　学号：__________

姓名（小组成员）：______________________________

序号	考核点	考核标准			考核分数		
		不太符合 0~16	基本符合 17~33	完全符合 33~50	自评	第三方评	教师评分
1	制作高质量视频，吸引流量	制作的短视频，能给直播间带来流量					
2	撰写直播相关软文，增加曝光量	撰写直播相关软文，能为直播间带来曝光量					
综合得分（自评 30%+ 第三方评 30%+ 教师评分 40%）							
学生学习评价剖析与应用（学生填写）							
自我比较：□进步　□退步			教师比较：□进步　□退步		企业比较：□进步　□退步		
改进措施与安排							

知识测试

一、选择题

1. 以下哪项是传播渠道类型？（　　）[多选]

A. 移动社交媒体　　B. 短视频平台

C. 门户网站　　D. 直播平台

2. 软文推广渠道包括（　　）。[多选]

A. 门户网站　　B. 社交媒体平台

C. 内容社区　　D. 内容电商平台

3. 常见的视频网站包括（　　）。[多选]

A. 爱奇艺　　B. 腾讯视频

C. 谷歌　　D. 优酷

4. 常见的内容社区包括（　　）。[多选]

A. 知乎　　B. 豆瓣

C. 简书　　D. 优酷

5. 常见的社交媒体平台包括（　　）。[多选]

A. 微信公众号　　B. 微博

C. 今日头条　　D. 西瓜

二、简答题

1. 二次传播的作用是什么？
2. 二次传播包括哪些常见形式？
3. 直播结束后，如何查看回放？
4. 制作切片的步骤有哪些？

第8章
引爆销售的高级话术

任务1 策划高转化营销活动

学习目标

知识目标	1. 理解高转化营销活动的核心要素 2. 掌握高转化营销活动的策划流程及方法
技能目标	1. 能筛选出适合开展高转化营销活动的商品 2. 能合理设计活动机制，梳理活动流程，实现活动节奏紧凑，信息递进展示
素质目标	1. 强化信息搜集整合能力 2. 在高转化营销活动中，应始终体现品牌的诚信、责任和担当，以建立并维护品牌的长远形象

思政园地

直播营销融入环保理念，践行企业社会责任

某家居品牌创立于1992年，目前在全国拥有6大生产基地，并在全国乃至海外形成了自己的产业集群。该品牌注重产品的环保性，致力于研发优质的环保板材，经过多年的不断努力，其产品的环保等级从“E1”到“E0”再到“ENF”级，最终实现了全线产品的环保化，在家居市场上树立了良好的品牌形象，获得了广泛的认可和好评。

为践行环保企业的社会责任，该品牌借助4月22日世界地球日这一“环保”主题，策划了“守护地球”系列活动。在直播预热阶段策划并发布了一则以“守护”命名的短片，向观众展示了其独特的速生林资源、严格的生产流程以及环保的上游措施和设备，呼吁消费者关注环保，参与环保行动。同时还发起了“一起点绿地球”H5主题活动，通过专属海报等具有仪式感和氛围感的设计，实现了推广裂变，增加了活动曝光度。此外，该品牌联合某平台达人进行直播，为全网科普地球日知识，介绍品牌优势、发展理念、生产基地和自主研发技术，扩大覆盖圈层。通过多平台、多领域同步推进，树立了助力行业绿色发展、倡导绿色低碳生活的品牌形象，受到行业及社会的广泛关注。

学以助农

许多农产品直播缺乏互动，导致直播间人数不多，观众停留时间短，转化率低，请同学们根据本节学习任务，整理一份更适合农产品和新手直播团队的互动工具手册，列举常用的直播互动工具并给出应用场景，方便查阅，样式见表8.1。

表8.1 直播营销策略

序号	工具名称	应用场景	设置方法
示例	口令福袋	在直播开始时或者上架爆款商品时，可以设置该福袋，吸引观众参与互动，提升直播间的热度	直播界面 互动玩法 福袋 进行设置 发起福袋
1			
2			

任务实施

任务描述：

某美妆品牌准备重点打造一款明星单品，现需要设计相应的活动机制，使其在大促期间的直播转化率得到大幅提升。请按照以下步骤进行具体的活动方案设计。

操作条件：

1. 设备：电脑、网络
2. 工具：电商平台及数据平台
3. 分组：不分组，独立完成

实操步骤：

步骤1： 确定主推商品。从表8.2的三款商品中，选出适合开展高转化营销活动的主推商品，并给出选择理由。

表8.2 活动商品

商品1	商品2	商品3
名称：补水保湿套装 规格：80 ml润肤水 80 ml润肤乳 日常价：259（元） 成本价：43（元） 月销量：593（套）	名称：焕颜紧致套装 规格：100 ml洁面乳 100 ml柔肤水 100 ml精华乳 30 ml精华液 50 ml面霜 日常价：599（元） 成本价：124（元） 月销量：1 025（套）	名称：明星抗皱眼霜 规格：30 ml抗皱眼霜 日常价：299（元） 成本价：62（元） 月销量：535（支）
选择第（　　）款作为活动主推商品，理由是：________________		

步骤2： 调研同类竞品。查询同类型商品的信息，填入表8.3。

表8.3　竞品调研

竞品套装明细	竞品直播价格	活动配套赠品	单场直播销量

步骤3： 设计活动机制。结合活动商品信息和竞品信息，确定最终的活动价格、活动数量、赠品等，填入表8.4，并给出这样设计的理由。

表8.4　活动机制

活动商品明细	直 播 价 格	配套赠品/福利	理　由

步骤4： 规划活动节奏。结合相关知识，对一轮营销活动的时间和节奏进行规划，填入表8.5。

表8.5　活动节奏

时间（20:00—20:20）	活 动 流 程	关 键 话 术

相关知识

一、高转化营销活动策略

高转化营销活动是指能带来较高转化率的直播活动，在该活动中，观众与商品之间的交互更加直接，可以大大提高销售效率和用户满意度，同时直播营销也可以帮助品牌建立更紧密的用户联系，提升品牌知名度和忠诚度。基本策略如下：

1. 确定目标受众

可以通过分析以往的直播数据来确定目标受众，包括年龄、性别、地域、职业、兴趣爱好等方面的信息。如果已有数据不足，可以调研竞品数据，分析目标受众的消费偏好。

2. 优化直播内容

首先要选择与目标受众相关、有吸引力的主题，激发观众的好奇心和参与欲望。其次要结合主题，对产品的独特优势和价值做好话术提炼，强调目标用户的买点。最后要保持紧凑的直播节奏，可以提供限时优惠，或每隔5分钟出现新的福利信息，使观众持续保持紧迫感和期待感，同时快速做出购买决策。

3. 引导观众互动

通过邀请观众参与讨论等互动方式，引导观众参与到直播中来，进而提高观众的参与度和黏性，增加转化机会。

二、高转化营销活动方案的制定

在制定活动方案时，首先要选定活动商品，其次要确定活动商品的价格、数量，以及配套的赠品福利。

1. 选择高转化活动商品

合适的活动商品是实现高转化营销的关键，活动商品的选择依据见表8.6。

表8.6 活动商品选择依据

选择依据	具体解释
高价值	价格较高的商品，消费者需要更强的购买动力才能做出决策。可以创造紧张氛围和提供限时优惠，从而激发消费者的购买欲望
高认知度	在市场上具有一定的知名度和口碑的商品，消费者对它们的质量和价值有一定的了解和信任。这有助于建立消费者的购买信心，并降低购买决策的难度
高性价比	适合做高转化的商品通常具有较高的性价比，即价格与质量之间的比例合理，能够满足消费者的需求和期望
受众广泛	具有广泛受众群体的商品，能够吸引不同年龄、性别、消费层次的消费者。这有助于提高销售量和市场占有率
可展示性	具有较好的展示效果的商品，适合通过直播等形式向消费者展示其特点和优势。这有助于提高消费者的购买决策信心
可持续性	高转化商品应具有较长的生命周期和可持续性，能够为消费者提供长期的使用价值。这有助于建立消费者的忠诚度和提高复购率

一般来说，应选择与目标客户相匹配的高价值、高认知度的商品，同时要确保商品质量可靠、利润空间较大、性价比高。比如某知名品牌的高档白酒，在大众认知中，日常售价在千元以上，而直播间活动价能做到699元，那么很容易激发消费者的购买意愿。反之，如果某个小众品牌的新品，或者是日常生活中不太用得到的商品，大众对该商品的价格认知和价值认知会比较模糊，即便是售价9.9元，也不容易进行高转化营销。

2. 设计活动机制

价格是消费者做出购买决策的关键因素之一，因此合理设置活动价格是实现高转化的关键。需要结合市场行情、竞争对手和消费者心理等因素，制定具有吸引力和竞争力的价格。如果是高客单价的商品，还可以叠加配套的赠品，使观众更有意愿购买。比如，日常售价700元的美白套装，直播间价格不仅低至399元，而且赠送基础护肤套装1套，以及面膜6片。

3. 梳理活动流程

一轮营销活动建议控制在20分钟左右。在该过程中，要通过限时、限量、限购等方式营造紧张氛围，同时活动商品的福利信息不要一次性讲完，而是要递进式展示。比如，首先强调本次活动仅针对已关注的粉丝，吸引新用户先点关注。其次设置观看时长优惠券或者福袋，留住观众。再次介绍本次活动商品，强调产品核心利益点、关键技术、与日常价格的对比、与竞品的对比等等，介绍需要简短有力、清晰明了。然后逐步展示活动商品的福利优惠，将观众的购买意愿推向顶峰。最后运营配合主播设定一定库存，商品迅速上线，观众迅速购买，售完再加库存。

4. 撰写活动话术

活动商品的话术一定要详细，将卖点话术、价值塑造话术、场景带入话术、互动话术等融会贯通，形成流畅、完整、简洁易懂的话术脚本。

5. 选择活动时间

高转化营销活动适合在流量持续上升时进行。如图8.1所示，平台一般会给刚开播的直播间匹配一定流量，使流量快速上升，但如果在此阶段，未采取适当策略及时进行流量转化，后续的流量就可能会大幅度下跌。

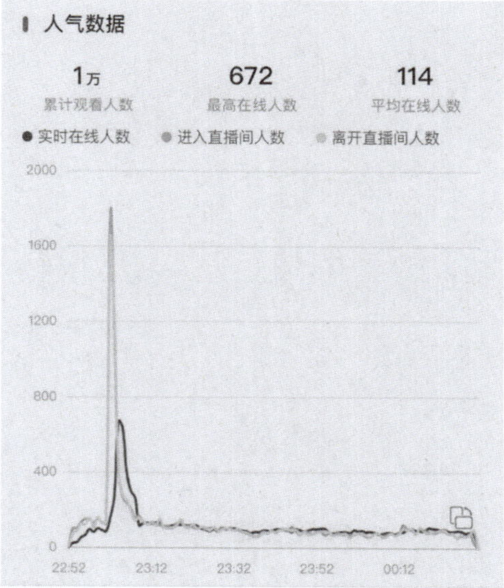

图8.1　某直播间流量曲线

总之，在进行高转化营销活动设计时，要注意细节和技巧，确保设计方案的有效性和合理性，并且要根据数据反馈和现场情况不断优化和改进，对售后也要进行跟踪，提供优质的服务，进一步提升品牌知名度和用户忠诚度。

常见疑问

1. 高转化营销活动和之前讲解的直播策划有什么区别？

高转化营销活动是一种销售策略，目的是在短时间内迅速提高商品的销量和曝光度，通常用于节日或大促期间。在该活动中，主播通常会使用各种话术和技巧来引导观众，让他们对商品产生兴趣并留下深刻印象，当观众的购买意愿达到峰值时，商品会突然上线，此时观众下单转化率会远高于日常直播。

相比之下，日常的直播更注重长期的品牌建设和用户关系维护，为未来的营销活动做好准备。在日常直播中，主播会定期开播，与观众进行互动和交流，分享产品信息、使用技巧等内容。这种直播形式更注重建立与观众的信任和亲近感，通过长期的互动和沟通来培养稳定的粉丝群体。

2. 如果开播后直播间人数非常少怎么办?

不建议新直播间，或者观看人数较少的直播间进行该活动，可以先通过短视频进行粉丝积累，通过日常直播锻炼主播和团队的默契度。如果直播间的流量转化策略成熟，主播承接流量能力强，也可以通过投流工具，短时间内迅速提升直播间人气。

学习评价

表 8.7　“策划高转化营销活动”学习评价表

班级：____________　　　学号：____________

姓名（小组成员）：____

序　号	考 核 点	考 核 标 准			考 核 分 数		
		不太符合 0~12	基本符合 13~19	完全符合 20~25	自　评	第三方评	教师评分
1	活动商品调研	能快速收集活动商品的价格、销量、评价等信息					
2	竞品调研	能快速收集竞品的价格、销量、评价等信息					
3	活动机制设计	能根据调研到的信息进行活动商品选择、定价，以及匹配合适的赠品					
4	活动流程梳理	能独立完成20分钟的高转化营销活动流程设计，递进式呈现活动商品的价格和福利					
综合得分（自评30%+第三方评30%+教师评分40%）							
学生学习评价剖析与应用（学生填写）							
自我比较：□进步　□退步　　教师比较：□进步　□退步　　企业比较：□进步　□退步							
改进措施与安排							

知识测试

一、选择题

1. 以下哪个商品不适合开展高转化营销活动？（　　）[单选题]
   A. 知名品牌的高档白酒，日常售价较高，但直播间活动价有较大优惠
   B. 小众品牌的新品，日常认知度和价值感较为模糊
   C. 高客单价的智能手机，搭配了多款热门配件作为赠品
   D. 热门品牌的时尚服装，具有广泛的受众群体和良好的市场口碑
2. 消费者对某商品做出购买决策的关键因素是什么？（　　）[单选题]
   A. 商品的品牌知名度　　B. 商品的外观设计
   C. 商品的广告投入　　D. 商品的价格
3. 高转化营销活动更适合在什么时机开展？（　　）[单选题]
   A. 节假日或大促期间　　B. 新品发布后的初期阶段
   C. 直播间的日常开播时段　　D. 商品库存积压时
4. 优化直播内容的方法包括哪些？（　　）[多选题]
   A. 选择与目标受众相关的主题　　B. 提炼产品的独特优势和价值
   C. 保持紧凑的直播节奏　　D. 提供限时优惠
5. 高转化营销活动商品的选择依据有哪些？（　　）[多选题]
   A. 高价值和高性价比　　B. 适合广泛人群
   C. 适合特定人群　　D. 高认知度
6. 在进行高转化营销活动时，哪些因素对于提高转化率至关重要？（　　）[多选题]
   A. 目标受众的精准定位　　B. 直播内容的吸引力和互动性
   C. 商品的性价比和市场口碑　　D. 活动价格的合理性和竞争力

二、判断题

1. 在高转化营销活动中，应一次性展示活动商品的所有福利信息，以便观众快速做出购买决策。（　　）
2. 在制定高转化营销方案时，选择与目标客户相匹配的高价值、高认知度的商品是关键。（　　）

三、简答题

1. 请简述高转化营销活动的基本策略。
2. 在进行高转化营销活动时，为什么需要选择与目标客户相匹配的高价值、高认知度的商品？请说明理由。

任务 2　撰写高转化话术

学习目标

知识目标	1. 理解高转化话术的设计策略 2. 掌握高转化话术的撰写要点
技能目标	1. 能根据活动机制合理设计关键话术和配合话术 2. 能设计并制作相关道具，使信息展示更有冲击力
素质目标	1. 强化模仿创新能力，善于学习和超越对手 2. 注重商品质量，做到客观描述、诚信服务

思政园地

直播间危机处理

××作为全球知名的快时尚品牌，因价格适中、款式多样而受到广大消费者的喜爱。为了扩大品牌影响力和销售渠道，××决定与知名时尚主播A合作，进行一场直播带货活动。

在这次直播中，A身穿××的最新款服装，详细介绍了每款服装的设计特点、面料选择以及穿搭建议。她还分享了自己对时尚的理解和独特的审美观点，吸引了大量消费者的关注。然而，直播过程中，部分商品价格相较于××线下门店和官方网店的价格略低，引发了部分消费者的质疑。有消费者担心这些低价商品可能是次品或库存货。

面对消费者的疑虑，××品牌方及时回应，解释称这次直播活动是品牌与A主播的特别合作，部分商品以限时折扣价销售，确保产品质量与正常销售渠道的商品质量一致。品牌方还提供了相应的质量保证和退换货政策，以消除消费者的顾虑。同时，A主播也在直播中积极回应消费者的疑问，表示自己在选择合作品牌时非常谨慎，确保所推荐的品牌和产品都是经过严格筛选和测试的。她还分享了自己作为消费者的经验，强调自己对商品质量的重视和关注。

通过这次合作直播，××成功吸引了更多消费者的关注和购买，提升了品牌知名度和销售额。同时，通过与知名时尚主播的合作，××也展示了品牌对时尚潮流的敏锐洞察力和对消费者需求的关注。

学 以 助 农

一些农产品直播间由于缺乏合理的话术设计，导致展示商品信息时逻辑不清晰、没有吸引力，请同学们结合本节学习任务，为家乡的特色农产品设计一套高转化话术，样式见表8.8。

表8.8　高转化话术脚本

关键话术（主播）	配合话术（助播）	配合话术（场控、中控等多人）	道 具 截 图

任务实施

任务描述：

根据本章任务1设计的活动机制，撰写并演练具体的高转化话术，并根据演练效果对话术进行不断优化，使团队达成默契配合，发挥话术应有的效果，实现高转化营销。

操作条件：

1. 设备：电脑、网络
2. 工具：电商平台及数据平台
3. 分组：3~5人一组，按岗位分工完成任务

实操步骤：

步骤1：调研竞品话术，找到竞品直播间，录制其高转化话术，填入表8.9。

表8.9　调研竞品话术

关键话术（主播）	配合话术（助播）	配合话术（场控、中控等多人）	道具截图

步骤2：撰写高转化话术，参考竞品话术和相关知识，撰写一轮高转化营销活动的话术，并设计商品信息牌等道具，填入表8.10。

表8.10　高转化话术脚本

关键话术（主播）	配合话术（助播）	配合话术（场控、中控等多人）	道具截图

步骤3：进行话术演练，根据高转化话术脚本进行分工演练，并对演练效果进行分析，提出改进措施，填入表8.11。

表8.11　演练效果分析

角　色	讲解是否流畅？与他人配合是否默契？	话术有哪些不足之处？	如何改进？
主　播			
助　播			
其他团队成员			

步骤4：优化话术、反复演练。结合演练效果对话术进行再次优化，并再次演练，直到整个团队能默契配合为止。

相关知识

一、关键话术

要使高转化营销活动效果达到最大化，话术一定要配合到位。高转化营销的关键话术需要结合用户心理，提炼一系列简单明了、重点突出、节奏递进的短句，不断激发用户的购买兴趣，营造热烈紧张的购买氛围。

1. 激发购买兴趣

用户进入直播间后是否想购买主播推荐的产品，取决于多种因素的综合作用。在营销活动的开始，主播需要从信任背书、产品效果、优惠机制等方面，快速提升用户的购买兴趣。

参考话术："这款红宝石套装，大家熟知的A某、B某和C某都在强烈推荐。今晚我们直播间准备了200套，给大家做福利！自发售以来，这款红宝石套装一直稳居各大护肤品销售榜的前三名，是许多姐妹必屯必购的一款，大家都说红宝石系列不仅性价比高，而且使用后能感受到肌肤状态的明显改善。大家的口碑相传和热情回购，就是我们最好的信任背书。"

上述话术抓住了用户的从众心理。人类天生具有模仿他人行为的倾向，尤其是当看到很多人对某样产品或服务表示兴趣或好评时，人们会觉得跟随大多数人做选择会更加安全，从而产生购买兴趣。

2. 塑造商品价值

当用户产生购买兴趣后，要通过描述适用场景、直击用户痛点、展示相关数据等方法塑造商品的实用价值，在此过程中，要设置一些悬念和互动，调动用户的参与热情，让直播间的氛围更加紧张热烈。

参考话术："快过年了，我问一下大家，有没有准备礼物？如果还没有，那么今天就赚到了，我手中这套是红宝石套装的新年限定礼盒，从外到内都是红彤彤的，让你一整年都红红火火！无论是送给妈妈、妻子、姐妹还是朋友，都是一份既实用又体面的礼物。

买过的姐妹都知道，这套护肤品套装的专柜售价高达800元，但今晚在直播间，我们为大家带来了一个超级惊喜价，我先不说多少钱，但绝对比双十一双十二的499要低，不仅如此，我们今天还准备了很多商品，0元送给大家，大家想要什么，现在可以打在公屏上，你要什么我们就送什么。

各位，这个套装销量高达1 000万套，是因为它真的有效果，如果你有肌肤干燥、暗沉发黄、细纹干纹等问题，选择它就对了！它的核心成分是胜肽，是一种目前市面上非常受欢迎的抗老成分，胜肽不仅具有深层滋养的作用，还能促进胶原蛋白的再生，再配合天然保湿因子透明质酸，以及能抑制黑色素的熊果苷，能有效减少干纹和细纹，提亮肤色，让肌肤恢复年轻光彩。

如果你厌倦了不断尝试，想找到一款真正适合自己的产品，那么这个套装就是你的答案！一套解决抗皱紧致、去黄提亮、补水保湿、细致毛孔四大需求！无论你是油性、干性、混合性肌肤，还是敏感肌肤，红宝石套装这款产品都能为你带来意想不到的效果。"

这段话术首先描绘了新年送礼场景，为后面提升客单价做好铺垫。其次通过价格锚定，使用户对最终的价格差距产生期待，同时将赠品的主动权交于用户，提升用户的参与热情。然后用销售数据和专业术语，塑造商品质量，增强用户信任。最后用简短凝练的短句，直击用户痛点，再次强化用户的购买意愿。

3. 递进展示优惠

在塑造了产品的实用价值后，要通过对比的方式逐步呈现商品优惠信息，使观众更加深切地感受到此次活动的优惠力度，感知到购买该商品的附加价值，产生"买到就是赚到"的想法，使购买意愿达到顶峰。这部分话术至关重要，直接影响到后续的转化。

参考话术："这套红宝石新年礼盒，在别的直播间，一般都送什么？最多送50 ml的水乳小样，我们直播间送什么？我们直接给大家升级为100 ml正装精华水、正装精华乳！

我们再看看大家都想要什么？我看到有的粉丝在要面膜，点关注了吗？点关注了咱就送！面膜也升级，给大家送超保湿紧致修护面膜5片！大家看，不是基础款的面膜哦，是专门针对发黄暗沉，毛孔粗大的高级修护面膜，每片价值29.9元，5片直接送！

大家看看，我们套装里少了什么？是不是少了眼霜？主播今天就破例给大家送眼霜，而且是30 ml高级修护眼霜。这款眼霜价值299元，我用了小半年，对眼部的干纹、细纹、黑眼圈特别有效！想要的宝子把关注都点起来，把眼霜两个字飘起来！299元的眼霜送给你！

我看到有粉丝说北方太干燥了，想要一套补水保湿的水乳，其实补水保湿系列在我们2号链接，价值259，特别适合作为基础护肤使用，也适合当身体乳，价格也不贵，大家直接拍就行。什么？要主播送？要不这样，大家把关注点起来，把直播间分享出去，主播今天的目标就是涨粉，如果咱倒计时5秒内能涨666个粉丝，主播就送！"

大家抓紧时间，赶紧分享和关注，已关注的宝子们把666打在公屏上，我们会安排优先发货，现在开始倒计时，5，4，3，2，1！

请中控看一下，现在涨了多少粉丝？500多？那不好意思，5秒已经到了，没有达到666的目标，送不了保湿水乳了。什么？已经800多了？但已经超时了，按照规则我们不能送。什么？有延迟？那我们做个试验，看看是不是真的有延迟？大家把'888'打在公屏上，我看看多久能收到？噢，真的延迟挺久的，那你们赢了，按照约定，保湿水乳送给你们！"

这段话术，首先和其他直播间的赠品做了对比，用明确的数据使用户对此次活动的力度产生期待。其次，呼应前面说过的"大家想要什么就送什么"，通过互动逐步展示赠品，并用价格对比强调本次活动的优惠力度。最后，对于部分赠品，并没有直接提出赠送，而是设计了一些游戏互动，有效提升了直播的趣味性，强化了用户的参与感，当用户积极参与制定优惠机制后，其购买该商品的意愿就会更加强烈。

4. 总结活动机制

在逐层展示完所有的优惠信息后，需要用一段简短有力的话术，总结本次营销活动的优惠机制，使用户完整感知到价格之优惠、赠品之丰富、数量之有限、时间之紧迫，然后再上架商品、弹出购买链接，就能迅速加热购买氛围，激发用户的抢购行为。

参考话术："399元大家平时是不是只能买一套水乳？但今天拍下，里面有水乳、精华液、洁面乳和面霜，作为新年礼盒，今天还给粉丝们加送一套100 ml正装精华水乳、价值299元的新款高级修护眼霜30 ml，以及5片升级版的高级特润修护面膜，大家刚刚很给力，还赢得了一套价值259元的保湿水乳，到手一共15件，大家准备好手速，200单！399元！我们上链接！"

5. 演示下单流程

在弹出购买链接后，一般由助播或场控等人员拿着手机向镜头前的用户演示下单流程，再次展示链接包含的商品数量和价格，并强调地址填写、库存数量、粉丝优先发货等事项，呼吁用户尽快购买。

参考话术："姐妹们！这里是××品牌官方旗舰店给大家发货，所有赠品以主图显示为准，包含两套红宝石水乳、一支精华液、一支洁面乳、一瓶面霜、30 ml高级修护眼霜、5片高级特润修护面膜，以及一套100 ml的保湿水乳，一共15件，全部正品，假一罚十！大家点击下方的购物车放心购买，一定要记得填好地址，我们的新年礼盒全国包邮！今天的优惠活动只有200单，大家抓紧时间购买，点了关注的粉丝我们会优先安排发货！"

二、配合话术

一场成功的高转化营销活动，既离不开主播的关键话术，也少不了助播的配合话术。设计好配合话术，既能使关键话术中的重要信息得到补充和强调，加深用户对重要信息的理解和记忆，也能丰富直播节奏，使直播氛围更加热烈，有效拉长用户的停留时间。

1. 打消疑问

当主播说到一些专业术语、复杂概念或者其他引起疑虑的话时，助播可以从旁边补充解释说明，帮助消费者更好地理解。比如当主播说“这款耳机的音质采用了××音频编码技术，保证了音质的纯净度和清晰度”时，助播可以说“简单来说，就是让你听到的声音更加真实、清晰，就像在现场一样”。

再比如，当主播说到“红宝石套装销量高达1 000万”时，助播可以拿出提前准备好的销量榜单，并说“大家看，我们销量有图有真相，这是今年的各大护肤榜单，双十一护肤榜，销量580万，双十二回购榜，销量290万，刚刚结束的新年国货榜，销量300万，在各大平台的销量都是遥遥领先”。

2. 强调重点

当主播说到商品的重要信息时，助播需要配合进行强调，包括强调商品的功效价值、限时优惠、适用人群、安全性等等。比如当主播说“这款洗发水特别适合油性发质的朋友，能够有效控油，让头发更加清爽”时，助播可以说“是的，我就是油性发质，之前试过很多洗发水都不太行。但自从用了这款洗发水后，头发真的变得不油了，而且洗发水的味道也很好闻”。

当主播或助播的话术中有一些代表性的数据或者词语时，直播间的全部人员需要一起说出来，起到强调和烘托氛围的作用。比如话术中的“580万”“290万”“300万”，以及前面主播关键话术中的几次“送给你”和倒计时，当大家一起说出来时，氛围感更强，用户的观感更震撼，记忆也会更深刻。

3. 带动情绪

这一类的话术一般是一些简单的词，比如回应主播“对呀”“是啊”“没错”，或者发出一些惊叹，比如“哇”“太好了”等，增强直播间的互动性。

总之，高转化营销话术既需要精心准备主播的关键话术，也需要合理设计助播和其他人的配合话术，同时还要按照活动机制和话术，提前准备好更加直观、有吸引力的信息牌道具，以便配合话术进行展示。

常见疑问

1. 如何提升高转化话术的撰写能力？

高转化话术的撰写是一个持续学习和实践的过程。首先需要深入了解目标受众，包括他们的需求、兴趣、购买习惯等。其次要不断研究竞争对手的同类型话术，多写多练，从中发现新的创意和策略。

在细节方面，优秀的高转化话术应当具有清晰的结构和逻辑，从吸引注意、引起兴趣，到制造紧张感，营造氛围，能实现步步递进，顺理成章促成购买。同时在语言和词汇方面，要选择具有冲击力和感染力的词汇，以及富有说服力的语言，避免难句、长句、偏词、怪词。

最后，直播行业变化很快，需要及时关注行业动态和市场趋势，学习新的营销理念和策略，以及网络新出现的热词热梗，保持话术的时效性和创新性，为销售活动创造更大的价值。

2. 如何保证高转化营销话术的效果？

高转化话术是基于高转化营销活动机制产生的，要保证话术有效果，首先要选择好活动商品、设计好活动机制。其次高转化话术需要团队的有效配合，直播团队需要提前进行话术配合演练，提升话术运用能力和销售技巧。最后高转化话术虽然能够引起消费者的兴趣，但最终能否促成购买还是取决于产品质量和服务，切忌过度夸张或虚假宣传。

任务笔记

学习评价

表 8.12　“撰写高转化话术”学习评价表

班级：____________　　　　学号：____________

姓名（小组成员）：____

序　号	考　核　点	考　核　标　准			考　核　分　数		
		不太符合 0~12	基本符合 13~19	完全符合 20~25	自　评	第三 方评	教师 评分
1	竞品话术调研	能快速找到有参考价值的竞品直播间，录制其高转化话术					
2	高转化话术撰写	能参考竞品话术和相关知识，撰写高转化营销活动的具体话术					
3	话术演练	能开展团队分工演练，并能对演练效果进行分析，提出有效的改进措施					
4	团队默契	团队配合默契，话术流畅，能实现高转化营销					
综合得分（自评 30%+ 第三方评 30%+ 教师评分 40%）							

学生学习评价剖析与应用（学生填写）
自我比较：□进步　□退步　　　教师比较：□进步　□退步　　　企业比较：□进步　□退步
改进措施与安排

知识测试

一、选择题

1. 在高转化营销活动中，话术的主要目的是什么？（　　）[单选题]

A. 增加直播的娱乐性　　B. 提升用户对产品的了解

C. 激发用户的购买兴趣　　D. 增强主播的个人魅力

2. 在直播营销中，利用人类模仿他人行为的倾向来提升购买兴趣，这种策略是基于用户的哪种心理？（　　）[单选题]

A. 从众心理　　B. 逆反心理

C. 好奇心理　　D. 权威心理

3. 在直播营销话术中，提到"买过的姐妹都知道，这套的专柜售价高达800元，但在我们直播间只需要×元"，这种表述方式属于哪种策略？（　　）[单选题]

A. 价格锚定　　B. 限时优惠

C. 赠品策略　　D. 塑造商品价值

4. 高转化营销话术在塑造商品价值时，可以通过哪些方式来实现？（　　）[多选题]

A. 描绘适用场景　　B. 展示销售数据

C. 提及专业术语　　D. 强调产品安全性

E. 设置价格优惠

5. 在直播营销中，配合话术的主要作用有哪些？（　　）[多选题]

A. 补充关键话术中的重要信息　　B. 强调关键信息，加深用户记忆

C. 直接提升商品的销售量　　D. 丰富直播节奏，营造热烈氛围

6. 如何提升高转化话术的撰写能力并保证其效果？（　　）[多选题]

A. 忽视竞争对手的同类型话术，避免受到其影响。

B. 深入了解目标受众的需求、兴趣、购买习惯等。

C. 在话术中使用难句、长句、偏词、怪词，增加话术的复杂性。

D. 高转化话术的效果最终取决于产品质量和服务，应避免过度夸张或虚假宣传。

二、判断题

1. 在直播营销中，关键话术和配合话术是同等重要的，不能有所偏重。（　　）

2. 递进展示优惠的话术是为了使用户更加深切的感受到此次活动的优惠力度，并产生强烈的购买意愿。（　　）

三、简答题

1. 简述在高转化营销活动中，如何通过话术来激发用户的购买兴趣。

2. 举例说明如何设计助播的配合话术来强调商品的重点信息。

第9章 直播间差异化模式

任务1 撬动直播间自然流量

学习目标

知识目标	1. 了解直播间流量分配的核心原理 2. 了解撬动直播间自然流量的关键要素
技能目标	1. 知晓平台对于自然流量推流因子的考核变化 2. 掌握撬动自然流量推流的玩法
素质目标	1. 面对信息和宣传时，能够保持独立思考，不轻易相信来源不明的信息 2. 在商业活动中要坚守诚信原则，不做损害他人和社会的事情 3. 学会维护自身权益，不被虚假宣传和陷阱所欺骗

思政园地

虚假抽奖：直播间陷阱揭秘

在某热门电商平台上，一个名为“豪礼不断”的直播间吸引了大量观众。主播在直播中宣称，为庆祝节日，将送出大量价值高昂的礼品，包括电子产品、名牌化妆品等，并承诺所有参与抽奖的观众都有机会获得。

然而随着抽奖环节的进行，观众们发现中奖的概率极低，甚至有人怀疑抽奖环节存在作弊行为。事实上，这个直播间在设置抽奖系统时，故意将中奖比例调至最低，甚至设置为0，意味着几乎没有人能够真正获得奖品。

更令人失望的是，那些被抽中的幸运观众在收到奖品后发现，所谓的价值高昂的礼品实际上是次品或者是质量极差的仿冒品，与直播间所描述的完全不符。

这一事件引起了广泛的关注和讨论。许多观众表示，他们是因为相信直播间的承诺才参与的抽奖，却没想到会遭遇这样的骗局。同时也有观众呼吁电商平台加强监管，防止类似事件再次发生。

部分直播间为了短暂的利益，不惜损害消费者信任，制造虚假抽奖陷阱。这一行为不仅违背了市场经济的公平交易原则，更是对道德诚信的背弃。

我们要将诚信、责任和批判性思维融入日常学习和生活中，面对直播间的宣传和承诺，要保持理性和警惕。同时我们也要维护自身权益和市场秩序。要不断提高自身的思想道德素质和综合素质，为构建诚信社会、推动经济高质量发展贡献自己的力量。

学以助农

观察学校属地农户的直播间，记录他们开展的自然引流方法及成效。通过比照同类优质直播间，结合农户产品的特点，在抽奖、问答等互动环节给出针对性建议，并形成文档与农户进行沟通，以帮助他们实现针对性提升。

任务实施

任务描述：

如何获取更多自然流量一直是直播领域的核心议题之一。相较于稳定可靠的付费流量，自然流量虽不稳定，但得益于其免费特性，能够实现更高的利润率，更适合盈利空间有限的品类。完成本任务需了解平台对直播间自然流量的分配评估标准，同时掌握围绕这些评估要求所衍生的直播间自然流量运营策略。

操作条件：

1. 场地设备：配置完整的直播间
2. 直播账号：准备好直播账号
3. 其他准备：确定可以配合的商家货品（整理成货盘表）、空白KT板
4. 分组：学生分组按步骤完成相应的实践任务

实操步骤：

步骤1：4个小组为一个对照组（A小组、B小组、C小组、D小组），选择相同的5款产品，将其分为引流款（价格近期属于引流价格）、主推款（利润款）、组合款（和其他的组合）、平销款（挂链款），并将商品信息整合成货盘表。

步骤2：依照组品思维，将货盘表排序后制成上播表，见表9.1。

表9.1 直播上播表

序号	商品分类	图片	商品名称	库存	日常价格	直播价格	商品链接	链接副标题	商品卖点

步骤3：结合对直播平台的理解，A小组制作一份日常化的直播策划表（不融入秒杀活动），并撰写相应的话术。B小组制作一份活动型的直播策划表（融入秒杀活动），并撰写相应的话术。C小组在B小组的基础上，还需要加入发红包活动。D小组在C小组的基础上，将引流款的价格作为秒杀信息填写在空白的KT板上。4个小组任务的区别，见表9.2。

表 9.2　4 个小组直播任务的区别表

	A 小 组	B 小 组	C 小 组	D 小 组
5款商品	√	√	√	√
商品排序	√	√	√	√
商品话术	√	√	√	√
秒杀活动		√	√	√
发红包			√	√
活动信息提示板				√

步骤4： 4个小组使用相同的直播背景、直播标题、直播封面、直播间介绍，选择同一时间进行开播。直播时长为半个小时。

步骤5： D小组在开播之时，就将活动信息KT板放在直播间显眼的位置，确保可以在直播间正常露出，并且在评论区不断提示。

步骤6： 直播结束后，对 4个小组的数据进行复盘，重点复盘其曝光进入率、停留时长、互动数三个指标的区别。并且观察4个小组的流量曲线的区别。

步骤7： 从中总结出直播的活动设计和细微变化对于自然流量的影响。

相关知识

一、自然流量定义

自然流量是无需付费即可获取的流量。在短视频平台中，自然流量的来源多样，包括直播推荐流量、短视频流量、搜索流量、关注流量以及个人主页流量等。如图9.1所示，平台为每一场直播提供了自然流量的明细数据，便于主播了解并分析流量来源。

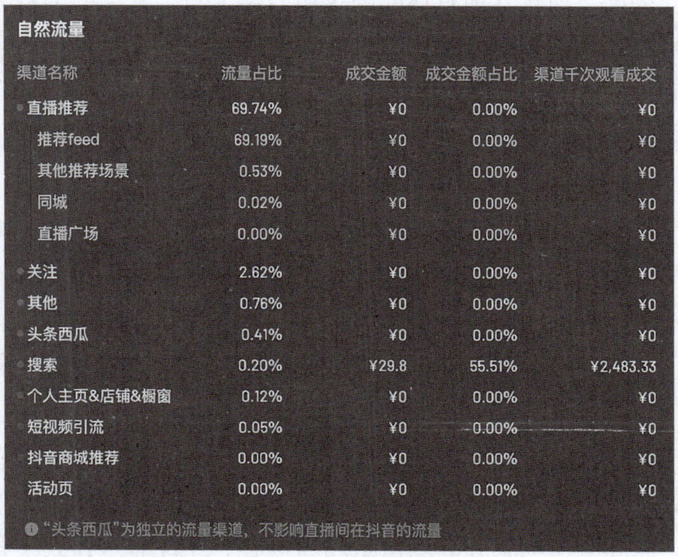
自然流量

渠道名称	流量占比	成交金额	成交金额占比	渠道千次观看成交
直播推荐	69.74%	¥0	0.00%	¥0
推荐feed	69.19%	¥0	0.00%	¥0
其他推荐场景	0.53%	¥0	0.00%	¥0
同城	0.02%	¥0	0.00%	¥0
直播广场	0.00%	¥0	0.00%	¥0
关注	2.62%	¥0	0.00%	¥0
其他	0.76%	¥0	0.00%	¥0
头条西瓜	0.41%	¥0	0.00%	¥0
搜索	0.20%	¥29.8	55.51%	¥2,483.33
个人主页&店铺&橱窗	0.12%	¥0	0.00%	¥0
短视频引流	0.05%	¥0	0.00%	¥0
抖音商城推荐	0.00%	¥0	0.00%	¥0
活动页	0.00%	¥0	0.00%	¥0

“头条西瓜”为独立的流量渠道，不影响直播间在抖音的流量

图 9.1　抖音罗盘自然流量展示示意图

二、自然流量典型模式

对于自然流量的运用，也形成了几个比较典型的主流模式。

1. *以直播推荐流量为主的模式*

以直播推荐流量为主导的模式，主要获取直播推荐流量，涵盖直播推荐feed、同城、直播广场及其他推荐场景的流量。早期参与各大平台电商直播的商家与达人，均以该模式为主。在抖音平台上，此类模式以憋单型直播间、低价过款型直播间为典型代表。

以直播推荐流量为主的直播间，在“人”“货”“场”的设计中，均存在一定的共性。

“人”，即主播的共同点：

主播需具备全程掌控直播间的能力。根据实时流量状况，灵活调整直播节奏，运用上下架、秒杀活动、库存管理、额外赠品、单独定价、福利商品、红包发放、福袋赠送等策略，激发观众参与热情，营造积极直播氛围，从而满足系统对数据的评估要求，提高下一波流量推荐。在此基础上，主播需具备直播间流量意识和运营意识，以确保直播效果的最大化。

主播的言辞需具备明确的指令性，其目的在于满足平台对基础数据的评估要求。基础数据的评估主要涵盖了停留时长、互动频次、粉丝增长、粉丝团建设、评论数量、商品点击率等维度。充分拔高这些维度的数据，能激活直播推荐流量。

主播带有明确指令性的互动话术，很容易因为违反平台的规定而造成限流。其根本原因在于话术的结构采用“条件+结果”的句式。错误示范：“想要加急发货的家人扣（加急），我安排优先发货。”这里面的条件是需要顾客先评论加急，才能得到优先安排发货的结果。正确示范：“有着急需要的家人，拍完以后记得回来告诉我需要加急。”

一个易被忽视的关键因素是活动价值的塑造。若仅将秒杀活动的价值局限于低价层面，未能向观众强调秒杀产品的实际价值以及举办秒杀活动的合理理由，则可能导致观众对秒杀活动不感兴趣的尴尬局面。

“货”，即商品的共同点：

在自然流量直播间，引流款与福利款发挥着至关重要的作用。低价福利款通常被用于刚开播的极速流阶段及中途极速流环节，通过搭配精炼的话术，迅速做足直播间所需的基础电商数据，同时实现密集成交，提高直播间的成交密度。而将其他直播间的热销商品（与主推品的消费人群一致）降价作为引流款，有助于提升直播间的成交率，从而迅速建立直播间的成交人群标签。

“场”，即场景的共同点：

尽管各类商品特质各异，但那些能够吸引自然流量的场景却存在某些共性。以下五种场景构建策略尤为常见：

（1）展示生产过程。如在直播间背景中展示食品的生产环节，让消费者直观地感受产品的制作技艺。

（2）强调使用细节。以粉刺针（又称痘痘针）为例，将其使用过程中的细节拍摄下来，作为直播间的背景，让消费者直观地了解产品的使用效果。

（3）凸显价格优势。以产品销售场景和低价促销活动为核心，如超市场景中的“倒闭”字眼以及9.9元的商品。

（4）针对特定人群，以该人群喜爱的场景和低价信息为核心。如针对学生党的美妆直播间，可以打造以彩妆铺满桌面和品牌低价秒杀为核心的直播场景。

（5）针对特定人群，以高颜值场景和高颜值货品为核心。如针对水杯收集者，可以打造氛围感十足的家居环境搭配高颜值水杯的直播场景。

以上五种策略均旨在针对不同人群和产品特性，构建具有吸引力的直播间场景，以自然流量带动销售。

综合来看，想要撬动直播间的自然流量，其内在逻辑是通过聚人—留客—锁客—举证—说服—催单—互动等环节循环相扣，反馈给系统优秀的互动数据和电商数据，提高直播间自然流量分配的权重。

在直播运营上可以参照以下框架进行具体设计：

（1）流量蓄水

要想实现直播间自然流量的增长，首先不能直接进行商品销售，而是要聚焦人气积累。通过有效传播活动信息，吸引观众参与，这才是撬动自然流量的关键第一步。

为实现人气积累，有以下三种较为有效的方法：

第一种是强化直播活动信息。通过活动提示板、KT板、直播贴片等方式，在直播画面中清晰展示活动信息，同时结合主播的引导，可以有效吸引观众进入直播间。

第二种是不进行商品挂车直播。当平台将直播间性质由电商带货调整为娱乐直播时，流量分配机制也会随之变化。在不涉及商品介绍的情况下，直播间将吸引更多观众。

第三种是当直播间在线人数过低，缺乏流量，直播间基础数据难以达到平台考核要求时，可以选择小额投放直播间，确保在线人数不低于10人，提高活动参与度，满足平台数据考核要求。通过一波又一波的流量推荐，逐步提升在线人数。

（2）做足数据

平台给予下一波自然流量的分配逻辑，是基于当下所给予的自然流量进入到直播间以后反馈给系统的数据。对于基础数据的评估主要涵盖了停留时长、互动频次、粉丝增长、粉丝团建设、评论数量、商品点击率等维度。按照平台的考核周期（多数以5分钟、10分钟或者30分钟为一个考核周期），通过强有力的活动设计和主播话术，充分调动直播间观众的参与热情，做足周期内的数据，系统自然会分配下一波自然流量。

（3）循环拉流

在多数直播间，第一波活动结束后，人气往往有所上升。此时若立即开展销售活动，可能导致观众流失。最适宜的做法是采取循环拉流策略，将直播间在线人数稳定下来，随后再开展销售活动。循环拉流的方式包括安排多次活动，或将爆款产品作为福利进行秒杀，以吸引和留住观众。

（4）利用好营销工具

平台所提供的营销工具，如福袋和红包等，在直播启动时具有吸引观众的积极作用。特别是红包，通过设定特定动作（如关注、评论等），能有效满足平台的数据考核要求。然而过度使用此类工具，尤其在每次直播中大量发放，可能导致“薅羊毛”等现象，从而扰乱账号标签。

2. *以短视频联动直播为主的模式*

短直联动，简言之就是利用短视频汇聚关注度，并将短视频观众导入直播间，以实现商业转化。短直联动模式在近年来得到了广泛的关注和应用，其主要优势在于短视频和直播之间的有效互动，能够最大程度地将粉丝关注度转化为实际购买力。以此种模式为主的直播间，50%以上的直播间流量来自短视频引流，前期起号阶段，可能会少量付费进行推流，后面不断生产新的爆款视频，确保视频流量持续叠加。新产品尤其适合短视频模式，通过可视化的卖点表达进行强种草。

接下来，我们分别从实施路径、优势、挑战等方面进行探讨。

（1）实施路径

路径一：影响力达人模式

在此路径中，具有影响力的达人通过发布短视频展示自己的才华、技能或生活分享，吸引更多粉丝关注。随后达人利用直播互动的优势，向粉丝推荐商品，促使粉丝产生购买行为。这种模式下，粉丝转化为收益的效果较为明显，商业转化率较高。

路径二：商家筛选模式

商家可以利用短视频平台发布大量商品相关的短视频，通过精准的标签、标题和内容，吸引对商品感兴趣的用户。当用户对某个商品产生兴趣时，商家可以引导他们进入直播间，进行更深入的了解和互动。在此过程中，商家可以借助优惠活动、限时折扣等手段，促使用户完成购买行为，实现高效转化。

（2）优势

精准导流：短直联动模式利用短视频平台庞大的用户基础，同时起到筛选的作用，为直播间带来更多的关注度和潜在消费者。

提高转化率：通过短视频和直播的紧密结合，用户可以在短时间内对商品有更全面的了解，降低购买决策的时间成本，从而提高购买转化率。

扩大品牌影响力：商家和达人可以通过短视频和直播的互动，扩大品牌知名度和影响力，进一步提升品牌形象。

降低营销成本：相较于传统的广告投放和线下活动，短直联动模式具有更高的性价比，能够有效降低企业的营销成本。

（3）挑战

内容创新：随着短视频和直播平台竞争加剧，内容创新成为提升关注度和转化率的关键因素。

用户需求把握：商家和达人需要精准把握用户需求，提供符合市场需求的内容和商品。

直播技能要求：直播间的主持人和达人需要具备一定的沟通、互动和销售能力，以吸引和留住观众。

常见疑问

1. 怎么看待付费流量和自然流量？

在当前流量红利逐渐减弱的背景下，免费的自然流量显得尤为珍贵。然而仅依赖自然流量仍难以满足直播间的快速发展需求。因此直播间运营者需要在平台竞争中善于运用各类策略，以充分发挥付费流量和自然流量的作用。

众所周知，付费流量能够迅速构建直播间的精准标签和人群画像标签，提升直播间权重。平台在分配流量时，更容易将精准的自然流量引导至直播间。直播间运营者在活动设计上需兼顾付费流量和自然流量的转化。自然流量转化率提高，系统就会分配更多自然流量。所谓付费流量会压制自然流量的说法，实则是运营者未能妥善处理付费流量与自然流量之间的差异，导致自然流量转化率降低，进而分配更少的自然流量，从而产生付费流量压制自然流量的误解。

在此背景下，自然流量与付费流量的运营均至关重要。直播间运营者可从以下几个方面提升运营效果：

（1）深入精准挖掘用户群体：直播间根据自身产品特点和目标用户群体，精确锁定潜在消费者，以提高流量转化率。

（2）提升商品转化率：直播间应结合用户需求和购买行为，精选优质商品，以提高商品点击率和购买率。

（3）利用付费流量推动自然流量：直播间可通过付费流量吸引更多用户关注，进而提升直播间权重，获得更多自然流量。

（4）开展跨平台合作：直播间可与其他平台或知名主播携手，实现互相导流，扩大品牌影响力，提高流量利用率。

总之，在流量红利逐渐减弱的当下，直播间运营者应充分挖掘自然流量的潜力，同时关注付费流量的运营，以实现流量价值的最大化。

2. 以中低客单价商品为主的直播间怎么利用自然流量起号？

搭建好场景提高流量进入率，直播间活动设计提高流量转化率。参照以下思路进行起号：

（1）通过福利款、红包、福袋等方式进行多轮聚人

（2）上架爆款商品，承接流量进行转化

（3）转款利润品，在线人数开始下滑

（4）重复第一个操作进行聚人

在现阶段，想要撬动自然流量需要花费更多的心思，并且做好战略亏损的准备。如果出现福利款拉不动人气的情况，建议配合付费流量，做足平台的数据。

任务笔记

学习评价

表 9.3 “撬动直播间自然流量”学习评价表

班级：__________　　学号：__________

姓名（小组成员）：______________________________

序号	考核点	考核标准			考核分数		
		不太符合 0~12	基本符合 13~19	完全符合 20~25	自评	第三方评	教师评分
1	理解流量类型	能清楚地区分自然流量和付费流量的定义					
2	自然流量分配模型探究	能从各种渠道收集当下影响自然流量分配的因子					
3	自然流量起号思路	能够结合当下的平台规则、类目特点，形成清晰的自然流量起号思路					
4	自然流量直播流程梳理	能独立完成一个完整周期的自然流量起号流程设计，或者复刻对标案例的自然流量直播流程					
	综合得分（自评 30%+ 第三方评 30%+ 教师评分 40%）						
学生学习评价剖析与应用（学生填写）							
自我比较：□进步　□退步　　教师比较：□进步　□退步　　企业比较：□进步　□退步							
改进措施与安排							

知识测试

一、选择题

1. 自然流量的典型模式一般可以分为（　　）。[多选]
   - A. 直播流量推荐模式
   - B. 短直联动模式
   - C. 付费流量模式
   - D. 三频共振模式
2. 自然流量起号需要运用好（　　）。[多选]
   - A. 福利款
   - B. 红包
   - C. 福袋
   - D. 场控
   - E. 主播

二、判断题

付费流量会压制自然流量。（　　）

三、简答题

简述自然流量起号的操作思路。

任务 2　创建付费投流计划

学习目标

知识目标	1. 了解各大平台的付费推广工具 2. 了解各大平台付费推广工具的底层逻辑
技能目标	1. 掌握付费推广工具的作用技巧 2. 掌握付费推广工具的使用原理
素质目标	1. 强化风险意识，培养在面对不确定的情况时能够做出明智决策的能力 2. 学会反思与自我提升，在工作中不断反思自己的行为和决策，从中汲取经验教训，持续提升自己的专业素养和工作能力

思政园地

责任与担当：直播间投流案例的启示

在某电商公司，张老板为了拓展销售渠道，招聘了一位经验丰富的直播间运营小李。张老板对小李寄予厚望，希望他能通过创新的运营手段提升直播间流量和销售额。小李到岗后，迅速开展了工作，他设计了一系列直播活动，并加大了在各大平台的广告投放力度。然而经过一段时间的努力，直播间流量虽然有所增加，但转化率却远远低于预期。面对这一结果，小李虽然有些自责，但他认为自己已经尽力。张老板却从这件事中看到了更深层次的问题。他意识到，虽然投入了大量资源和精力，但员工在工作中缺乏明确的目标和责任感，导致执行过程中存在随意性，缺乏专注性。

这个案例告诉我们，在工作中，员工不仅要有专业能力，更要有目标和责任感。只有这样，才能确保在执行任务时全身心投入，减少浪费。同时作为老板，也要意识到，任何投入都存在一定的风险，不一定能立即看到成果。因此在评估员工表现时，不能仅仅看短期内的产出，更要关注员工的工作态度和能力提升。

请同学们思考在后续工作中如何更好地承担责任，以及将来在团队中想要担任什么样的角色。

学以助农

抖音平台提供了多种付费推广工具，这些工具各具特色，适用于不同的投放需求。调研并整理目前抖音商家常用的付费推广工具，包括但不限于巨量引擎、信息流广告、巨量星图等。分析每种工具的特点、适用场景、投放方式、费用结构等关键信息，比较不同投流工具的优缺点，为农产品商家选择合适的推广工具，并给出投放金额、推广节奏等方面的具体建议。

任务实施

任务描述：

通过本任务的学习，了解各大平台的付费推广工具，以及付费推广工具的底层逻辑。并且掌握付费推广工具的使用流程和使用原理。

操作条件：

1. 投流直播间：已经开播的直播间或者经过同意代为操作投放的直播间
2. 投放账号：开播直播间作为投放账号，或者经过授权的第三方代投放账号
3. 投放预算：有一定的预算用于投放

实操步骤：

我们以抖音小店随心推为例，选择某一直播间创建付费投流计划。

步骤1：根据账号的需要制定付费策略。如现在启动一个直播间，作为新启动的直播间，这个阶段需要成交50单以上，给系统反馈账号标签和人群标签。因此我们需要选择与同行粉丝相似的人群进行投放（寻找20个对标账号），同时制定人气、评论、商品点击、成交四条投放计划，见表9.4。

表9.4 直播间付费投流计划

计　划	提升目标	金　额	时　长	投放人群
人　气	进入直播间	100元	1小时	选择20个同类直播间
评　论	评　论	100元	1小时	
商品点击	商品点击	100元	1小时	
成　交	成　交	100元	1小时	

步骤2：通过小店随心推的入口进入，选择要推广的目标直播间，如图9.2。

步骤3：按照付费投流计划，进行具体创建。如下图9.3。具体创建方式基本包含：

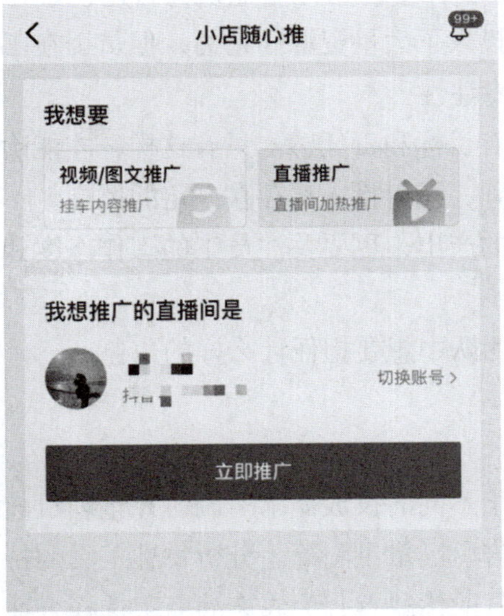

图9.2 小店随心推选择直播间示意图

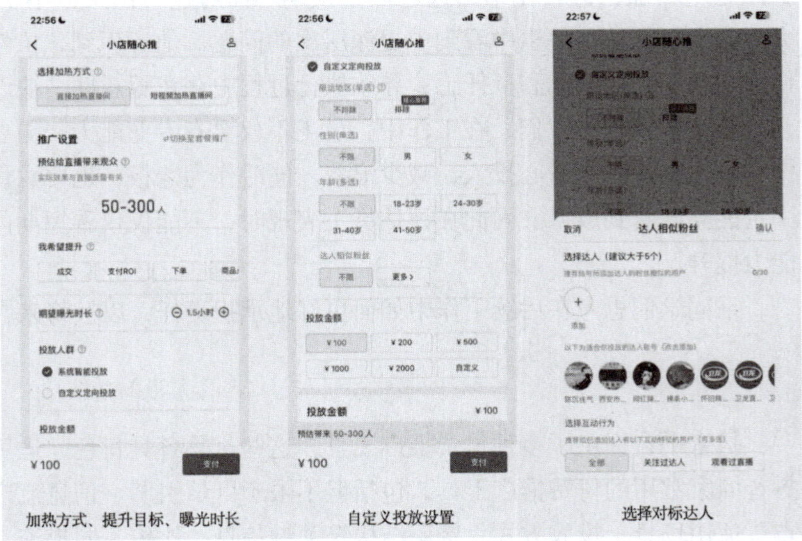

图9.3 小店随心推付费投流计划创建示意图

（1）选择直播间的加热方式，直接加热直播间（又称直投直播间画面），或者短视频加热直播间。

（2）选择直播间的加热目标，成交、支付ROI、下单、商品点击、进入直播间、有效观看、粉丝提升、评论等。

（3）选择曝光时长，这个一般根据自己的预算和直播时长来规划。

（4）投放人群，可以选择系统智能投放，也可以选择自定义投放。账号启动前期，因为没有精准标

签，适合进行自定义投放，通过圈选精准人群，避免预算的无效损耗，加快系统打标签的进程。直播间标签成型之后，可以选择系统智能投放。

（5）投放金额，可以选择单次的投放金额，具体的起投金额根据平台政策而有所不同。

步骤4：进行支付，支付后如果直播间是直播中的状态，审核通过后会立即进行推广。如果直播间还未开播，审核通过后等直播间开播就会立即进行推广。

相关知识

一、各大平台主要的付费推广工具

1. 抖音

抖音的付费推广工具主要是巨量引擎。在电脑端称为巨量千川，在手机端称为小店随心推（又称DOU+）。

小店随心推的使用较为简单，圈选推广目标、加热时长、性别、年龄、地域分布、兴趣及对标达人后就可以进行投放。适合腰部尾部商家，以及投放经验较少的达人，如下图9.4。

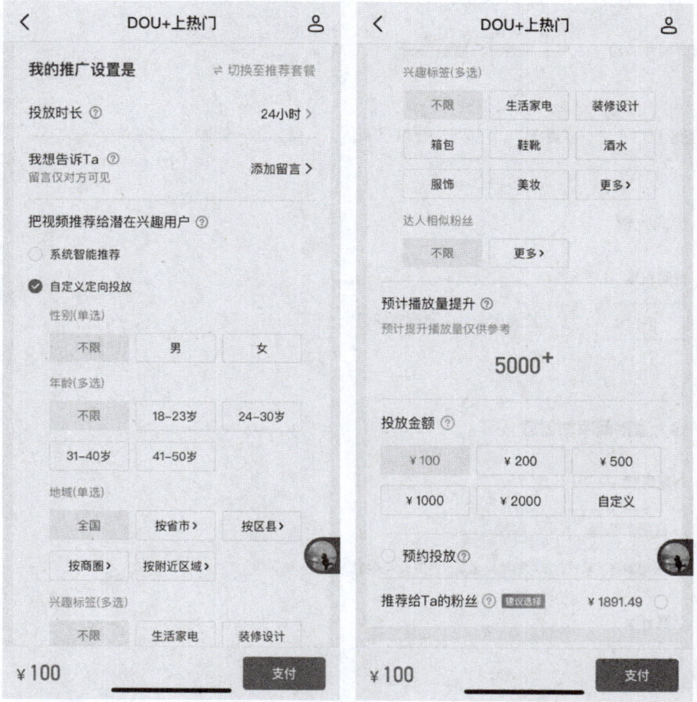

图9.4　小店随心推推广模块示意图

巨量千川的使用则较为复杂，重点在于深度目标，通过自定义创意、设定关键词、圈定人群、设置出价，可以实现更加精准的流量导入。比较适合腰部头部商家，以及投放经验较多的达人，如图9.5。

目前抖音的付费推广工具，支持代其他直播间投放，更适合矩阵化的直播团队进行统一管理和操作。

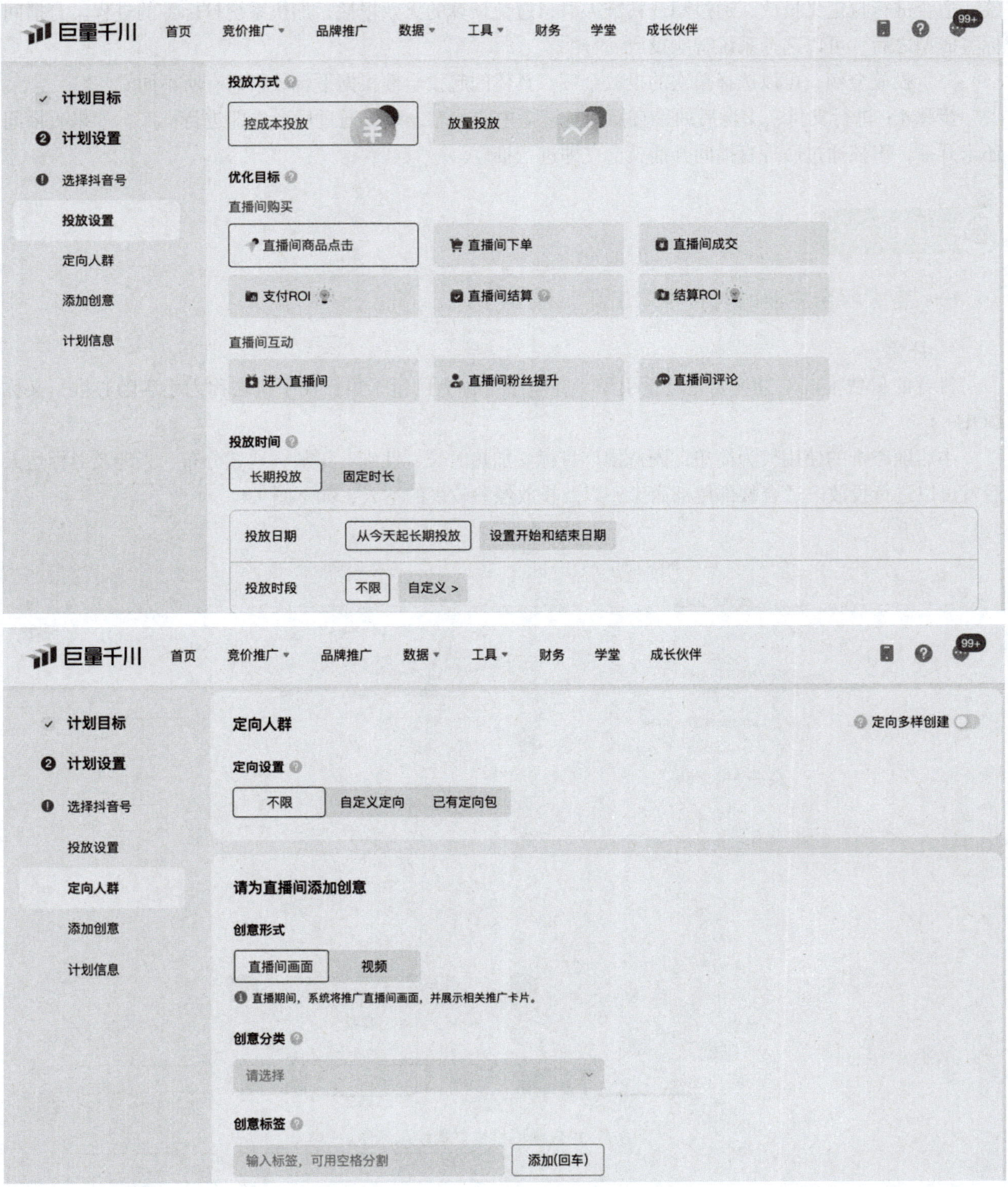

图 9.5　巨量千川推广模块示意图

2. 视频号

视频号和抖音类似，手机端和电脑端都可以同步操作“加热”。手机端可以选择较为简单的“加热”方式，如图 9.6。电脑端目前和手机端的区别不大，如图 9.7。

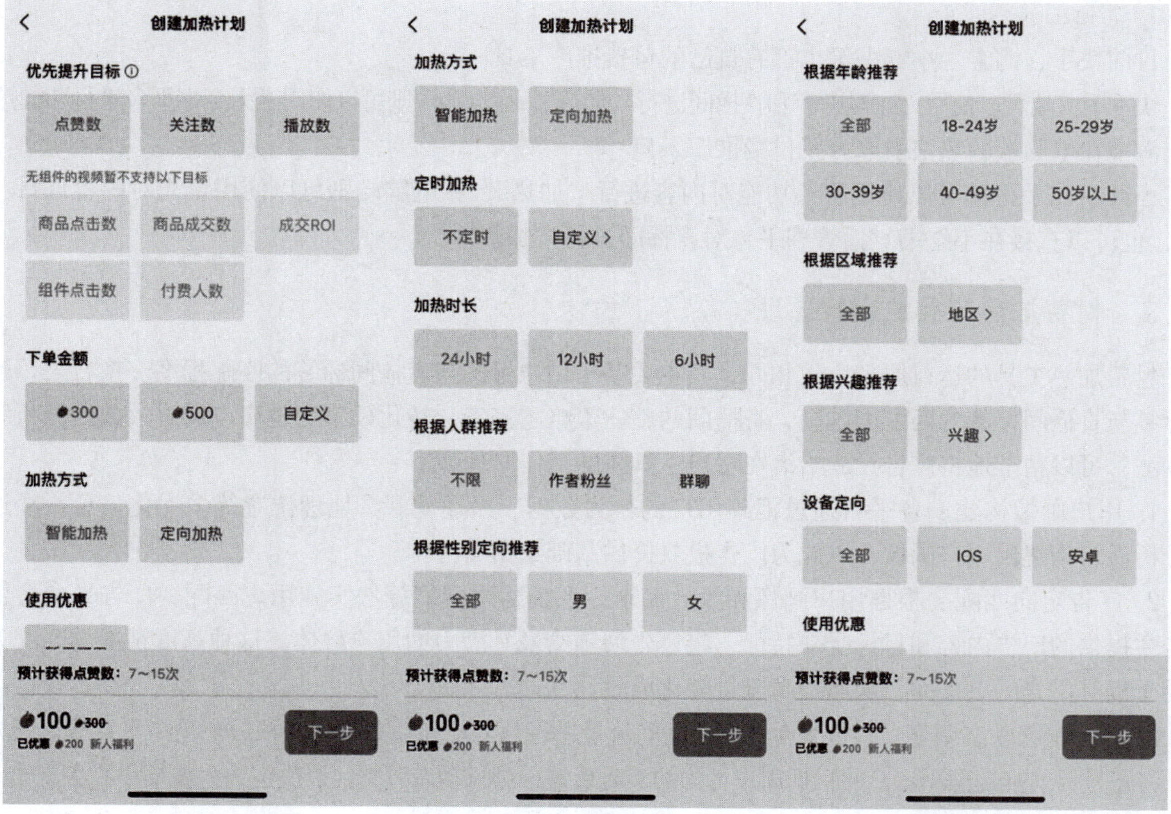

图 9.6　视频号手机端推广模块示意图

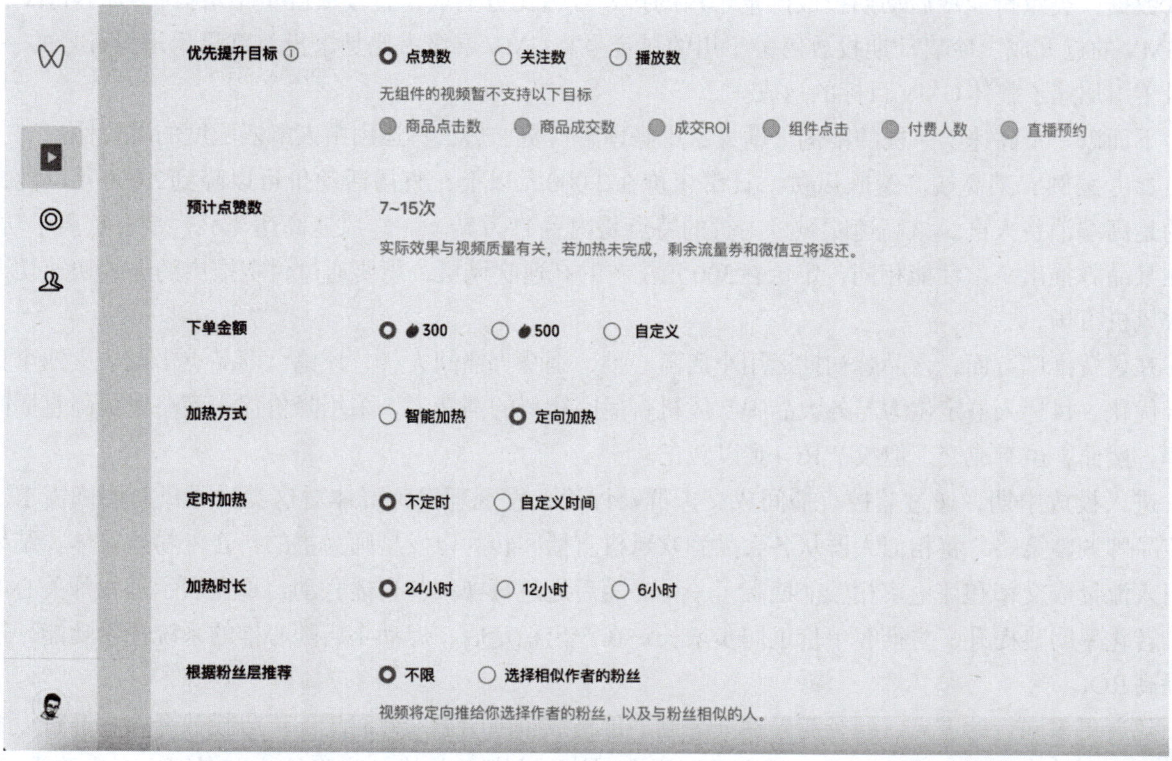

图 9.7　视频号电脑端推广模块示意图

3. 其他

目前快手、淘宝、小红书等也都有自己的付费推广工具。

快手手机端可以使用火花对内容和直播间进行“加热”，在电脑端则可以使用磁力金牛平台进行“加热”。

淘宝在电脑端的热浪引擎内置付费推广入口。

小红书在手机端可以使用薯条功能对内容进行“加热”，在电脑端则可以使用聚光对内容进行“加热”，也可以直接在小红书直播管理平台对直播间进行“加热”。

二、付费加热工具的运行原理

付费加热工具的运行原理大致相同，其主要基于用户标签与直播间标签的匹配程度。换言之，当用户标签与直播间标签的匹配度越高，直播间的整体策略越完善，转化效率也越高。通过大数据分析和智能算法，可以精准地将广告投放给潜在用户。具体的工作原理如下：

1. 用户画像构建：各平台通过汇集用户的行为数据、兴趣爱好、地理位置等多元化信息，经过深度分析后，构建出用户画像，以此为广告投放提供基础数据支持。

2. 广告定向匹配：根据用户画像和投放需求，系统运用智能算法实施用户匹配。广告平台会依据广告主提供的广告内容和目标受众特征，将广告展示给最具潜力的用户群体。这种高度精准的匹配方式有助于提升广告的点击率，从而提高流量转化成效。

3. 预分配与动态调整：多数平台会对直播间流量进行预分配和动态调整。预分配是指平台根据曝光等级，将账号提前推送至用户，并根据用户行为的实时反馈，进行动态调整，以决定放大或缩小推流规模。

三、付费加热工具的使用技巧

作为冷启动期和成长期的加速器，付费加热工具的作用已经毋庸置疑。以抖音平台为例，根据官方统计数据，美妆行业冷启动期投放巨量千川的抖音号占比近七成，且投放巨量千川抖音号的GMV占整体GMV的近九成。冷启动期投放巨量千川的抖音号高GMV层级占比是未投放巨量千川抖音号的一倍，巨量千川加速了整体GMV目标的达成。

下面以一个高速吹风机的案例帮助大家更好理解付费加热工具运用中人群匹配度的重要性。

参考案例：某高端高速吹风机，日常售价在2 000元以上，直播活动价可以降到2 000元以内，瞄准的是高端消费人群。该高速吹风机主打的特点是内置11万转____，风速高达____，带有负离子功能。现在某品牌推出一款性能相同，定价在300元左右的高速吹风机，想要通过付费推广的方式快速切入高速吹风机市场。

在付费推广方面，该品牌初期运用小店随心推，围绕直播间人气、评论、商品点击及成交四个目标综合优化。目标人群定位为与各大品牌吹风机直播间相似的消费者，采用降价促销策略以提高直播间成交率。然而，虽有成交，但投产ROI难以转正。

进入投放中期，通过监控直播间成交人群及评论，发现理发师群体对这类吹风机有明确需求。因此该品牌调整策略，将相似人群从各大品牌吹风机直播间转为以发型师为主的抖音号粉丝群体。结果发现引入流量成交率和评论率相较前期翻了一番。随后通过短视频与直播联动，重点展示理发师关心的信息。转化率明显提升，主推客单价也同步增长。在产出稳定后，启动小店随心推的系统探索功能，进一步提高ROI。

随着更多同行的进入，同行竞争逐渐加剧，价格战氛围明显。此时千川广告投放介入，通过设置关键词搜索投放和重新探索人群包，扩大目标用户群体。由于价格进一步降低，更多用户产生购买意愿，直播业绩逐渐趋于稳定。

从上面的案例，我们可以看出，在产品不变的前提下，通过重新匹配人群和调整直播话术，直播间的转化效率可以实现质的变化，所以在付费介入的情况下，直播间运营人员需要对消费产品的人群画像有足够清晰的认知。同时需要思考，为实现不同阶段的不同目标，如何合理化运用平台提供的各项工具。

综合来看，付费加热工具的使用有如下技巧：

1. 预算分配的技巧

（1）对投流目标进行细化拆解

将阶段性的GMV目标分解为以天为单位的投流目标，从而实现按天投放并跟踪ROI。

（2）根据直播间能力实施递增式投放

依据直播间的流量承接能力来决定引入流量的规模。在投放过程中，适宜采用递增式投放策略，使直播间逐步适应投放节奏，并在适应后扩大流量池。若承接能力不足，可能导致流量转化效率降低，并引发其他问题，如客服响应迟缓、产品无法按计划生产与交付、发货不及时等，这些问题将对直播间产生负面影响。

（3）在ROI稳定后保持流量稳定性

避免轻易停止投放或大幅追加投放，以减少流量波动。

2. ROI设定的技巧

（1）结合行业大盘设定ROI范围

我们可以将行业大盘的整体ROI范围视为ROI的中位数，将其作为评估直播间ROI范围相对可达成的参考依据。

（2）根据多维度影响因子调整ROI

在计算直播间ROI时，除参考行业大盘及对标直播间的ROI范围外，还需结合品牌自身影响力、季节性因素、种草投放力度、货品成本、快递成本以及人员成本等因素进行综合考量，进一步将ROI指标拆分为自然流量和付费流量两部分的指标。

（3）接受前期ROI战略亏损

直播间的人群模型与流量转化模式，必须在经过预设、测试、修正及调整等环节后，方能实现较为稳定的投资回报率（ROI）。在这一过程中，要么通过亏损货品的方式建立直播间标签，要么通过资金购买流量的方式建立直播间标签，这两种方式均被称为ROI战略亏损。这一亏损阶段是不可避免的，是前期投入阶段必然经历的过程。

（4）品牌ROI的转化重点关注深度转化

在达人型直播间与白牌型直播间中，付费转化的重点主要集中在即时的转化效果。然而，对于品牌型直播间而言，除了关注即时转化外，还应特别关注7天和15天的深度转化。尤其是对于较高客单价的商品，消费者往往需要更长的时间进行决策。

3. 选择投放创意的技巧

（1）卖点容易场景化或者偏于标准化的产品

得益于直播间的实时展示功能，具有显著卖点的商品对短视频素材的依赖程度降低。直播间的“人”“货”“场”匹配程度对流量转化效率产生显著影响。因此，这类商家的直播间，包括以达人为主的直播间，更适合将50%以上的预算直接投放在直播间画面上，辅以部分短视频素材投放，以吸引更广泛的受众。通常情况下，服饰箱包、小家电、家居日用、婴幼儿服饰等类别均属于此类。

（2）卖点演示较难或生产场景具备可看性的产品

鉴于卖点在直播间展示的局限性，短视频成为促使用户下单的关键手段。通过精细剪辑的素材，能全面展示产品优势。具有观赏性的生产场景与产品结合，如手工菜刀的制作过程，构成吸引目标用户的有效素材，确保直播间流量的精确度。

在确保直播间货品经过测试、视频数据经过验证且ROI为正的前提下，此类产品适合采用递增式流量策略。通常情况下，美妆、个护、食品等类别均属于此类。

4. 选择人群定向的技巧

（1）前期以高精准的人群标签为主

在直播间的启动期，人群的定向需要以高精准的标签为主，需要避免抽奖等活动带来过于宽泛的人群标签，以免后期需要付出高额的成本对账号标签进行修正。

（2）适时放宽人群标签

在商品具备高性价比，以及直播间的氛围已经能够引导非精准人群下单时，需要适时地放宽人群标签，尝试使用系统的人群探索功能，降低流量购买的成本。

5. 配合直播节奏投放的技巧

（1）开播前期以拉人气为主

开播前期的重要工作是反馈优秀的数据给到系统。而想要优秀的数据，投放时不能仅设置成交这个目标。处于冷启动期的直播间，还需要投放人气、评论等目标，形成良好的直播间氛围。

（2）开播中期需要微调计划

进入开播中期，付费加热主要是配合爆品进行人气的拉升，提高成交额和成交密度。一般会采用高成交出价和大爆品结合的方式，让人气和成交量冲到高峰。

此时比较适合对计划进行微调。因为创立的多条跑量计划，ROI的产出一定有所区别。筛选出跑量和ROI较为理想的计划，将出价提高10%左右进行抢量。将跑量较好但是ROI不够理想的计划下调10%左右。

（3）开播稳定期以稳流量为主

在人气峰值之后，流量进入到一个稳定期。这个时候不需要过多地调整计划，确保流量进入、流量转化处于一个较为稳定的状态即可。

（4）遇到人气明显下滑进行适当拉升

有时可能会出现人气明显下滑的情况，这时需要人工对付费加热进行干预，适时放大流量，确保直播间的氛围与转化不会出现不可逆转的下滑趋势。

（5）下播前最后冲刺一波流量和成交

下播前适合加热拉升，同时配合大爆品、福袋等，做足下播前的成交数据与行为数据。

常见疑问

1. 千川投放直播间过程是否会被系统根据数据推自然流量？

一般情况下千川投放的付费流量是能够撬动自然流量的。很多人也问，付费流量会不会影响推荐自然流量，答案是不影响。如果有影响，需要关注直播间的“人”“货”“场”是不是兜不住付费流量。

这两种流量本身并不存在冲突，相反这两种流量通常可以相互促进。千川的投放原理是通过各种广告形式来吸引流量。一个直播间本来就会有自然流量，而千川的作用并不是无中生有地产生流量，而是利用智能化的投放来扩大自然流量，所以用户所能看到的流量增长，也可以认为是原有自然流量的增长，在理想的情况下，可以撬动几十倍甚至上百倍的流量。

直播间付费流量的核心作用是为直播间带来种子流量，通过对种子流量的运营，强化提升他们在直播间内互动、关注、下单转化等行为数据，将直播间运营成平台算法定义中的优质直播间，提高直播间权重，以此获取平台更多的免费流量。这才是用付费流量撬动免费流量的本质。当直播间运营数据稳定后，千川投放也能起到流量扩大器的作用。

2. 有没有给新人直播间的实用建议？

（1）预先演练，练好流量承接的基本功

一个直播间起用新人主播，或者新手运营，很容易导致流量承接不佳的局面。因此我们在第 2 章中强调要拆解对标账号，整个团队成员都需要向对标账号学习，其目的就在于需要通过演练话术、演练配合、演练细节、演练突发情况，练好流量承接的基本功，才能在流量引入之后，特别是平台大流量进入之时，做好承接和转化。

（2）向优秀者学习，拍好视频

无论是低客单价商品，还是高客单价商品，短视频的流量和作用都不可忽视。如果选择通过短视频进行流量筛选，那么同行的视频就值得研究和拆解。在没有第三方数据可以参考之前，可以通过关注同行的账号视频进行研究。抖音可以借助巨量创意看到部分类目的优质创意。小红书也可以借助聚光后台看到部分类目的优质内容。

（3）借对标账号研究人群和投法

研究对标账号的投流结构以及人群画像。抖音直播间可以综合使用巨量云图和店铺端的精选联盟等工具，查看对标账号是否投流，投流方式使用的是素材投流还是轻付费带动自然流。

（4）搭建多条计划，提高直播效率

直播属于和同行赛跑，而且直播间每天的硬成本并不低，所以需要改变缓慢测试的思维，通过多条计划并行的方式迅速拿到数据对比反馈和高 ROI 的人群包。

3. 付费流量会压制自然流量吗？

这两种流量对“人”“货”“场”的要求不一样，大部分的直播间很难同时完美地承接这两种流量。这是因为承接自然流量所需要的玩法、话术等能力比付费流量要难得多。当整个直播间付费流量占主导时，由于付费流量本身比较精准，主播承接付费流量的过程会比较简单。

当主播习惯了这种承接之后，就很难有效承接自然流量，久而久之就会完全变成以付费流量为主的承接模式。而系统会根据直播间自然流量的承接数据推送后续自然流量，若直播间数据差则自然流量就会减少，免费流量逐步变少，就会出现付费流量压制自然流量的错觉。

任务笔记

学习评价

表 9.5 “创建付费投流计划”学习评价表

班级：__________ 学号：__________

姓名（小组成员）：______________________________

序 号	考 核 点	考 核 标 准			考 核 分 数		
		不太符合 0~12	基本符合 13~19	完全符合 20~25	自 评	第三方评	教师评分
1	了解各大平台付费工具	清楚各大平台付费工具的名称					
2	理解付费工具原理	能解释付费工具的运行原理					
3	掌握付费工具使用技巧	选择一个直播间，可以说明运用付费工具的相关技巧					
4	独立掌握付费工具的使用	能够独立完成简单的付费工具的使用					
综合得分（自评 30%+ 第三方评 30%+ 教师评分 40%）							
学生学习评价剖析与应用（学生填写）							
自我比较：□进步 □退步 教师比较：□进步 □退步 企业比较：□进步 □退步							
改进措施与安排							

知识测试

一、选择题

直播间的人群标签的打标方式是（　　）。［多选］

A. 通过成交用户　　B. 通过互动用户

C. 通过上架商品　　D. 通过短视频标签

二、判断题

1. 付费流量都比较精准。（　　）
2. 直播间的付费计划只要可以出单就可以一直投放。（　　）

三、简答题

假定你现在负责兰花直播间，请简述你的投流起号思路。